로잔을 말하다

*본 도서는 대전겨자씨교회와 한국로잔위원회의
  후원으로 출간되었습니다.

# 로잔을 말하다

지은이 | 한국로잔교수회
초판 발행 | 2025. 1. 24
등록번호 | 제1988-000080호
등록된 곳 | 서울특별시 용산구 서빙고로65길 38 두란노빌딩
발행처 | 사단법인 두란노서원
영업부 | 2078-3333   FAX | 080-749-3705
출판부 | 2078-3331

책 값은 뒤표지에 있습니다.
ISBN 978-89-531-5015-7   03230

독자의 의견을 기다립니다.
tpress@duranno.com   www.duranno.com

두란노서원은 바울 사도가 3차 전도여행 때 에베소에서 성령 받은 제자들을 따로 세워 하나님의 말씀으로 양육하
던 장소입니다. 사도행전 19장 8-20절의 정신에 따라 첫째 목회자를 돕는 사역과 평신도를 훈련시키는 사역, 둘째
세계선교(TIM)와 문서선교(단행본·잡지) 사역, 셋째 예수문화 및 경배와 찬양 사역, 그리고 가정·상담 사역 등을
감당하고 있습니다. 1980년 12월 22일에 창립된 두란노서원은 주님 오실 때까지 이 사역들을 계속할 것입니다.

성경적 복음주의 선교 운동

# 로잔을 말하다

# THE LAUSANNE
# MOVEMENT

두란노

# 기념사

2024년은 한국 개신교 선교 140주년이자, 로잔운동 50주년을 기념하는 특별한 해였습니다. 이 뜻깊은 해에 제4차 서울-인천 로잔대회가 2024년 9월 22일부터 28일까지 7일간 인천 송도컨벤시아에서 개최되었습니다. 전 세계 200여 개국에서 5,400명이 직접 참여하고, 100개국에서 2천 명 이상이 온라인으로 참여한 이번 대회는 명실상부한 세계 복음주의 리더들의 연합의 장이었습니다. 특히 미국 선교사들이 한국에 첫발을 내디딘 인천에서 이번 대회가 열린 것은 한국 개신교 역사에 큰 상징성을 더했습니다.

1974년 스위스 로잔에서 열린 제1차 로잔대회는 당시 세계 선교의 새로운 패러다임을 제시하며 복음 전도를 위한 위대한 협력을 시작하는 계기가 되었습니다. 이후 수십 년 동안 로잔운동은 전 세계 교회와 선교단체들이 연합하여 복음의 본질을 회복하고, 그 가르침을 삶의 자리에서 실천하도록 촉구해 왔습니다.

오늘날 우리는 여전히 다양한 신학적, 문화적 도전 앞에 서 있습니다. 이러한 도전 속에서도 로잔운동은 복음의 순수성을 지키고, 시대적 요구에 부응하는 전략을 세워 전진해 왔습니다. 이 과정에서 로잔운동은 단지 선교 전략의 틀을 넘어, 전 세계 교회가 함께 하나님의 부르심에 응답하는 공동체적 여정으로 자리 잡았습니다.

이번 로잔대회를 준비하면서 로잔운동을 잘못 이해하는 분들이 있다는 것을 알았습니다. 로잔운동의 진정한 목적은 세계 복음화를 성취하기 위한 운동으로, 모든 교회와 성도가 동참하도록 연결하고 협업하도록 촉구하는 데 있습니다. 이 책은 로잔운동을 알리고, 더 많은 이가 로잔운동의 비전에 참여할 수 있도록 돕고자 하는 마음으로 기획되었습니다.

로잔운동이 처음 시작된 이래, 우리는 하나님 나라를 확장하기 위해 헌신한 수많은 리더들의 헌신과 기도 그리고 협력의 역사를 보아 왔습니다. 그들의 노력은 우리 모두에게 귀중한 본보기가 되며, 오늘날에도 여전히 유효한 영적 유산으로 남아 있습니다. 이 책을 통해 독자들이 로잔운동의 뿌리와 그 비전에 대해 더 깊이 이해하고, 그리스도 안에서 하나 되어 복음 전도의 사명을 감당할 수 있기를 간절히 소망합니다.

마지막으로, 이 책이 출판되기까지 헌신과 수고를 아끼지 않은 모든 분께 진심으로 감사드립니다. 하나님의 은혜가 이 책을 읽는 모든 이에게 충만히 임하길 기도합니다.

2025년 1월

이재훈 | 한국로잔위원회 의장

# 축하의 글

로잔운동은 지난 50년 동안 전 세계 복음주의 교회의 연합과 복음 전도의 열정을 공유하며, 현대의 복잡한 도전에 맞서 하나님 나라를 확장하는 데 중심적인 역할을 해왔습니다. 로잔운동은 단순히 선교 전략을 제시하는 것을 넘어, 온 교회와 온 성도가 대사명 완성에 동참하도록 초대하는 공동체적 여정이자 영적 사명이었습니다. 1974년 제1차 로잔대회 이후 로잔운동은 전 세계 미전도 종족을 향한 복음 전도의 새로운 길을 제시하며, 교회와 성도들에게 복음의 본질을 회복하고 실천하도록 촉구해 왔습니다.

특히 한국에서 2024년 9월 22일부터 28일까지 열린 제4차 로잔대회는 '교회여, 함께 그리스도를 선포하고 나타내자!'라는 주제로 전 세계 200여 개국에서 5,400명의 복음주의 리더들이 모인 뜻깊은 행사였습니다. 세계 각국에서 크리스천 리더들이 한자리에 모인 이번 대회는 복음의 본질과 성령의 능력을 다시금 경험하고, 세계 복음화의 사명을 재확인하는 자리였습니다. 특히 선교사, 목회자, 교수, 평신도 리더, 청년, 학생들이 참석하여 복음과 선교의 열정을 새롭게 했다는 점에서 그 의의가 큽니다. 이번 제4차 대회는 한국 교회에 특별한 축복이었으며, 수많은 교회의 기도와 봉사가 결실을 맺은 자리였습니다.

《로잔을 말하다》는 15명의 교수님들이 로잔운동의 시작에서 미래 방향까지 깊이 있는 통찰을 가지고 저술한 교재로, 그리스도 안에서 복음 전도를 위한 성령의 능력과 헌신을 강조하며 세계 복음화를 위한 비전을 제시하고 있습니다. 이번 출판이 단순히 로잔운동의 역사를 기록하는 데 그치지 않고, 현재와 미래 세대가 복음의 능력을 회복하고 세계 선교를 위한 열정을 되살리는 촉매제가 되길 소망합니다.

로잔운동의 50주년을 기념하는 이 해에, 본 교재를 통해 한국 교회와 세계 교회가 더욱 연합하여 복음화의 속도를 가속화할 수 있기를 간절히 기도합니다. 이 귀한 책의 출판을 위해 헌신한 모든 분께 깊은 감사와 축하를 드립니다. 하나님의 은혜가 이를 읽는 모든 이에게 충만히 임하기를 바랍니다.

2025년 1월

김영심 | 대전겨자씨교회 담임목사

2024년은 한국 교회사에서 특별한 해입니다. 그것은 개신교 선교 140주년이자, 로잔대회 50주년을 맞아 개최된 제4차 로잔대회가 '교회여, 함께 그리스도를 선포하고 나타내자!'(Let the Church Declare and Display Christ Together!)라는 주제로 인천 송도컨벤시아에서 성공리에 마무리되었기 때문입니다. 이 대회에 참석한 전 세계 복음주의 교회 및 선교단체의 리더들은 25개 협업 소그룹(Gap)으로 나뉘어 세계 선교의 현황을 점검하고, 2050년을 바라보며 미래 선교의 방향성을 논의하는 심도 있는 시간을 가졌습니다.

특히 '그리스도를 선포하고 나타내자'라는 이번 대회의 주제는 예수 그리스도 중심의 선교적 정체성과 복음의 총체성을 강조하며, 교회가 나아가야 할 방향을 분명히 제시했습니다. 복음의 주인이며 실체이신 예수 그리스도를 선포(proclaim)하고, 그분의 복음을 삶으로 나타내야(display and demonstrate) 한다는 요청은 교회와 개인의 선교적 사명을 새롭게 일깨웠습니다.

오늘날 기독교의 중심축이 서구 유럽과 북미에서 아프리카, 남미, 아시아로 이동하고 있는 가운데, 세계 선교를 논의하는 로잔대회가 아시아에서도 특히 선교가 비교적 늦게 시작된 한국에서 열린 것은 매우 상징적이고 의미 있는 일이라 생각합니다. 한국 교회는 지난 140년 동안 놀라운 발전과 성장을 이루어 왔으며, 기독교 인구 대비 가장 많은 선교사를 해외에 파송한 국가로 자리 잡았습니다. 그러나 지금 한국 교회는 인구 소멸 시대와 탈종교 시대라는 거대한 흐름 앞에서 더 이상 성장만을 이야기할 수 없는, 생존을 고민해야 하는 엄중한 현실에 직면해 있습니다.

이와 같은 위기의 순간에, 한국 교회는 로잔운동의 정신을 되새겨야 할 필요가 있습니다. 로잔운동은 1974년 서구 교회가 위기에 처한 상황에서 복음의 본질을 회복하고, 그 실체를 삶으로 드러내기 위해 노력한 선교운동입니다. 그 중심에는 예수 그리스도의 십자가 죽음과 부활을 증언하는 복음이 자리하고 있습니다. 이 복음은 우리에게 성경적 삶이 없다면 성경적 선교도 없다는 점을 분명히 일깨워 줍니다.

그러므로 한국 교회는 로잔운동의 핵심 가치인 겸손(Humility), 정직(Integrity), 단순함(Simplicity)을 바탕으로 예수 그리스도의 복음으로 다시 돌아가야 합니다. 그리고 '예수 그리스도의 온전한 복음(Whole Gospel)을 온 교회(Whole Church)가 온 세상(Whole World)에 전파하자!'라는 로잔운동의 모토를 기억하며, 이 비전을 성취하기 위해 모두가 함께 노력해야 할 것입니다.

2023년 12월 한국로잔교수회 총회에서는 로잔운동의 정신과 모토를 한국 교회에 전파하고 확산시키기 위한 여러 방안을 논의하였습니다. 이 과정에서 로잔운동에 관한 교재를 제작하자는 결론에 이르렀습니다. 이를 위해 기도하던 중에 원고 작성을 위한 연구비는 대전겨자씨교회(담임목사 김영심)가, 출판비는 한국로잔위원회(의장 이재훈 목사)가 지원하기로 하였습니다. 이 자리를 빌려 깊이 감사드립니다. 또한 바쁜 일정 중에도 원고를 작성해 주신 모든 교수님들과 두란노에 진심으로 감사의 마음을 전합니다.

바라건대, 이번에 출간되는 본 교재가 대학교 수업을 위한 자료를 시작으로, '유초등부를 위한 로잔운동', '중고등부를 위한 로잔운동', '평신도를 위한 로잔운동' 등 다양한 대상과 연령에 맞춘 교재들로 계속 출판되기를 소망합니다. 이 책이 모든 기독교인에게 복음의 능력을 다시 회복해야 한다는 로잔 정신을 일깨우며, 한국 교회와 전 세계에 그 가치를 알리는 소중한 도구가 되기를 간절히 바랍니다.

2025년 1월

구성모 | 한국로잔교수회 회장

# 목차

# 1. 로잔운동의 배경과 태동 — 김성욱

# I. 들어가는 말

2024년은 현대 교회 역사에서 큰 의의를 가지는 제4차 로잔(Lausanne) 대회가 한국에서 열린 시기로서 그 어느 해보다 한국 교회와 한국 선교에 큰 도전과 축복의 시간이 되었다고 본다. 전 세계 기독교 지도자들이 모여 선교 보고를 통해 전 세계에서 일어나는 기독교 선교 상황과 현황을 연구하고 교제하며 은혜의 시간을 가졌다. 한국 교회는 그 어느 때보다 의미 있는 선교사역을 감당하여 전 세계 기독교 지도자들을 섬겼다. 이번 로잔 대회는 주님의 지상명령, 곧 세계 선교사역이야말로 그리스도인의 본업이며 주님의 지상명령을 수행하는 데 있어 한국 교회와 모든 참가자가 더욱 진력하여야 함을 보여 주었다. 선교사역은 어느 특정한 선교단체의 일이 아니라, 모든 시대 모든 교회 모든 성도의 삶의 현장임을 선포하고 제시한 대회로서 그 역할을 감당하였다고 평가할 수 있다.

지난 제3차 로잔대회(2010)는 100년 전에 영국의 스코틀랜드 에든버러에서 열린 세계 선교대회를 기념하는 선교대회로서 일본 도쿄[1]와 에든버러[2] 그리고 서울[3]에서 개최되었으며, 국제로잔운동은 이것을 기념하여 남아공 케이프타운(Cape Town)에서 제3차 로잔세계복음화대회를 개최하였다. 100년 전에는 영국과 미국을 중심으로 세계 선교사역을 수행했다

---

1 도쿄 대회의 주제와 장소 그리고 일시는 다음과 같다. 대회 타이틀은 From Edinburgh 1910 to Tokyo 2010 Global Mission Consultation & Celebration이며, 대회 주제는 '우리 세대에 모든 민족을 제자 삼자'(Making Disciples of Every People in Our Generation)였다. 전 세계 선교단체 대표들과 일본 성도들이 참여한 선교 축제로서 2010년 5월 11일부터 14일까지 일본 도쿄 나가노 선플라자(Nagano Sun Plaza, Tokyo)에서 개최되었다.

2 에든버러에서 열린 100주년 기념 선교대회는 안타깝게도 300여 명의 적은 수가 참여한 에큐메니컬 모임으로 과거 100년 전의 선교대회와는 달리 선교적 열정과 열심이 잘 드러나지 않은 대회였다고 한다.

3 서울 대회의 주제는 '오늘 예수 그리스도를 증거하라'(Witness Jesus Christ Today!)이며, 대회 타이틀은 1910년 에든버러 세계 선교사 대회 100주년 기념 2010 한국대회다. 한국연합선교교회가 중심이 되어 100개의 주제 논문 발표와 지역(인천, 부산) 선교대회를 개최하였다.

면, 21세기는 전 세계 기독교(World Christianity) 국가들이 세계 선교의 사역을 수행하고 있다는 점이 부각되었다.

20세기는 기독교 신학에서 어떤 영역보다 선교 신학의 시대였다고 할 수 있다. 미국 예일대학교의 라투렛(K. S. Latourette) 교수는 지난 19세기의 선교 역사를 '위대한 세기'(The Great Century)라고 높이 평가한 바 있다. 특별히 1886년에 미국에서 일어난 학생선교운동(Student Volunteer Movement)의 헌신이 컸는데, 주님의 재림에 대한 열망 가운데 20세기를 준비하던 수많은 청년 대학생들이 전 세계 선교지로 향했고, 그 결과 1885년 언더우드와 아펜젤러 선교사가 선교의 미전도 지역인 '은둔의 나라'(Hermit Nation) 한국에 들어왔다. 지난 19세기는 참으로 선교 역사에서 과거와 비교할 수 없는 선교의 확장을 가져온 시기임에 분명하다.

한국 교회의 세계 선교사역은 1980년 100명의 선교사를 파송한 것을 시작으로 2020년에는 3만 명의 선교사를 파송함으로써 약 300배의 성장을 이루었다. 실로 기적과 같은 성장이었다고 할 수 있다. 이러한 한국 교회와 한국 선교의 확장은 전 세계 기독교 지도자들이 한국 교회를 주목하는 계기가 되었다. 서방의 선교학자 앤드루 월스(Andrew Walls)와 새뮤얼 라슨(Samuel Larson)은 21세기 세계 선교는 이제 한국 교회와 제3세계 교회가 중심이 되어 전개될 것이라고 진단했다. 오늘날의 한국 교회와 한국 선교의 효율적인 사역을 지속적으로 유지하고 활성화하기 위해 한국 교회는 무엇보다 선교에 대한 충분한 이해와 신학적인 기초를 든든하게 할 필요가 있다. 여전히 한국 교회 성도들의 선교에 대한 이해는 그리 크다고 볼 수 없기 때문이다.

지난 20세기는 그야말로 선교 역사에서 놀라운 성과를 거둔 세기였다고 본다. 1910년 에든버러 선교대회부터 1974년 제1차 로잔세계복음화대회로 이어지기까지 전 세계 교회는 그 어느 때보다 선교를 위해 헌신했다. 미국 풀러신학교 찰스 밴 엥겐(Charles Van Engen) 교수는 에밀 브루너(Emil Brunner)의 "불은 탈 때 존재하고 교회는 선교할 때 존재한다"(The Church exists by missions as the fire exists by burning)라는 슬로건이 20세기 교회로 하여금 선교에 헌신하게 만들었다고 주장했다.[4] 참으로 20세기는 어느 때보다 전 세계 교회가 선교에 집중한 세기였으며 교회의 성장과 선교 신학의 발전을 이룩한 시대였다. 본 논문은 제4차 로잔대회가 있기까지 지난 20세기에 선교대회와 로잔운동이 필요했던 역사적이고 신학적인 배경과 그 태동에 관한 연구다.

## II. 로잔운동의 배경

로잔 선교운동은 세계 선교 역사에서 매우 중요한 의미를 갖는다. 오늘날 성경적인 선교적 확장이 가능하게 만든 계기였기 때문이다. 20세기 전반에 나타난 종교 다원주의와 혼합주의적이고 자유주의적인 신학에 기초한 선교 신학으로 인해 전 세계 교회의 선교적 열정과 사역이 느슨해지는 상황에서 로잔운동은 성경 중심적이고 복음주의적인 신학과 선교를 강조함으로써 다시금 선교운동에 헌신하도록 만든 중요한 선교운동이었다. 따라서 이러한 로잔선교대회가 나타난 배경을 살펴보는 것은 매우 중요한 의미를 갖는다.

지난 19세기의 선교적 열기와 부흥은 20세기의 놀라운 선교 시대를

---

4 Charles Van Engen, *God's Missionary People: Rethinking the Purpose of the Local Church* (Grand Rapids: Baker Book house, 1991), 27.

만들었다고 할 수 있다. 특히 1910년 영국에서 열린 에든버러 선교대회는 '교회로 교회되게 하라'라는 새로운 세기의 선교 이정표를 제시했다. 전 세계 교회는 선교를 위해 협력할 것을 결의했고 그 결과 '국제선교협의회'(International Missionary Council, IMC)를 창설하고 1921년 미국 뉴욕주 머홍크 호수(Lake Mohonk)에서 IMC 창립 총회를 열었다. 국제선교협의회는 제2차 예루살렘 선교대회(1928), 제3차 마드라스 대회(1938), 제4차 캐나다 휘트비 대회(1947), 제5차 독일 빌링겐 대회(1952), 제6차 아프리카 가나 대회(1958)로 이어졌다. 그 후 국제선교협의회(IMC)는 세계교회협의회(World Council of Churches) 선교분과와 합쳐져 선교를 위한 세계 교회의 연합과 협력을 이끌었다.

선교를 위한 전 세계 교회들의 협력과 연합은 가시적으로 커다란 선교의 열매를 가져왔지만, 20세기 중반을 넘어서면서 세계 선교는 종교 다원주의와 혼합주의, 세속주의 신학에 의해 도전받게 되었다. 지난 20세기는 눈부신 선교의 발전을 가져온 시기이지만 아울러 선교를 위한 신학적인 투쟁이 처절한 시기였다.[5] 특히 미국 하버드대학의 윌리엄 E. 호킹(William Ernest Hocking) 교수는 《선교의 재고》(Re-Thinking Missions)라는 그의 글에서 "선교의 목적은 다른 나라 사람들과 함께 예수 그리스도를 통해서 배운 바 말과 행위로 표현되는 하나님에 대한 참된 지식과 사랑을 추구하는 데 있다"[6]고 하면서 "비기독교적 종교 체제를 공격하는 것이 기독교 선교사의 의무는 결코 아니다. 그리스도인은 모든 종교 체제 안에 의(義)를

---

5 Arthur Johnstone, *The Battle for World Evgelism*, 임흥빈 역, 《세계 복음화를 위한 투쟁》(서울: 성광문화사, 1990).

6 William E. Hocking, *Re-thinkng Missions, A Layman's Inquiry after One Hundred Years* (New York: Harper & Brothers, 1932), 59.

실현시키고 있는 세력들을 함께 일하는 동역자로 간주해야 한다"[7]고 했다. 더 나아가 "중국의 유교는 그 나름대로 가치가 있고, 인도의 힌두교는 힌두교대로, 일본의 신도는 신도 나름의 가치가 있기 때문에 선교사를 파송할 필요가 없다"고 종교 다원주의적인 주장을 펼쳤다. 이 같은 그의 주장은 당시 북미 교회의 선교 후원금이 절반으로 감소하는 결과를 가져오기도 했다고 한다.

한편, WCC 제5차 나이로비 총회(Nairobi Assembly of WCC, 1975)는 '예수 그리스도는 자유케 하시고 하나 되게 하신다'를 주제로 "현대판 바로의 권력으로부터 피압박자를 해방시키는 것"을 선교 신학으로 내세웠다. 이는 남미 출신 신학자 구티에레스의 해방신학(Liberation Theology)에 깊은 영향을 받은 것으로, 구원의 신학을 해방의 신학으로, 선교를 사회정의를 위한 투쟁으로 전락시켰다는 평가를 받고 있다. 스티븐 니일(Stephen Neill)은 이러한 세계교회협의회의 경향에 대해 다음과 같이 경고하였다. "해방이 필요하지만 우리가 필요로 하는 것은 죄로부터의 해방이며, 만일 우리가 죄로부터의 해방을 말하지 않는다면 그것은 복음의 진리를 배신하는 것이다."[8] 이러한 세계교회협의회(WCC)의 선교 신학은 복음 전파와 사회활동 사이에 불균형을 초래하여 교회의 주요 관심이 세계 복음화보다 사회 투쟁에 치우치게 만들고, 교회의 주된 사역이 정치적 경제적 해방 운동으로 치우치게 만든다. 따라서 현대의 에큐메니컬 운동은 성경적 개념의 선교에서 벗어났다고 본다. 이러한 자유주의적인 흐름에 대해서 에드먼드 클라우니(Edmund P. Clowney) 교수는 "정치적 행동으로는 교회가 사회를 구원할 수 없다. 만일 복음 전도가 정치화된다면, 그것은 더 이상 그

---

7  William E. Hocking, 같은 책, 59.

8  Steven Neill, "The Nature of Salvation", *The Churchman*, Vol. 89, No. 3 (1975), 230.

리스도의 복음이 아니다"(The Church cannot redeem society by political action, when evangelism become politics; it is no longer the Gospel of Christ's Kingdom)[9]라고 말했다. 참된 복음주의 선교는 성경에 근거하고 그리스도의 복음을 전파함으로써 영혼 구원의 사역을 하고 하나님 나라의 확장으로 가야 함을 제시한 것이다.

이렇듯 20세기 중반까지 지속된 자유주의 신학, 종교 다원주의, 사회 복음주의 그리고 상대주의적인 세속적 사상들 때문에, 복음주의 교회들은 성경적인 선교를 위한 베를린선교대회(1966), 제1차 로잔세계선교대회(1974), 제2차 로잔대회(1989), 제3차 로잔대회(2010)를 통하여 전통적이고 성경적인 선교를 추구하게 되었다. 비성경적이고 혼합주의적인 선교 신학이 성경 중심적인 복음주의 교회와 보수적인 교회들의 연합을 가져왔고 이들이 세계 선교를 위해 협력하도록 만드는 계기가 된 것이다. 2024년 제4차 로잔세계선교대회가 하나님의 은혜와 축복 가운데 한국에서 개최되었다. 로잔운동은 한국 선교와 한국 교회의 선교사역을 위한 새로운 전환점이 되었다고 본다.

에든버러 세계선교대회(1910년) 이후 국제선교협의회(IMC)와 세계교회협의회의 등장으로 혼란스럽던 선교 신학을 로잔대회를 통해 새롭게 복음주의 선교 신학으로 정립하였다는 점에서 로잔운동의 역사적 의의를 살펴볼 수 있다. 20세기 초반에 서구 교회들이 세계 선교사역의 중심적 역할을 감당하였다면, 지금은 모든 세계 기독교(World Christianity) 교회가 연합하여 선교사역을 감당하는 시대가 되었으며, 현대 유럽은 재복음화가 필요한 선교지가 되었다. 21세기 들어 세계 선교는 이제 한국 교회와 중국 교회 그리고 아프리카 교회들이 성장하여 다중심적(Polycentric) 선교

---

9  Edmund P. Clowney, "A Critique of the 'Political Gospel'", *Christianity Today*, Vol. 11 (1967, April, 28th), 11.

사역으로 이끌어 가고 있다. 한국 교회는 이러한 세계 기독교의 시대적인 흐름 속에서 성경 중심적이며 철저히 복음주의적인 선교 신학을 정립하고 귀한 선교사역을 감당해야 할 것이다.


## III. 베를린 국제복음화대회와 복음주의 선교

### 1. 복음주의 교회와 선교 (Evangelical Churches and Mission)

교회는 다양한 선교대회를 통해 선교를 위한 전 세계 교회들의 협력과 연합이라는 커다란 선교 열매를 맺었지만, 20세기 중반을 넘어서면서 수많은 세속적인 신학에 의해 세계 선교가 도전받게 되었다. 독일 자유주의 신학이나 종교 다원주의, 사회 복음주의 그리고 상대주의적인 세속적 사상들로 인해 혼란스러운 상황에서 지속적인 복음주의 선교사역을 위해 베를린선교대회(1966), 제1차 로잔대회(1974), 제2차 로잔대회(1989), 제3차 로잔대회(2010) 그리고 제4차 로잔대회(2024)를 통하여 성경적이고 총체적인 선교를 추구하게 되었다. 이렇듯 복음주의 교회들이 연합하게 된 그 배경에는 종교 다원주의와 혼합주의적인 신학사상들이 있다. 성경 중심적인 복음주의 교회와 선교단체들이 함께 힘을 모아서 세계 선교를 위한 협력을 하게 된 것이다.[10]

### 2. 베를린(Berlin) 세계복음화대회

1966년 가을 동독 베를린에서 개최된 '세계복음화대회'(The World

---

10 J. D. Douglas, ed., *Let the Earth Hear His Voice* (Minneapolis: Worldwide Co., 1975); J. D. Douglas, ed., *Proclaim Christ until He Comes* (Minneapolis: Worldwide Co., 1990).

Congress of Evangelism)는 현대 기독교 역사상 매우 의미 있는 대회였는데, 빌리 그레이엄(Billy Graham)의 리더십에 의하여 소집되었다. 대회의 주제는 '한 인류(One Race), 한 복음(One Gospel), 한 사명(One Task)'으로 전 세계 100여 개국 1,200명 이상의 대표들이 참여하여 복음 전도를 연구하게 되었다. 빌리 그레이엄과 〈크리스천투데이〉(Christianity Today)의 편집자 칼 F. 헨리(Carl F. Henry)가 중심이 되어 활동한[11] 본 대회에는 다양한 그룹의 참가자들, 특히 제3세계 복음주의 지도자들이 참석했다. 그중 에콰도르의 아우카(Auca) 부족은 1956년 짐 엘리엇을 비롯한 5명의 선교사들이 순교 당한 지역에서 기독교로 회심한 사람들로 사랑과 평화의 사신들이었다.

빌리 그레이엄은 영혼 구원을 반대하는 WCC의 에큐메니컬 선교론에 반대하면서, 전통적인 성경적 선교관을 회복하기 위하여 베를린 대회를 개최한다고 밝혔다. "복음화는 성령의 능력으로 그리스도 예수를 증거하여 사람들에게 하나님을 믿게 하고 예수를 구주로 영접하여 교회의 교제 속에서 그리스도를 왕으로 섬기게 하는 것이다"(To evangelize is so to present Christ Jesus in the power of the Holy Spirit, that men shall come to put their trust in God through him, to accept him as their Savior and serve him as their King in the fellowship of his Church).[12] 그는 또한 성경적인 선교의 동기가 모호해진 시대적 상황에서 분명한 성경적 선교 동기의 정립이 필요해서 베를린 복음화대회를 열게 되었다고 주장했다.[13]

베를린 복음화대회는 거의 3년간 준비하고 계획해서 열렸다. 성경적인 복음화와 교회론을 바르게 정립하고 선교를 위한 협력 구조를 세울 뿐

---

11  Arthur Johnston, *The Battle for World Evangelism* (Chicago: Tyndale, 1978), 157.

12  Carl F. Henry·Stanley Mooneyham, eds., *One Race, One Gospel, One Task*, Vol. I (Minneapolis: World Wide Publications, 1967), 25.

13  Carl F. Henry·Stanley Mooneyham, eds., 같은 책, 26.

아니라 당대 민족주의 문제나 인구 문제, 경제 문제 등을 논의할 목적으로 대회를 열게 되었다. 본 대회에서는 '하나의 인류, 하나의 복음, 하나의 사명'(One Race, One Gospel, One Task)을 주제로 많은 논문이 발표되었다.

### 1) 하나의 인류(One Race)

이 대회의 표어는 세 가지인데 첫째는 우리는 '한 인류'(One Race)다. 이것은 하나님에 의해 창조되고 예수 그리스도를 통한 구속의 공통적인 필요를 느끼는 인류의 통일성을 나타낸다. 아울러 세계 도처에서 일어나는 민족주의, 인종차별 문제 그리고 분단된 동서독의 통일을 염원하는 의미에서 한 인류임이 강조되었다. 또한 교회의 존재 목적으로서 선교의 중요성을 강조하였으며, 이를 위해 이제는 서구 교회 중심에서 전 세계 교회로 선교사역이 확장되었음을 강조하였다.

### 2) 하나의 복음(One Gospel)

'하나의 인류'라는 형제애의 자각은 이어서 '하나의 복음'을 선포하는 공동체를 강조하는 것으로 나아간다. '하나의 복음'은 "성경의 권위 아래 오기를 거부하는 모든 신학과 비평 그리고 하나님의 말씀을 약화시키는 모든 전통주의를 거부한다"[14]는 성명서에 나타나 있다. 에큐메니컬의 급진적인 선교 개념에 반대하는 복음주의 선교운동을 표방한 것이다. 성경의 권위를 믿지 않는 자유주의적 개신교로는 로마가톨릭 교회에 대항할 수 없으며, 오히려 그러한 사상들은 복음화하는 말씀의 능력을 약화시켰다고 비판했다.[15]

---

14 Carl F. Henry · Stanley Mooneyham, eds., 같은 책, 6.

15 Carl F. Henry · Stanley Mooneyham, eds., 같은 책, 6.

### 3) 하나의 사명(One Task)

현대 교회의 '한 임무'는 구원의 기쁜 소식를 선포하는 것이라고 정의하고 다음과 같이 주장했다. "복음 전도란 저주받고 잃어버려진 죄인들이 성령의 능력을 통하여 그리스도를 구주로 영접하고 받아들임으로 하나님을 신뢰하고 영광 중에 그의 재림의 날을 대망하면서 모든 생활의 소명과 그의 교회의 사귐 안에서 그리스도를 주로 섬기도록 설득할 목적으로, 성경대로 십자가에 못 박히셨다가 부활하셨으며 사람들의 유일한 구속주이신 그리스도의 복음을 선포하는 것이다."[16]


## IV. 로잔운동의 선교 신학 주제들

스위스 로잔에서 1974년 7월 16-25일에 열린 '세계복음화대회'는 그 규모 면에서나 역사적 의의에서나 매우 큰 의미를 가진다. 전 세계 150여 개국 기독교 지도자 2,700여 명이 참여한 가운데 '온 땅이여, 그의 음성을 들으라!'(Let the Earth Hear His Voice!)라는 주제로 열렸다. 이는 WCC 에큐메니컬의 급진적 선교론에 대항해 철저한 복음주의적 선교론을 정립하기 위한 것이었다. 그들은 신학적으로 혼란한 시기에 복음 전도에 대한 성경적 기초를 선포하고 이것을 표준으로 선교의 메시지와 방법들을 검토하여 모든 그리스도인이 성경의 진리를 가지고 도처에서 당면한 문제들을 해결할 수 있도록 돕고자 했다. 불신자를 가장 효과적으로 구원하는 데는 성경이 가장 필요하다고 전제하고 성경의 중요성을 강조했다. 성경은 사람으로 하여금 자연을 올바르게 해석할 수 있게 도와주며 하나님을 인격

---

16 Carl F. Henry·Stanley Mooneyham, eds., 같은 책, 6.

적인 존재로 알게 하고 언제나 악한 세력들에 의해 변질될 수 있는 모든 요소를 끊임없이 갱신하도록 한다고 강조했다.

존 스토트(John Stott)는 복음 전도와 사회적 책임의 관계를 설명했다. 사회활동은 복음 전도의 한 협력자(a partner of evangelism)임을 주장하고 이 둘은 서로에게 속하는 존재로 규명했다. "각각은 다른 쪽에 자신의 발로 자신의 권리 안에 선다. 다른 쪽에 대한 한 방편은 아니며 더욱이 다른 쪽의 한 표현도 아니다. 왜냐하면 각각은 그 자체가 목적이기 때문이다. 둘 모두 거짓 없는 사랑의 표현들이다."[17]

제1차 로잔세계복음화대회는 '전적으로 철저하게 복음주의적인' 선교를 목적으로 열렸다. 빌리 그레이엄은 이 대회의 목적을 다음과 같이 표현했다. "이것은 우리가 이해하는 대로 복음주의적 입장에 전적으로 헌신한 자들의 모임이 되어야 한다. 이것은 자유주의적이거나 논쟁적인 입장을 취하는 자들의 모임이 되어서는 아니된다."[18] 이 모임에 참가할 수 있는 자격에 대해서도 "복음주의에 헌신적이어야 하며, 영감된 하나님의 말씀으로서 성경에 충실하고, 복음 전도와 구원과 회심에 대한 성경적 견해를 고수해야 한다"고 밝혔다.[19] 1974년 로잔세계복음화대회의 로잔 언약에서 강조한 내용은 다음 몇 가지로 요약할 수 있다.

---

17 John Stott, "*The Lausanne Covenant*", J. D. Douglas, ed., *Let the Earth Hear His Voice* (Minneapolis: World Wide Publications, 1975), 23.

18 1972년 3월 23일과 24일 미국 플로리다 비로비치(Vero Beach)에서 열린 회의에서 빌리 그레이엄은 전 세계 복음화에 대한 장애와 전략에 대해서 이처럼 발표했다. "차기의 복음 전도대회에서는 '모든 각각의 참가자가 전적으로 그리고 철저하게 복음주의적이어야 한다.'" Arthur Johnston, *The Battle for World Evangelism*, Chap. 7.

19 Arthur Johnston, *The Battle for World Evangelism*, Chap. 7.

## 1. 선교적 교회

첫째, 각 교회의 모든 그리스도인은 온 세상의 복음화에 책임이 있으며, 교회는 "복음 전도에 있어서 하나님의 대행자"(The Church as God's Agent in Evangelism)임을 심도 있게 논의했다.[20] 하워드 스나이더(Howard A. Snyder)는 교회가 하나님의 선교 수단이라고 주장했는데, 그 이유는 교회는 복음 전파를 위해서 유일하게 신적으로 지명된 하나님의 수단이며, 하나님은 선교를 위한 교회 이외의 다른 기관은 갖지 않으시기 때문이라고 했다.[21] 특히 로잔 선언에서 "교회는 하나님의 우주적 목적의 중심에 있으며 복음을 전파하는 그의 정하신 수단이다"(The church is at the center of God's cosmic purpose and is his appointed means of spreading the Gospel)라고 명시했다.[22] 하워드 스나이더는 교회와 선교단체의 차이점을 들면서 교회가 가지는 선교사역의 중요성을 강조하였다. 그는 교회와 선교회의 특징을 10가지 항목으로 나누어 설명하였다. 즉 교회는 하나님의 선교를 위한 작품이라면, 선교회는 사람들이 선교를 위하여 모인 모임일 뿐이며, 교회는 영원한 신적 기관이지만 선교단체는 선교사역을 위하여 일시적인 목적으로 존재한다고 구분하였다.[23]

---

20 Howard A. Snyder, "The Church as God's Agent in Evangelism", J. D. Douglas, ed., *Let the Earth Hear His Voice* (Minneapolis: World Wide Publications, 1975), 327.

21 Howard A. Snyder, "The Church as God's Agent in Evangelism", 327.

22 J. D. Douglas, ed., *Let the Earth Hear His Voice* (Minneapolis: World Wide Publications, 1975), 5.

23 Howard A. Snyder, "The Church as God's Agent in Evangelism", 339: The Church is God's creation, spiritual fact, cross-culturally valid, biblically understood and evaluated, validity determined by the spiritual qualities and fidelity to Scriptures, God's agent of evangelism and reconciliation, essential, eternal, divine revelation, and purpose to glorify God; The Para-Church is man's creation, sociological fact, culturally bound, sociologically understood and evaluated, validity determined by function in relation to mission of the Church, man's agents for evangelism and service, expendable, temporal and temporary, human tradition, and purpose to serve to the Church.

## 2. 선교를 위한 성경의 권위 강조

에큐메니컬의 자유주의적 신학이 교회의 선교사역을 약화시키고 심지어 선교의 모라토리엄 곧 성경적 선교사역의 중지를 주장하는 결과에 이르자, 로잔대회의 지도자들은 복음 선교에 있어서 영감된 성경의 권위를 강조함으로써 선교사역의 당위성을 정립하고자 하였다. 여전히 모든 사람이 영적으로 전적인 무능 상태이기 때문에, 하나님의 기록된 특별한 계시가 절실하게 필요하기 때문이라고 주장하였다.[24] "그렇게 죄로 소경된 사람들이 그의 뜻과 역사 그리고 이 구원하고 회복시키는 역사에 대한 방법들을 배우도록 하기 위하여 성경은 가장 필요한 것이다. 그들에 대한 하나님의 특별한 의사전달이 한 필연성이 되었다(딤후 3:17)."[25]

1974년 제1차 로잔대회에 한국 교회를 대표하여 참석한 김의환 박사는 성경의 고유한 권위를 강조하는 벨기에 신앙고백(the Belgic Confession)을 인용하면서, 성경에 대한 복음주의적 견해와 로마가톨릭, 자유주의, 신정통주의 간의 견해 차이를 발표하였다.[26] "우리는 이 모든 책들을 그리고 이것들만을 우리 신앙의 규정과 기초(foundation)와 확인(confirmation)을 위하여 거룩하고 정경적인(canonical) 것으로서 받아들인다. 그것들에 포함된 모든 것을 아무런 의심 없이 믿는 것은 교회가 그것들을 그러한 것으로서 받아들이고 있기 때문이기보다는 더욱 특별하게 성령이 우리 마음에 그것들이 하나님께로부터 왔다고 증거하기 때문이며, 또한 그것들은 그 자체로 증거하기 때문이다."[27]

---

24 Susumu Uda, "Biblical Authority and Evangelism", J. D. Douglas, ed., *Let the Earth Hear His Voice*, 84: "Since man has sinned, he has become a willing slave of sin and thereby totally incapable spiritually."

25 Susumu Uda, "Biblical Authority and Evangelism", J. D. Douglas, ed., *Let the Earth Hear His Voice*, 84

26 Eui Whan Kim, "The Authority of the Bible and the Lordship of Christ", J. D. Douglas, ed., *Let the Earth Hear His Voice*, 985-991.

27 Eui Whan Kim, "The Authority of the Bible and the Lordship of Christ", J. D. Douglas, ed., *Let the Earth Hear His Voice*, 988.

김의환 박사는 성경의 영감은 그리스도께서 가르치신 것으로 이는 초대교회 교부들, 로마의 클레멘스, 순교자 유스티누스(Justin Martyr) 그리고 이레나이우스(Irenaeus) 등의 일치된 견해였다고 주장하고, 성경의 무오성(Inerrancy)과 무결함성(Infallibility)을 강조하였다. "성경의 무오성은 영감의 교리에서 나오는 당연한 추론이다. 영감은 성경의 오류들과 양립할 수 없다. 성경의 말씀들이 성령으로 영감된 바로 그 말씀들이라면, 그것들은 필연적으로 오류가 없어야 하며 틀림이 없어야 한다. 이것이 역사적으로 복음주의적 그리스도인들에 의해 오늘날까지 주장된 성경에 대한 태도다."[28] 또한 김의환 박사는 성경의 무오성에 동의하지 않거나 그 교리에 대하여 의심을 가지는 학자들의 경향을 경계해야 한다고 역설하였다. "오늘날 우리는 어떤 복음주의자들로부터 성경의 무오성을 재검토하기 위한 그래서 새로운 신학적 분위기를 조성하려는 한 풍조를 듣고 있다. 아마도 현대의 정통에 도전하는 근본적 이유는 학구적인 공동체 안에서 정통에 대한 새로운 존경심을 얻으려는 어떤 복음주의적 학자들의 소망에 있는 것인지도 모른다."[29]

미국 트리니티신학교 케네스 칸처(Kenneth Kantzer) 박사는 김의환 박사의 주장에 대하여 기쁘게 동의하면서 성경의 무오성을 세계 복음화 사역의 계속적인 축복과 관련시켰다. "세계 복음화의 임무는 세계의 모든 백성을 위한 하나님의 메시지를 요구한다. 어떤 개인이나 한 집단의 경험은 우주적 복음의 기초가 될 수 없다. 도리어 우리의 메시지는 하나님의 거룩한 계시의 말씀이며 모든 사람에게 적용될 수 있는 성경에 기초를 두어야

---

28 Eui Whan Kim, "The Authority of the Bible and the Lordship of Christ", J. D. Douglas, ed., *Let the Earth Hear His Voice*, 989.

29 Eui Whan Kim, "The Authority of the Bible and the Lordship of Christ", J. D. Douglas, ed., *Let the Earth Hear His Voice*, 989.

한다(마 24:14). 우리가 전파해야 할 것은 개인적인 의견이 아니라 바로 이 말씀이다(딤후 4:2). 그러한 증거를 하나님은 축복하겠다고 말씀하셨으며(사 55:11), 그는 그의 약속을 지키실 것이다."[30]

### 3. 선교와 사회적 책임

　　로잔운동의 두드러진 특징은 교회의 사회적 책임을 강조했다는 것이다. 로잔운동의 핵심 역할을 한 존 스토트(John Stott)는 성경적인 복음화를 주제로 쓴 글에서, 선교란 복음 전도와 봉사를 둘 다 포함하는 넓은 의미라고 해석하였다.[31] 요한복음 20장 21절에 나타난 선교 사명은 우리는 복음 선포를 위하여 세상으로 파송받았을 뿐만 아니라, 성육신하신 예수님처럼 종의 신분으로 섬기기 위하여 보냄 받았다고 강조하였다. "최상의 속죄를 위하여 희생하신 예수님의 사명(Mission)은 봉사생활의 최고점이었다…. 그의 사역처럼 우리의 선교(Missions)는 봉사의 그것이 되어야 한다. 그는 자신의 신분을 비워서 종의 형체를 가지셨다(빌 2:7). 그러므로 우리도 그래야 한다. 그는 우리에게 봉사의 완전한 모범을 제시하시며 그의 교회가 세상 속에서 종된 교회(a servant church)가 되도록 우리를 보내신다"고[32] 주장하였다.

---

30　Kenneth S. Kantzer, "Authority and Uniqueness of Scripture Report", J. D. Douglas, ed., *Let the Earth Hear His Voice*, 993.

31　John R. W. Stott, "The Biblical Basis of Evangelism", J. D. Douglas, ed., *Let the Earth Hear His Voice*, 65-78.

32　John R. W. Stott, "The Biblical Basis of Evangelism", J. D. Douglas, ed., *Let the Earth Hear His Voice*, 67: "But this supreme atoning sacrifice was the climax of a life of service…. He gave himself in selfless service for others. Now he tells us that as the Father sent him into the world, so he sends us. Our mission, like his, is to be one of service. He emptied himself of status and took the form of a servant (Phil.2:7). So must we. He supplies us with the perfect model of service and sends his church into the world to be a servant church."

## 4. 미전도 종족에 대한 선교적 관심

로잔대회에서 강조한 네 번째 주제는 아직도 복음을 듣지 못한 미전도 종족들(Unreached Peoples)에 선교적 관심을 집중하자는 것이었다. 랄프 윈터(Ralph Winter)는 언어, 풍습, 문화 등에서 여건이 같은 E-1지역, 여건이 비슷한 E-2지역, 여건이 다른 E-3 지역의 복음화를 주장하였다.[33] 곧 제1차 로잔대회는 세계 복음화를 위하여 언어나 문화를 연구하는 선교전략을 개발하는 데 강조점을 두었다. 선교와 문화인류학의 연구는 오늘날 선교 신학의 필수과목으로 자리 잡았다.

## 5. 선교와 교회 성장의 관계

제1차 로잔대회는 특히 선교는 교회 성장을 포함한다고 강조하였다. 도널드 맥가브란(Donald McGavran) 박사는 무엇보다도 복음 전도는 예수 그리스도를 하나님의 유일한 구주로 선포하고 사람들을 설득하여 그의 제자들과 책임 있는 교회의 교인이 되도록 하는 것이라고 강조한다.[34] 독일의 복음주의 신학자 페터 바이어하우스(Peter Beyerhaus)는 "복음 전도의 목표는 개개의 신자들을 만드는 것뿐만 아니라… 이 신자들을 설득하여 하나님의 메시아적 공동체인 교회의 책임 있는 교인들로 가입되도록 하는 것"[35]이며, 세계 복음화는 우선 세계 여러 지역에 교회를 개척, 성장하여 선교사역이 유지되고 계속되게 하는 모든 사역을 포함한다고 주장하였다. 실제로 한국 교회의 많은 교회 지도자들이 풀러신학교의 교회성장학

---

33 Ralph Winter, "The Highest Priority: Cross-Cultural Evangelism", J. D. Douglas, ed., *Let the Earth Hear His Voice*, 215.

34 Donald McGavran, "The Dimensions of World Evangelization", J. D. Douglas, ed., *Let the Earth Hear His Voice*, 109.

35 Peter Beyerhaus, "World Eangelization and the Kingdom of God", J. D. Douglas, ed., *Let the Earth Hear His Voice*, 288.

을 통해 선교 신학을 배워서 한국 교회 성장에 기여하였다고 본다.


## V.나가는말

지금까지 로잔운동의 태동과 배경에 대해 살펴보았다. 초대교회 선교사역 이후 지난 2천 년동안 이어 온 성경적 복음주의 선교사역을 지속적으로 전개하기 위해서 로잔운동은 역사적으로 큰 의미를 갖는다. 그리고 한국 교회와 한국 선교의 지속적이고 효율적인 사역을 위하여 로잔운동이 가지는 역할은 크다고 본다. 한국 교회가 이번에 제4차 로잔대회 개최를 통해 로잔운동을 섬기게 된 것은 전적인 하나님의 은혜이며 축복이다. 종교 다원주의와 급진적 선교 신학은 지난날의 선교 강국이던 유럽 교회들에 교회는 물론 선교의 쇠락을 가져왔다고 본다. 로잔운동은 세계 교회와 함께 한국 교회에 성장과 선교 부흥을 위한 성경적 선교 신학을 제공하고 있으며 협력의 발판이 되고 있다고 본다. 지금은 한국 교회뿐만 아니라 남미와 중국, 아프리카 교회들이 성장하여 21세기 세계 선교사역을 이끌어 가는 세계 기독교(World Christianity) 시대가 되었다. 한국 교회는 이러한 다중심적인 기독교 선교의 시대적 흐름을 직시하고 지속적인 선교사역을 위하여 성경 중심적이며 철저한 복음주의 선교 신학을 정립하고 발전시키는 데 더욱 매진하여야 할 것이다.

# 2. 로잔운동의 이해와 신학 — 신경규

## Ⅰ. 들어가는 말

로잔운동은 스위스 로잔에서 개최된 1차 대회(1974) 이후 대한민국 서울-인천에서 열린 4차 대회(2024)까지 50년 이상 전개해 온 복음주의 선교운동이자, 복음주의 교회 선교 협력 운동이며, 동시에 기독교회 내에 복음적인 시각으로 신학적 균형을 잡고자 애써 온 복음주의 교회들의 값진 노력의 산물이라고 할 수 있다.

## Ⅱ. 로잔세계복음화운동의 등장과 전개

### 1. 로잔운동의 등장

로잔세계복음화운동(The Lausanne Movement)은 20세기 후반에 기독교 복음주의 진영에서 일어난 세계적인 복음화 운동으로, 1974년 스위스 로잔에서 열린 세계복음화국제대회에서 본격적으로 시작되었다.[36] 이 운동은 기독교 복음주의자들이 세계 선교와 복음 전파를 위한 새로운 비전을 제시하기 위해 결집한 결과로, 특히 현대 사회에서 복음의 역할과 선교의 방향성을 재정립하는 중요한 계기가 되었다.

로잔운동은 또한 세계교회협의회(WCC) 중심의 에큐메니컬 운동에 대한 복음주의 진영의 반응으로 등장했다. 1948년에 출범한 WCC는 기독교 교파 간의 일치와 협력을 추구했으며, 사회 정의와 평화 문제에 대해 교회의 역할을 강조하였으나, 복음주의 진영은 WCC의 에큐메니컬 운동

---

36 John Stott, ed., *Making Christ Known; Historic Mission Documents from the Lausanne Movement 1974-1989,* (Grand Rapids, MI: Eerdmans, 1996); 로잔운동, 《케이프타운 서약: 하나님의 선교를 위한 복음주의 헌장》, 최형근 역 (서울: IVP, 2014); https://lausanne.org/ko/statement/ 참조.

이 복음 전파의 사명을 약화시키고 지나치게 사회적, 정치적 이슈에만 치중하고 있다는 비판을 제기했다.[37] 복음주의자들은 WCC가 전통적인 복음주의 신앙의 핵심인 구원의 메시지와 전도의 중요성을 간과하고 있다고 보았으며, 이에 대한 대안적 운동으로 로잔운동을 발전시켜 나간 것이다.

로잔운동은 사회적 책임을 부정하지는 않지만, 복음 전파와 세계 선교를 최우선 과제로 삼았다. 로잔대회는 복음 전파와 사회적 책임 사이의 균형을 강조하며, 기독교 신앙의 핵심 사명인 구원의 메시지 전달을 최우선으로 해야 한다는 점을 분명히 했다. 이는 WCC의 접근 방식과는 달리, 복음주의자들 사이에서 선교와 복음 전파에 대한 구체적인 비전과 전략을 제시하려는 노력으로 나타났다.

### 2. 로잔대회(1974)의 개최

로잔세계복음화대회(1974, LCWE: Lausanne Congress on World Evangelization)는 에큐메니컬 대회의 신학에 문제의식을 지닌 두 명의 지도자, 빌리 그레이엄(Billy Graham)과 존 스토트(John Stott)의 주도로 150개국 2,700여 명의 '복음주의자'이 한곳에 모인 대회다.[38] 참석자의 대다수가 서명한 로잔 언약은 WCC 방콕대회(1973)에 대한 중요한 응답으로 나타났다고 볼 수 있다. 즉 구원의 목적이 '인간화'라고 주장하여 급진적 구원론을 제시한 '웁살라 WCC 총회'(1968)와 '오늘의 구원'을 주제로 과격한 정치 참여적 복음을 외친 '방콕 CWME[39] 대회'(1973)에 반대하는 입장을 지닌 그리스도인들

---

37 사실 제1차 로잔대회 참석자 2,400여 명 중 60% 이상이 방콕대회에 실망한 결과 로잔대회에 기대를 걸고 참석한 자들이었다. Michael Kinnemon·Antonius Kireopoulos eds., *The Ecumenical Movement*, 이형기 외 역 《에큐메니컬 운동》(서울: 한들출판사, 2013), 663.

38 Michael Kinnemon·Antonius Kireopoulis, eds., *The Ecumenical Movement*, 663.

39 CWME는 Commission on World Mission and Evangelism(세계선교 및 전도위원회)의 약자.

의 반응으로 나타나게 된 것이다. 복음주의 연합은 WCC로 대표되는 에큐메니컬 대회의 신학에 대한 반대 성향으로 결성된 것이 가장 큰 이유다. 1961년 IMC와 WCC의 통합[40]과 그 결과로 나타난 복음 전도의 약화와 사회적 책임에 대한 편향적 강조는 복음주의 진영을 결집하는 계기가 되었다.

1966년에 있었던 '휘튼세계선교대회'와 '베를린세계복음화회의'는 1961년 IMC를 흡수한 뉴델리 WCC 총회에 대한 충격으로 발생한 대회였다. WCC 선교 신학이 극단적으로 사회 책임을 강조하는 신학으로 나아갈 때, 복음주의 진영은 그에 대한 반대 성향으로 선교에 있어 복음 전도를 강조하였다. 그리하여 '휘튼대회'는 성경에 근거한 선교를 표방하였고, 에큐메니컬 진영에서 선교를 사회적 책임으로 환치시킨 것에 대해 비난했다.

수평적인 사회 복음과 사회적 책임을 최고조로 강조한 1968년 '웁살라 WCC 총회'는 극단적인 사회적 책임 강조로 흘러가 선교의 목적을 '인간화'로 표방하게 되는데, 이러한 에큐메니컬 선교 신학을 반대하기 위해 복음주의 진영에서는 1970년 '프랑크푸르트 선언'을 통해 선교에 있어서 복음 전도를 강조하게 된다. 에큐메니컬 진영의 '방콕 CWME 대회'(1973)는 또다시 복음주의 진영의 대대적인 연합을 가속화하는 계기가 되었다. 방콕 CWME 대회는 구원을 총체적 관점이 아닌 '오늘의 구원' 즉 억압받고 착취당하는 사람들을 위한 투쟁인 현상황에서의 구원으로 보아 수평적 차원의 구원만 강조하였다. 이로 인해 방콕대회의 '오늘의 구원'은 1974년 복음주의자들로 하여금 '로잔세계복음화대회'를 개최하게 만든

---

40 IMC는 International Missionary Council(국제선교협의회), WCC는 World Council of Churches(세계교회협의회)의 약자.

결정적인 촉매 역할을 하게 되었다.

　로잔대회(1974)에서 복음주의자들은 그리스도의 복음을 모든 족속에게 증거하는 복음화를 대회의 목적으로 삼아 세계 복음화의 사명을 위해 최선을 다할 것을 다짐하였다. 빌리 그레이엄은 연설을 통해 "복음 전도와 영혼의 구원은 교회의 우선적 사명이다"라고 함으로써 대회의 목적과 방향성이 복음 전도임을 천명했다. 그러나 대회가 진행될수록 복음 전도와 함께 그리스도인의 사회적 책임의 강조가 반영됨으로써 로잔대회의 신학은 복음 전도와 아울러 사회적 책임을 강조하는 통전적 선교를 지향하게 되었다.[41] 여기에는 존 스토트의 리더십과 제3세계에서 온 선교 지도자들의 역할이 결정적이었다.[42] 웁살라총회와 방콕대회에 참여한 많은 제3세계 지도자들이 그 대회에 실망한 후 복음주의 로잔대회에서 희망을 찾아 모인 것이다.[43]

### 3. 로잔대회의 전개와 '로잔 언약'(Lausanne Covenant)의 채택

　로잔운동의 출발점이 된 1974년 로잔세계복음화대회는 150개국에서 2,400명 이상의 복음주의 지도자들이 참석한 대규모 국제대회였다. 이 대회의 주요 결과물은 '로잔 언약'(Lausanne Covenant)으로, 이는 세계 복음화의 비전과 복음주의 신앙의 핵심 내용을 담고 있다. 로잔 언약은 선교적 사명을 다루는 동시에, 복음 전파와 사회적 책임을 조화롭게 통합하려는 복음주의적 입장을 천명했다.

---

41　김은수,《현대선교의 흐름과 주제》(서울: 대한기독교서회, 2010), 271.

42　에콰도르의 르네 빠디야(Rene Padilla)와 페루의 사무엘 에스코바르(Samuel Escobar) 등이 이들에 포함된다. 김은수,《현대선교의 흐름과 주제》, 272-273.

43　Michael Kinnemon·Antonius Kireopoulis. eds. *The Ecumenical Movement*,《에큐메니컬 운동》, 이형기 외 역 (서울: 한들출판사, 2013), 663.

로잔대회는 그동안 복음 전도 편향의 복음주의 진영의 선교적 사고를 총체적으로 변화시킨 혁명적인 대회였다. 당시 로잔 임시위원회 의장이던 존 스토트(John Stott)는 로잔 언약에 복음화, 예수 그리스도의 유일성과 성경의 권위 같은 복음주의의 핵심 가치를 생략하지 않으면서도 그리스도인의 사회적 책임과 급진적 제자도 등 다양한 주제들을 포함시키는 데 공헌했다.[44] 그의 지도력과 제3세계 선교 지도자들을 통해 로잔 언약은 4항 '복음 전도의 본질'과 5항 '그리스도인의 사회적 책임'에 대해서 균형 있는 내용을 담게 되었다. 특히 '그리스도인의 사회적 책임'(5항)에서는 "전도와 사회참여를 서로 상반된 것으로 여겼던 것을 뉘우친다"[45]고 고백함으로써 오랫동안 선교에 있어 수직적 차원과 수평적 차원의 균형을 이루지 못한 채 한 편만을 강조하던 극단의 모습에 변화를 보여 주었다. 20세기 이전의 복음주의 선교의 귀한 유산으로 행해 오던 선교의 수평적 사명을 회복하고 복음적인 통전적 선교를 위해 한 걸음 더 나아가게 된 것이다.

존 스토트가 이해한 대위임령은 '복음적 책임'과 '사회적 책임'이 대위임령의 결과일 뿐 아니라 대위임령 자체라는 것이다.[46] 예수님의 대위임령은 복음 전도의 책임과 함께 사회봉사의 책임까지 내포하는 것으로 이해하였다.[47] 존 스토트의 선교 개념은 로잔 언약에 깊이 영향을 미쳤는데, 복음 전도(4항)와 함께 사회적 책임(5항)을 그리스도의 두 가지 의무로 명시하게 되었다. 로잔 언약은 "전도와 사회, 정치적 참여는 우리 그리스도인의

---

44 Ren Padilla, "From Lausanne I to Lausanne III", *Journal of Latin American Theology* (v. 5 no. 2 2010), 24-25.

45 The Lausanne Covenant, par 5, https://lausanne.org/ko/statement/ 로잔 언약 참조.

46 Rene Padilla, "From Lausanne I to Lausanne III", 3.

47 박보경, "로잔운동에 나타난 전도와 사회적 책임의 관계", 〈복음과 선교〉, 제22집 (2013), 12-13.

의무의 두 부분임을 인정한다"[48]는 고백을 통해 선교의 수직적 부분과 수평적 부분 모두 그리스도인의 의무이며 사명임을 천명했다. 이렇듯 로잔 언약이 이해하는 구원과 복음, 선교는 총체적(holistic)으로 개진되고 있다. 에큐메니컬 진영이 고민해 온 복음 전도와 사회참여의 '관계 문제'도 해결하게 된 것이다.

그러나 선교에서 복음 전도와 사회적 책임의 관계에서 '복음 전도에 우선성'(primacy of Evangelism)을 둔다.[49] 로잔 언약 6항은 교회의 선교는 예수님의 성육신의 희생적 사역과 같이 세상 깊이 희생적 침투를 요구하는데, "교회가 희생적으로 해야 할 일 중에서 전도가 최우선이다"[50]라고 언급함으로써 교회의 선교에 있어 우선순위가 복음 전도에 있음을 진술한다. 에큐메니컬 진영에서 교회를 배제하려는 움직임에 제동을 건 것이다.

세계의 복음주의 교회는 그 성향이 다양하다.[51] 그런데 로잔대회에서는 복음 전도를 강조하는 북미 복음주의 입장과 사회, 정치적 참여의 문화를 간과하지 않던 영국의 존 스토트, 불의와 빈곤, 억압 등의 상황 속에 있던 제3세계 복음주의의 입장이 발전적으로 통합하게 되었다.[52] 이러한 논의는 이후 '하이리 대회'(1980), '그랜드래피즈 대회'(1982) 등 복음주의 회의들과 '제3차 로잔대회'(2010)에서 '복음의 중심성', '하나님 은혜의 우선성'을 중심으로 '총체적 선교'(Integral Mission)라는 개념의 등장으로 많은 부분 보완, 정리되었다고 볼 수 있다.

---

48  The Lausanne Covenant, par 5, https://lausanne.org/ko/statement/ 로잔 언약 참조.

49  cf. John Stott. *The Contemporary Christian: Applying God's Word to Today's World*, 339.

50  The Lausanne Covenant, par 6, https://lausanne.org/ko/statement/ 참조.

51  데이비드 보쉬(David J. Bosch), 아서 글라서(Athur Glasser), 페터 바이어하우스(Peter Beyerhaus) 등은 복음주의자들을 다섯 내지 여섯 그룹으로 분류한다.

52  Valdir R Steuernagel, "Social Concern and Evangelization: The Journey of the Lausanne Movement", *International Bulletin of Missionary Research*, Vol. 15, Issue 2 (April, 1991), 53-56.

## III. 이후 로잔세계복음화운동의 결의 내용 요약

로잔세계복음화운동은 세계 복음화를 목표로 한 복음주의 운동으로, 1974년부터 현재까지 네 차례에 걸친 주요 국제대회와 그 외 수많은 분과 회의를 통해 세계 선교와 복음 전파에 대한 신학적 방향과 실천적 전략을 제시했다. 각 대회는 복음주의 진영에서 중요한 신학적, 실천적 결의를 도출하였으며, 이 결의는 복음 전파와 선교사역에 깊은 영향을 미쳤다. 여기서는 로잔 언약 이후 세 차례에 걸쳐 전개된 로잔세계복음화대회의 결의 내용을 구체적으로 설명하겠다.[53]

### 1. 제2차 로잔대회 (1989년, 필리핀 마닐라)

1989년 마닐라 대회는 제1차 로잔대회의 연속으로, 복음 전파를 위한 구체적인 전략을 논의하고 21세기 선교 환경에 맞는 새로운 접근을 모색했다. 이 대회에는 약 3천 명의 복음주의 지도자들이 참여했다. 2차 마닐라 로잔대회의 주요 결의 내용은 다음과 같다.

첫째, 마닐라 대회에서 채택된 마닐라 선언(Manila Manifesto)은 복음 전도의 사명을 다시 한 번 강조하면서 현대 사회에서 복음 전파를 위한 구체적인 실천 방안을 제시했다. 이 선언은 성경적 진리의 권위, 예수 그리스도의 구속적 사역, 성령의 능력에 대한 신앙고백을 기반으로 복음 전도와 선교의 전략을 논의했다. 둘째, 도시 선교의 중요성이 강조되었다. 세계화와 도시화가 급격히 진행되면서 대도시에서의 선교사역이 강조되었다. 복음 전도는 더 이상 농촌 지역에만 국한되지 않고, 급속히 성장하는 대도시에서 효과적으로 이루어져야 한다는 결의가 나왔다. 셋째, 마닐라

---

53 https://lausanne.org/ko/statement/ 로잔 언약.

대회는 복음 전도에 있어서도 그 대상을 보다 구체화하고, 그 영역과 전략을 구체적으로 논의하였다. 넷째, 마닐라 대회는 교회의 사회적 책임 영역에서도 그 내용을 확장하고 구체화하였다. 다섯째, 마닐라 선언은 다종교 사회에서 복음을 전할 때 존중과 사랑을 바탕으로 복음 전도가 이루어져야 한다고 강조하였다. 특히 이슬람교, 힌두교, 불교와 같은 주요 종교가 존재하는 지역과 미전도 종족에서의 선교 전략이 논의되었다. 이 대회는 20세기의 급변하는 사회적, 정치적 환경에서 선교의 필요성과 도전에 대해 구체적인 실천 방안을 제시하였고, 특히 도시 선교와 다종교 사회에서의 접근 방식을 논의하면서 선교 전략의 폭을 넓혔다.

### 2. 제3차 로잔대회 (2010년, 남아프리카공화국 케이프타운)

2010년 케이프타운 대회는 로잔운동의 새로운 전환점을 마련한 대회로, 198개국에서 4천 명이 넘는 복음주의 지도자들이 참여했다. 이 대회는 케이프타운 서약(The Cape Town Commitment)이라는 중요한 문서를 통해 복음주의 운동의 방향을 제시했다. 이 대회에서 결의한 내용은 아래와 같다.

첫째, 케이프타운 서약은 사랑과 진리를 중심으로 한 복음주의 신앙을 고백하며, 전 세계 기독교인들이 복음을 전하고 실천할 것을 촉구하는 내용을 담고 있다. 서약은 크게 두 부분으로 나뉘었다. 먼저, 그리스도의 구속 사역과 성경의 권위에 대한 확고한 신앙고백을 다시 한번 천명했다. 그다음, 선교적 실천이다. 이 서약은 세상의 상처를 치유하는 복음의 역할을 강조했다. 특히 가난, 부패, 불의, 폭력과 같은 문제에 대해 교회가 복음의 빛을 비추고, 이를 해결하기 위해 노력해야 한다는 점을 결의했다. 둘째, 일터선교에 대한 강조다. 목회자 의존적인 선교 구조를 벗어나 그리스도인 개개인의 직장 현장에서 선교사적 삶을 살아가는 것이 강조되었다.

셋째, 케이프타운 대회는 이민과 난민의 급격한 증가 추세에서 디아스포라(흩어진 사람들)를 대상으로 한 선교사역을 강조했다. 디아스포라 공동체는 복음 전파를 위한 새로운 기회로 여겨졌다. 넷째, 복음 전도의 영역과 방법에 대한 보다 구체적이고 심층적인 논의가 진행되었다. 다섯째, 사회적 책임 영역과 그 구체적인 사역 방법에 관한 논의도 심도 있게 진행되었다. 여섯째, 디지털 시대의 도래와 함께 인터넷과 미디어를 통한 복음 전파의 새로운 가능성이 논의되었다. 디지털 미디어는 복음을 더 널리, 더 빠르게 전할 수 있는 수단으로 간주되었다. 일곱째, 인종차별과 갈등의 문제에서 복음이 화해의 역할을 해야 한다는 점이 강조되었다. 즉 인종 화해와 복음이 강조되었다. 특히 남아프리카공화국의 아파르트헤이트 종식 이후 교회의 역할로서 인종 간 화해와 연대의 중요성이 다루어졌다.

이 대회는 특히 디지털 시대의 선교, 디아스포라 선교 그리고 복음과 사회적 책임을 통합적으로 논의함으로써 세계 복음화의 새로운 지평을 열었다.

### 3. 제4차 로잔대회 (2024년, 한국 서울-인천)

제4차 로잔대회는 2024년 대한민국 서울에서 열렸으며, 로잔운동의 50주년(희년)을 맞아 복음 전파와 선교의 새로운 전략과 비전을 논의했다. 이번 대회는 21세기 글로벌 선교 환경의 변화에 대한 깊은 성찰과 더불어, 한국 교회의 소개와 다수 세계 교회의 역할이 새롭게 강조되었고, 전 세계 교회의 협력을 강화하는 방향으로 진행되었다.

제4차 로잔대회에서는 25개 소주제와 분과로 나누어 논의했다. 대회의 주요 주제는 첫째, 다음 세대, 청년 세대의 복음화가 대단히 강조되었다. 오후 분과 모임의 70% 이상의 인원이 이 분과에 지원하고, 소주제

25개 중 1-3항목이 모두 다음 세대, 인구 소멸과 관련된 주제였다. 4일 동안 힘겨운 질문과 과제를 두고 씨름했다. Z세대, N세대와 알파 세대를 대상으로 한 선교 전략이 중요한 주제가 되었다. 특히 이들 세대의 디지털 문화에 대한 이해와 사회적 위치가 기성세대와는 다른 점에 주목하여 이들의 상황을 이해하고, 그들의 언어를 배우며, 교회와 사회에서 함께 동행하며 신앙을 나누는 방안이 심도 있게 논의되었다. 둘째, 다양한 선교 영역에 대한 다양한 전략 도출이 논의되었다. 특히 디지털 선교의 확장에 주목했다. 2010년 케이프타운 대회에서 다룬 디지털 미디어의 역할이 더욱 발전하여 인공지능(AI)과 가상 현실(VR) 등의 첨단 기술을 활용한 복음 전파 전략이 논의되었다. 셋째, 기후위기, 전쟁, 난민 문제, 고난받는 그리스도인, 서구의 인구 감소 등 최근의 이슈는 물론 사회적 약자에 대한 논의를 했다. 최근 몇 년간 기후변화와 환경 문제가 중요한 국제적 이슈로 대두되면서, 복음주의 진영에서도 창조 세계의 돌봄과 관련된 논의가 진행되었다.

이 대회는 1차 로잔대회의 '희년 모임'에 해당하는 대회로서 국내의 법제 상황과 맞물려 논란이 없지는 않았지만, 그 내용과 규모, 운영과 주제의 풍성함, 영역의 다양성에 있어서 기념비적 대회로 남게 될 것이다.


## IV. 로잔대회의 신학과 특징

### 1. 로잔대회의 신학

로잔세계복음화운동(Lausanne Movement)은 복음주의 진영에서 세계 복음화를 목표로, 다양한 선교적, 신학적 결의를 도출해 온 중요한 신학적 운동이다. 로잔대회의 신학은 특히 성경적 복음의 중심성, 선교적 제자도, 사회적 책임 그리고 교회 간 협력에 대한 깊은 신학적 성찰을 포함하고 있다. 로잔대회 신학의 핵심 요소들을 약술하면 아래와 같다.

첫째, 로잔운동은 성경적 진리를 절대적 기준으로 삼으며, 성경이 모든 신앙과 실천의 권위임을 강조하고 복음의 중심성을 명확히 한다. 제1차 로잔대회(1974)에서 채택된 로잔언약(Lausanne Covenant)은 복음 전파에서 성경의 중심성을 재확인하고, 그리스도 중심의 복음 메시지가 모든 민족에게 전파되어야 한다는 점을 강조했다. 이는 개혁신학의 성경적 권위 강조와 맥을 같이하며, 교회의 선교적 사명을 성경에 근거해 지속적으로 확장하려는 목적을 지니고 있다. 특히, 로잔 신학은 복음을 단순한 개인 구원의 메시지로만 국한하지 않고, 하나님의 온전한 통치와 창조의 회복을 목표로 하는 총체적 복음으로 이해한다. 예수 그리스도의 주권적 통치를 통한 새로운 창조의 비전은 로잔운동의 중요한 신학적 기반으로 자리 잡고 있다.[54]

둘째, 로잔운동은 복음 전도와 함께 사회적 책임을 강조한다. 1974년 로잔 언약은 처음으로 복음 전도와 사회적 책임을 동반자로서 함께 강조하였으며, 사회정의와 인권 회복이 복음에 포함되어야 한다는 점을 분명히 했다. 이는 현대 복음주의 신학에서 중요한 변화를 상징하며, 복음 전도가 개인적 구원에만 국한하지 않고, 가난과 불의, 차별 등 다양한 사회적 문제들을 해결하는 데 기여해야 한다는 입장을 담고 있다.[55] 이러한 입장은 특히 로잔 신학이 하나님 나라의 신학(Kingdom Theology)과 밀접하게 연결되어 있음을 보여 준다. 하나님 나라는 단순히 미래에 도래할 종말론적 개념일 뿐만 아니라, 현 세계에서 그리스도를 따르는 이들을 통해 실현

---

54 https://lausanne.org/ko/statement/ 로잔 언약.

55 https://lausanne.org/ko/statement/ 로잔 언약.

되는 것으로 이해된다. 따라서 복음 전도는 영적인 문제를 해결할 뿐만 아니라, 사회정의를 실천하는 활동으로 확장된다.

셋째, 로잔 신학은 또한, 교회가 다종교 사회에서 선교적 사명을 수행함에 있어서 타 종교를 존중할 것과 그들의 목소리에 귀 기울일 것을 강조하며 그 중요성과 필요성을 인정한다. 1989년 마닐라선언(Manila Manifesto)에서는 이슬람교, 불교, 힌두교 등 주요 세계 종교들과 대화하는 것이 선교의 중요한 부분임을 인식하고, 복음을 전할 때 존중과 사랑을 바탕으로 대화할 것을 권고했다. 이는 다른 종교와의 관계 속에서 기독교의 독특성을 유지하면서도 평화로운 공존을 모색하는 신학적 기반을 제공한다.[56]

넷째, 로잔 신학에서 제자도(discipleship)를 매우 중요한 위치에 두고 있다. 제3차 로잔대회(2010)에서 발표한 케이프타운 서약(Cape Town Commitment)은 "제자도 없는 복음 전도는 있을 수 없다"는 점을 강조하면서, 모든 그리스도인이 자신의 삶을 통해 예수 그리스도의 제자가 되어야 한다는 사명을 강조했다. 이는 선교적 제자도의 필요성을 보여 주며, 선교가 단순한 교회의 프로그램이 아니라, 모든 그리스도인이 실천해야 할 신앙적 삶의 방식임을 나타낸다.[57] 특히 제자도는 단순한 종교적 의무가 아니라, 그리스도의 삶을 따르는 실천적 신앙이며, 복음이 개인의 내적 변화와 함께 사회적, 정치적 책임을 동반해야 한다는 점을 분명히 한다. 이는 선교적 제자도가 공공 신학과 연결되며, 복음 전파가 사회 변혁과 연결될 수 있음을 보여 준다.

다섯째, 로잔 신학에서는 복음적 교회의 연합 및 협력, 글로벌 교회의 협력(collaboration)을 강조한다. 로잔운동은 지역 교회들이 자립적으로 성

---

56 https://lausanne.org/ko/statement/ 마닐라 선언.
57 https://lausanne.org/ko/statement/ 케이프타운 서약.

장하고, 선교적 사명을 이루기 위해 상호 협력해야 한다는 점을 지속적으로 강조해 왔다. 이는 특히 고난받는 지구상의 교회들과 남반구 교회(아프리카, 아시아, 라틴아메리카 등)의 급성장과 함께 서구 교회 중심의 선교 패러다임에서 벗어나 글로벌 남(Global South) 교회들이 주도적으로 선교에 참여할 수 있도록 교류와 협력을 강화하는 방향으로 나아가고 있다.

이와 같이 로잔대회의 신학은 성경적 권위에 기초한 복음의 중심성, 제자도와 선교적 삶, 사회적 책임, 고난받는 자들에게 다가가는 교회, 다종교 사회에서의 선교적 접근과 교회의 글로벌 연합을 강조하며, 현대 세계에서 복음주의 선교의 방향성을 신학적으로 심화시켰다. 이는 단순한 복음 전파를 넘어, 하나님의 통치와 창조 회복이라는 더 큰 틀 안에서 인간의 구원과 사회적 변화를 모두 아우르는 신학적 비전을 제시한다.

## 2. 로잔 신학에 있어서 통전적 선교

로잔 신학은 통전적 선교를 강조한다. 즉 선교에 있어서 복음 전도와 사회적 책임을 공히 강조한다. 제1차 로잔대회에서는 복음 전도의 우선성을 전제로 '통전적 선교'(Holistic Mission)를 주창하였다. 복음 전도와 사회적 책임이 별개의 것이 아니라 동반자적 관계로서 상호 보완적 개념으로 보고 이 둘을 모두 선교의 개념 안에 포함시킨 것이다. 이러한 관계 설정이 중요한 이유는 먼저, 복음 전도만 중요시하는 전통적인 복음주의의 폐쇄성이 교회 밖에 있는 자들에게 교회를 신뢰하지 못하게 하고 또한 자기들만의 공동체로 간주하게 만드는 요소가 되고 있기 때문에 에큐메니컬 진영뿐만 아니라 복음주의 내에서도 이러한 이원론적 관점을 비판해 왔다. 둘째, 이 둘의 관계 설정이 제대로 되어 있지 못한 까닭에 에큐메니컬 진영이 극단적 사회참여로 선교의 개념을 편향되게 오도하는 경향이 생긴 것이다. 따라서 복음 전도의 중요성을 전제로 사회적 책임을 동반자적 관계로 설정하여 이 둘의 관계를 올바르게 정립하는 것이 로잔대회의 매우 중요한 과제였고, 논의를 통해 이를 잘 정리하게 되었다. 전통적인 관점에서 선교의 개념은 [그림1]에서와 같이 복음 전도와 사회참여를 반대 개념으로 보고, 이 둘을 양극단으로 나누는 관점을 가지고 있었다.

[그림1] 전통적 관점에서 본 복음 전도와 사회참여

그러나 로잔대회는 복음 전도와 사회참여가 서로 대치되는 관계가 아닌 상호 보완적인 관계라고 천명한다. 이는 이 둘의 관계가 동반자적 관계이고, 상호 보완적인 관계를 가진다는 의미다. 이를 그림으로 나타내면 [그림2]와 같다.

선교 = 복음 전도 + 사회참여

(M: Mission) (Ev: Evangelism) (SR: Social Responsibility)

복음 전도 ⟷ 복음 전도 하지 않는 것

사회참여하지 않는 것 ⟷ 사회 참여

[그림2] 1차 로잔대회에서 보는 복음 전도와 사회참여의 관계 (통전적 선교)

통전적 선교(Holistic Mission)의 개념은 제3차 로잔대회에서 '통합적 선교'(Integral Mission)로 개념적 변화의 과정을 겪게 되었다. 사실, 이 둘은 레슬리 뉴비긴(Leslie Newbegin)의 선교적 '차원'과 선교적 '의도'의 개념을 마이클 고힌(Michael Gohin)과 크리스토퍼 라이트(Christopher Wright)가 선교의 개념을 정리하기 위해 도입하는 과정에서 이전에 르네 빠디야(Ren Padilla)가 사용한 '통합적 선교'(Integral Mission)라는 개념을 제3차 로잔대회에 도입하면서 널리 쓰이게 되었다.

로잔대회 이후 통전적 선교의 개념은 [그림 2]에서 보는 바와 같이 선교는 단순히 복음 전도와 사회참여의 총합이었다. 그러나 3차 로잔대회에서는 통합적 선교를 '복음의 중심성', '하나님 은혜의 우선성'이라는 개념에서 복음 전도와 사회 참여가 자연스럽게 흘러나오는 개념으로 보았다. 그림으로 표현하면 [그림 3]과 같다. 이러한 이해는 약간 인위적으로 보이거나 부자연스럽게 보이던 양자의 관계를 '지상위임령'과 '대계명'이라는 성경의 핵심 정신과 자연스럽게 연결되는 모습을 보인다. 복음 전도와 사회적 책임이 복음으로부터 자연스럽게 흘러나오도록 함으로써 그 개념을 포괄적이면서도 인위성을 방지하는 관계로 전개했다는 점에서 주목할 만하다.

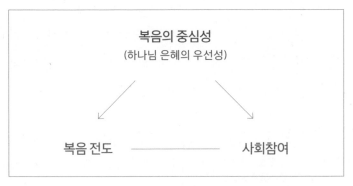

[그림 3] 3차 로잔대회에서 보는 복음 전도와 사회참여의 관계 (총체적 선교)

따라서 '통전적 선교'와 '통합적 선교'의 두 개념은 상호 호환적으로, 또는 환치하여 사용할 수 있다고 본다. 또한 로잔신학이 에큐메니컬 진영에서 이 문제를 오랫동안 해결하지 못해 신학적 편향성을 지니게 되거나, 그 지향점 설정에 오류를 가져온 점들을 해결하는 단초를 제공했다고 볼 수 있다.

### 3. 로잔신학의 특징

로잔대회의 신학은 '복음의 중심성', '하나님 은혜의 우선성'에 대한 불변하는 개념과 함께 변화하는 '상황'에 대한 유연한 조정과 대처가 함께 공존한다고 보는 것이 타당할 것이다. 또한 로잔 신학이 이때까지 에큐메니컬 진영과 복음주의 진영 간에 대립하던 주제가 상호 보완적일 수 있다는 점을 주지시켰다는 것에서 큰 공을 세웠다 할 수 있다. 성경은 세계를 향한 복음 전도(마 28:18-20)와 하나님-이웃 사랑(마 22:37-40)을 모두 강조한다. 로잔대회의 특징을 살펴보는 것은 로잔대회를 이해하고 그 신학의 내용을 파악하는 데 큰 도움이 될 것이다.

첫째, 선교의 주체는 하나님이시고, 선교의 본질은 '하나님의 선교'(Mission of God)라는 점을 분명히 한다.[58] 원래 하나님의 선교라는 용어는 바젤선교회 출신의 카를 하르텐슈타인(Karl Hartenstein)이 가장 먼저 사용하였으나, 호켄다이크(Johannes J. Hoekendijk)가 자신의 신학을 '하나님의 선교 신학'이라고 주장하면서 오랜 기간 에큐메니컬 신학의 전유물처럼 간주되어 왔다. 그러나 하르텐슈타인의 의미는 그것과 다르며,[59] '오랜 기간 에

---

58 기독교 신학과 선교학계에서 '하나님의 선교'(missio Dei) 개념은 대단히 중요하며 또한 많은 학자에 의해 널리 사용되고 있다. 동일한 용어를 사용하면서도 신학적 편향성에 따라 내용이 판이하게 다른 것 중 하나가 Missio Dei 개념과 그에게서 해석된 신학이다.

59 신경규, "Missio Dei의 본래적 의미와 의미 변화에 관한 고찰", 《고신선교》 제4권 (2007, 3), 35.

큐메니컬 신학이 '하나님의 선교'(Missio Dei)라는 개념을 데이비드 보쉬가 지적한 것처럼 왜곡해서 전유해 왔다.[60] 복음주의자들은 1차 로잔대회에서부터 선교 주체가 하나님이고, 그 선교의 본질이 하나님이 행하시는 선교라는 의미에서 '하나님의 선교'라는 용어를 회복하여 사용하기 시작했고, 이제는 복음주의에서도 보편적으로 사용하는 용어가 되었다.

둘째, 선교의 내용이 '하나님 나라의 실현과 확장'으로 규정되면서 복음 전도와 사회참여 양자를 다 포괄하게 되었다. 오랜 기간 기독교 교회와 신학계는 보수주의 및 진보주의 내지는 자유주의로 양극화되어 있었다. 이 양극화 현상은 '하나님의 선교'(Missio Dei)와 거기에서 파생된 '사회 구원'에 대한 신학적 논쟁에서 비롯되었다. 보수주의는 개인의 영혼 구원이 선교의 중심 내용이라고 보아 현실 사회의 여러 문제에 대해 침묵해 왔고, 반면 진보주의는 하나님의 구속 의지를 사회적으로 실현하는 데 참여하는 것이 선교라고 보고 사회 구조적인 악, 인권, 정의로운 분배 등의 사회 문제에 적극 개입해 왔다. 로잔대회는 이 양자 모두를 하나님 나라 구현에 필수 불가결한 내용으로 보고 도입한 것이다.

셋째, 이에 따라 선교의 목표도 통전적으로 변화되었다. 일반적으로 선교의 목표는 개인의 영혼 구원, 토착 교회 설립, 성경적(기독교적) 사회 건설 등 세 가지를 논의에 올렸다.[61] 그런데 이 세 가지는 궁극적으로 하나님 나라를 세우고, 그 나라를 확장, 심화한다는 의미 안에 내포되어 있다. 그러므로 로잔대회의 신학에서는 선교의 목표가 영혼 구원, 교회 설립뿐만 아니라 하나님 나라의 가치에 합치되는 사회의 변혁까지 포함하게 되었다.

넷째, 이는 선교의 개념을 통전적으로 이해한다는 의미이기도 하다.

---

60 David Bosch, *Transforming Mission* (NY: Orbis, 1991), 392.

61 이현모, 《선교학개론》(대전: 침례신학대학교출판부, 2000), 236-238.

로잔 신학은 1차 대회에서부터 '지상위임령'(마 28:18-20)을 기초로 '통전적 선교'(Holistic Mission)를 강조하다가 제3차 대회에서는 '대계명'(마 22:37-40)까지 포함하여 '통합적 선교'(Integral Mission)라는 개념에 이르기까지 지속적으로 선교의 통전적 성격을 주장해 왔다.

다섯째, 역사를 보는 관점도 통전적으로 변모했다. 복음주의 진영에서는 하나님의 구원 역사가 오직 '구속사'(Redemptive History)로 이루어진다고 보아서 하나님은 교회를 통해서만 세상을 변화시킨다고 보았다. 반면에 에큐메니컬 진영은 교회를 무시한 채 하나님께서 직접 세상에서 일하신다는 '보편사'(General History, 혹은 약속사) 관점에서 역사를 바라보았다. 그러나 로잔 신학은 하나님께서 교회를 통해 일하시기도 하고, 세상 속에서 일반 은총론적으로 직접 일하시기도 한다고 보아 양자를 모두 포괄하는 관점을 취한다. 하나님은 당연히 교회를 통해 일하시며, 동시에 법, 정치, 사회, 경제, 의료, 과학, 기술 등의 영역을 통해서도 일하신다는 점을 강조하고 있다.

여섯째, 로잔 신학에서는 성경의 본문(Text)뿐만 아니라 시대의 상황(Context), 현지의 상황까지 고려하고 고찰하는 신학적 관점을 견지한다. 전통적으로 신학적으로 보수적인 견해를 지닌 그룹에서는 성경 본문만을 중시하는 경향이 있고, 진보적인 성향의 그룹에서는 상황만 중요시해 성경 본문을 상황에 억지로 대입하는 지나친 귀납식 방법을 사용해 왔다. 그러나 로잔 신학은 본문에 기초하되 상황을 배제하지 않고 심각하게 고려하는 관점 즉 양자를 함께 바라보고 바르게 본문을 해석하려는 관점을 취한다.

일곱째, 로잔 신학에서는 전통적으로 강조해 오던 '지상위임령'(마 28:18-20) 관점의 선교 신학에 하나님 사랑과 이웃 사랑이라는 '대계명'(마

22:37-40)을 부가함으로써 보다 광범위하고 포괄적이며, 통전성을 견지할 수 있는 신학적 관점을 취하게 되었다.

로잔대회의 신학은 '복음의 절대성', '하나님 은혜의 중심성'에 대한 불변하는 태도와 함께 변화하는 상황에 대한 유연한 조정과 대처가 함께 공존하고 있고, 성경적이면서도 동시에 양대 신학의 장점을 함께 통합하는 자세를 지니고 있다. 이는 로잔 신학이 그동안 대립해 온 양 진영의 신학적 주제가 많은 경우 상호 보완적이라고 보아서 성경적인 접촉점을 모색하여 통전적으로 접근한 신학이라는 큰 장점을 가지고 있다고 본다.

### 4. 로잔 신학의 과제와 미래

로잔 신학은 이상에서 살펴본 특장과 장점을 지니고 있지만 몇 가지 중요한 과제를 가지고 있다. 아래는 이러한 로잔 신학이 앞으로 해결해야 할 과제를 제시한 것이다.

첫째, 로잔 신학은 그 '통전적 성격의 신학을 어떻게 현실에 실질적으로 적용할 수 있을 것인가?' 하는 질문에 답해야 하는 과제를 안고 있다.[62] 통전적 선교의 실질적 작동 여부를 묻는 질문이다. 실제로 복음 전도 혹은 사회참여 단일 방향으로는 실천이 쉬우나, 양방향 실천은 쉬운 과제가 아니다. 그러나 단일 교회 내부에서 사회적 약자를 돕거나, 이주민 사역을 감당하는 것은 복음 전도 사역과 충분히 병행할 수 있다. 그리고 선교의 통전성은 전체 선교와 교회가 나아갈 방향성에 대한 것이므로 구체적인 실천 방안은 함께 고민하면서 해결해야 할 과제인 것으로 보인다.

둘째, 통전적, 통합적 선교는 기독교 선교의 '복음 전도'의 약화를 초

---

62 안승오, "로잔신학의 흐름에 있어서 우선순위 문제", 한국선교신학회, 〈선교 신학〉 Vol.40 (2015); 안승오, "제4차 로잔대회를 향한 제언", 〈복음과 선교〉 Vol.64 No.4 (2023).

래하지는 않을지에 대한 염려다. 근래 한국 교회가 쇠퇴하면서 복음 전도 자체가 거의 차단된 듯한 형상을 보이고 있다. 이것은 복음 전도의 '여건' 이 마련되지 않았기 때문이다. 즉 교회의 신뢰 상실로 인하여 사람들이 교회 자체를 신뢰하지 않기 때문에 복음 전도의 여건이 막혀 있는 것이다. 제4차 로잔대회의 표어인 '교회여, 그리스도를 선포하고 나타내자'에서와 같이 그동안 한국 교회는 그리스도를 나타내는 데 실패했다. 로잔대회 는 복음의 '구두 선포'뿐만 아니라 '삶과 성품'을 통해 복음을 전하고, 나타내고, 입증하고자 하는 움직임이므로 오히려 복음 전도에 도움이 될 것으로 사료된다.

셋째, 로잔 신학의 미래성과 연관된 것이다. 최근의 디지털 세계로의 전환은 빛의 속도라고 할 만큼 빠르게 전개, 발전되는 양상을 보인다. 이렇게 변화하는 세계에서 어떻게 신학과 선교가 세상에 뒤처지지 않고, 오히려 세상을 선도적으로 이끌 수 있을 것인가 하는 과제를 안고 있다. 현대에 들어와서 교회는 세상의 변화보다 항상 느리다. 이것은 미래 교회의 자세와 과제의 문제다. 세상을 선도하고, 하나님 나라의 가치를 실현할 수 있도록 의식과 구조 그리고 영적인 각성에 있어서 갱신과 개혁, 부흥을 멈추지 말아야 할 것이다. 아울러 로잔 신학은 기존 신학의 정태적(static)인 성격을 극복하고 어떻게 동태적(dynamic)인 모습을 보이면서 다음 세대에 호소력을 가질 수 있을 것인가 하는 과제를 안고 있다. 신학은 변화하는 시대를 해석하고 담아 내며, 선도할 수 있어야 한다. 그러기 위해서는 교회가 유연한 역동성을 소유하는 것이 필수 요건이다. 다음 세대는 선교의 주체를 기르는 동시에 선교의 과제로 등장하였다. 기성세대가 다음 세대를 이해하고 품지 않으면 기독교와 교회는 사멸의 위기를 겪을 수 있다.

# 3. 로잔운동의 주요 인물들: 로잔 거장들의 총체적 선교 개념을 중심으로 — 안희열

## I. 들어가는 말

2024 서울-인천 제4차 로잔대회가 희년을 맞아 9월 22일(일)부터 28일(토)까지 송도컨벤시아에서 열렸다. 220개 국가 5,394명의 대의원이 참석했다. 4차 대회의 주 관심사 중 하나는 총체적 선교(Integral Mission)가 1, 2, 3차에 이어 어떤 형태로 소개될 것인지에 관한 것이었다. 복음 선포와 삶의 실천을 총체적으로 보는 이원론적 구분은 우선순위에 따라 개념이 달라져서 복음주의 진영과 에큐메니컬 진영 간에 논쟁이 잦았다. 총체적 선교란 용어는 복음주의 진영이 즐겨 사용하는데 2010년 제3차 로잔대회에서 처음 소개되었다.[63] 반면 통전적 선교(Holistic Mission)란 용어는 에큐메니컬(WCC) 진영이 주로 애용하는 것으로 2004년 파타야 포럼에서 처음 소개되었다.[64]

복음주의의 총체적 선교는 두 유형으로 나뉜다. 첫째는 영혼 구령과 사회적 책임 중에서 복음 전도의 우선성을 강조한 것으로 존 스토트(John Stott)가 1974년 1차 로잔대회 때부터 주장했다.[65] 둘째는 복음 전파와 사회적 책임을 비행기의 두 날개처럼 둘 모두를 똑같이 강조한 것인데 레네 빠디야(Rene Padilla)가 1차 로잔 때부터 급진적 제자도(Radical Discipleship) 그룹을 형성해 스토트에게 끊임없이 요구했지만,[66] 1, 2차 로잔대회 때 100%

---

63 Third Lausanne Congress on World Evangelization, *The Cape Town Commitment: A Call to Action* (Peabody, MA: Hendrickson Publishers, 2013), 93, 118.

64 Lausanne Committee for World Evangelization, *2004 Forum for Word Evangelization* (September 29-October 5, Thailand), 17.

65 J. D. Douglas, ed., *Let the Earth Hear His Voice: International Congress on World Evangelization*, Lausanne, Switzerland (Minneapolis, MN: World Wide Publication, 1975), 5.

66 레네 빠디야(Rene Padilla)는 에콰도르 출신의 남미 신학자인데 그의 이름이 불어 발음인 레네 빠딜라로 번역되어 혼선을 일으켜 왔기에 스페인 발음으로 수정한다. 급진적 제자도 신학을 보기 위해서는 Douglas, *Let the Earth Hear His Voice*, 294-96을 보라.

수용되지 못했고,[67] 3차 대회 역시 받아들여지지 않았다. 반면 WCC의 통전적 선교란 복음 전파와 사회적 책임이 한 방향으로 흐르는 것을 막고 둘다 '하나'가 되는 것인데,[68] '한 몸' 이론으로 정착했다. 즉 부부가 한 몸을 이루듯이 인간화를 감당할 때 복음화도 함께 이뤄지는 것이기에 선포는 2차로 전락해서 힘을 잃게 된다.[69]

본고(本稿)는 로잔 거장들의 총체적 선교에 관한 개념을 비교·평가하는 데 목적을 두고 있다. 이에 따라 네 가지 쟁점을 집중적으로 살펴볼 것이다. 첫째로 2001년 미가 네트워크 모임 때 빠디야가 주축이 된 급진적 제자도는 WCC의 통전적 선교와 상당한 교감을 가졌는지,[70] 둘째로 2004년 파타야 포럼부터 로잔은 빠디야로 인해 전도의 우선성을 거부한 총체적 선교로 선회했는지, 셋째로 2010년 제3차 로잔대회 때 크리스토퍼 라이트(Christopher Wright)가 복음 전도의 우선성(primary)을 배제했는지, 넷째로 2024년 4차 대회의 슬로건인 '교회여, 함께 그리스도를 선포하고 나타내자'라는 것이 어떤 총체적 선교를 말하는지 살펴볼 것이다. 로잔 거장들의 세계 복음화에 관한 총체적 선교는 지난 50년간 세계 선교에 지대한 영향을 끼쳤음을 부인할 수 없다.

---

67 세계교회협의회, 《통전적 선교를 위한 신학과 실천》, 김동선 역 (서울: 대한기독교서회, 2007), 260-61.

68 세계교회협의회, 《통전적 선교를 위한 신학과 실천》, 257, 260.

69 David J. Bosch, 《선교 신학》, 전재옥 역 (서울: 두란노서원, 1985), 214.

70 미가 네트워크(Micah Network)는 1999년 레네 빠디야가 중심이 되어 결성되었다. 이것은 미가서 6장 6절에 기초해서 말씀 선포와 삶의 실천을 분리하지 않고 동등하게 총체적으로 담으려는 로잔운동의 급진적 제자도가 만든 것이었다. 이들은 WCC의 통전적 선교의 주장과 다르고 1974년 1차 로잔대회 때부터 줄곧 비행기 양 날개 지지자들이었다. Douglas, *Let the Earth Hear His Voice*, 1294-96.

## II. 복음 전도의 우선성 지지자들

복음 전도 우선성의 총체적 선교를 도표화한다면 '선교=영혼 구령>사회적 책임'으로 표현할 수 있다. 사회활동보다는 복음 전파에 방점을 찍는 이개념을 지지하는 자는 빌리 그레이엄(Billy Graham), 존 스토트 그리고 크리스토퍼 라이트다. 그리고 대다수 한국 교회가 복음 전도의 우선성을 지지하는데 이들을 보수적 복음주의자라 부른다.

### 1. 빌리 그레이엄, 최고의 로잔운동 동원가

빌리 그레이엄(1918-2018)은 20세기 최고의 명설교가이자 복음 전도자로서 로잔운동을 위한 인원과 재정을 맡았다. 즉 빌리 그레이엄은 로잔운동의 하드웨어 책임자였다. 그가 1974년 스위스 로잔에서 제1차 로잔대회(공식 명칭은 로잔국제세계복음화대회, International Congress on World Evangelization Lausanne)를 개최한 이유를 살펴보면 다음과 같다. 첫째로 1968년 웁살라(Uppsala) WCC 대회의 선교 개념이 인간화(人間化)로 치우치자 누군가가 방어해야만 했다. 웁살라 대회 때 "인간의 필요를 채워 주는 관심이 그리스도인의 제자훈련 우선순위로 재조정되어야 한다"라고 발표됨으로 '선교=인간화'라는 급진적 선교 개념이 생겨났다.[71] 하지만 냉전 시대에 급진적 선교가 사회주의 국가와 호흡을 맞춰 WCC의 선교 황금기를 이끌게 되자 빌리 그레이엄의 고민이 컸다.

둘째로 웁살라 대회가 끝난 후 복음주의 진영의 새로운 리더인 〈크리스천투데이〉(Christian Today)의 편집장이던 칼 헨리(Carl Henry)가 쓴 《복음주의자의 불편한 양심》(The Uneasy Conscience of Modern Fundamentalism)이 빌리 그레이엄의 선교 사상에 눈을 뜨게 해주었다. 사실 1966년 독일 베를린 대회까지

---

71 Kenneth Slack, *Uppsala Report* (London: SCM Press Ltd., 1968), 15.

만 해도 빌리 그레이엄은 전통적 선교(선교 = 복음 전파)를 확고히 지지했다.[72] 하지만 냉전 시대에 전통적 선교는 세계 복음화를 이루는 데 돌파구를 찾지 못했다. WCC의 급진적 선교는 선교 황금기를 맞이했지만, 복음주의의 선교는 답보 상태였기 때문이다. 헨리의 책 가운데 1장인 근본주의 안에서 사라진 박애주의와 3장인 사회 개혁 운동과 결별한 복음주의는 빌리 그레이엄의 사고를 바꾸는 데 영향을 끼쳤고 1차 때 로잔 언약에 반영되었다.[73]

셋째로 존 스토트가 주장한 복음 전도 우선성의 총체적 선교는 빌리 그레이엄의 마음을 사로잡았다. 전통적 선교가 복음(text)에 집중하는 것은 탁월하지만, 시대적 상황(context)을 읽고 접근하는 것이 약하다는 것을 빌리 그레이엄은 깨닫고, 스토트가 주장한 사회적 책임을 강조하되 전도 우선성의 총체적 선교를 수용하기로 했다.[74] 이것은 복음주의 선교의 획기적 전환점이었다. 복음주의 진영이 냉전 시대에 사회주의 국가, 이슬람 국가 그리고 미전도 종족에서 선교를 이루기 위해서는 전통적 선교에서 벗어나 복음화 우선성의 총체적 선교가 절대적으로 필요했다. WCC 선교가 인간화로 자리를 굳히면서 교회가 점차 쇠락할 즈음에 복음주의 선교

---

72 1966년 베를린 대회는 104개 국가에서 1,200명의 대의원이 '한 인류, 한 복음, 한 과제'라는 주제로 모였고, 이 대회에서 칼 헨리는 '교회 밖의 구원'을 주장하는 종교 다원주의자에게 구원은 예수 그리스도를 통해서만 이뤄질 수 있음을 피력했다. John Stott, ed., *Making Christ Known: Historic Mission Documents from the Lausanne Movement 1974-1989* (Grand Rapids: William B. Eerdmans Publishing Company, 1996), viii; William Martin, *A Prophet with Honor: The Billy Graham Story* (New York: William Morrow and Company Inc., 1991), 328.

73 《복음주의자의 불편한 양심》(*The Uneasy Conscience of Modern Fundamentalism*)의 목차는 다음과 같다: (1) 근본주의 안에서 사라진 박애주의 (2) 예정된 실패에 대한 반론 (3) 사회 개혁 운동과 결별한 복음주의 (4) 하나님 나라 선포에 대한 우려 (5) 십자가에 달린 근본주의자라는 강도 (6) 새로운 세계 지성을 위한 노력 (7) 복음주의적 '항의의 공식' (8) 새로운 종교개혁의 여명. Carl Henry, 《복음주의자의 불편한 양심》, 박세혁 역 (서울: IVP, 2009), 29-140; 안희열, 《21세기 글로벌 선교》 (대전: 하기서원, 2018), 124.

74 Roger Steer, *Basic Christian: The Inside Story of John Stott* (Downers Grove, IL: IVP Books, 2009), 164-66.

는 전도 우선성의 총체적 선교로 반전을 이루었고 세계 복음화의 주역으로 탈바꿈하게 되었다. 바로 그 중심에 빌리 그레이엄이 있었다.

마침내 빌리 그레이엄은 1차 대회에서 '세상이 주님의 목소리를 듣게 하라'(Let the Earth Hear His Voice)는 주제 강연을 통해 지금까지 교회가 철학자, 심리학자, 군인, 국방부 장관, 경제학자, 심지어 사탄의 음성을 들은 것을 회개하고 세상에 주님의 음성을 들려주기 위해 로잔대회를 개최했음을 공포했다.[75] 더욱이 그는 '왜 로잔인가?'(Why Lausanne?)란 특강에서 로잔은 수많은 전도 운동의 전통을 따르고, 주님께 순종하며, 한 세계를 바라보고, 한 사명을 가지고 한 몸으로 모인 대회라면서 로잔은 전도에 필수적인 성경적 개념을 강조하기 위해 모인 대회이며, 복음화되지 않은 세상을 위해 교회 자원을 어떻게 사용할지를 위해 모인 대회라고 밝혔다.[76] 이처럼 빌리 그레이엄은 로잔운동 동원가로서 전도 우선성의 총체적 선교를 전 세계로 확산시켰다.

### 2. 존 스토트, 최고의 로잔 신학자

존 스토트(1921-2011)는 20세기 탁월한 목회자, 성경강해 설교자 그리고 최고의 로잔 신학자로 널리 알려져 있다. 스토트는 로잔 언약(Lausanne Covenant)과 마닐라 선언문(Manila Manifesto)을 작성한 로잔의 소프트웨어 책임자이며 로잔 선교 신학을 집대성했다. 스토트가 주장한 로잔 선교 신학의 특징은 다음과 같다.

첫째로 로잔운동은 유일주의(배타주의) 신학을 고수한다. 유일주의란 예수 그리스도를 통해서만 구원을 받는 것을 말한다. 스토트는 로잔 언약

---

75 Douglas, *Let the Earth Hear His Voice*, 16-17.
76 Douglas, *Let the Earth Hear His Voice*, 22-36.

3항에서 두 가지를 밝혔는데 일반 계시를 통해 사람은 하나님을 아는 지식을 습득하지만 이것으로 구원받을 수 없고,[77] 또한 모든 종류의 혼합주의를 단호히 거부했다.[78] 이처럼 로잔은 예수 그리스도의 유일성과 보편성을 확언했고, 일반 계시와 혼합주의를 강력히 거부한다. 바로 그 중심에 스토트가 있다.

둘째로 로잔은 종교 다원주의를 단호히 거부한다. 종교 다원주의란 '교회 밖의 구원'을 인정하는 것을 말한다. 하지만 로잔운동은 종교 다원주의 신학을 철저히 거부한다. 이를 로잔 언약 3항의 "예수님 외에 우리가 구원받을 다른 이름이 없다"와 마닐라 선언문 1부 7항의 "우리는 다른 종교나 이데올로기가 하나님께 나아가는 또 다른 길이라고 볼 수 없으며, 그리스도만이 유일한 길이기 때문에…"와 케이프타운 서약 1부 4항의 "우리는 그리스도를 선포한다…. 그리스도 한 분만을 통해 세상의 구원을 성취하셨다"에서 확인할 수 있듯이 로잔운동은 WCC의 신학적 견해와 다르고, 종교 다원주의에 개방적인 로마가톨릭의 선교 입장과 분명히 다르다.[79] 이처럼 로잔은 종교 다원주의를 거부한다.

셋째로 로잔운동은 영적 싸움은 하되 신사도 운동을 단호히 거부한다. 오늘날 삶은 매일 영적 전쟁을 겪는다. 선교지에서의 삶은 말할 것도 없다. 그래서 로잔 언약 12항의 영적 싸움에서 "우리는 하나님의 전신갑주로 자신을 무장하고, 진리와 기도의 영적 무기를 가지고 이 싸움을 싸워야 한다는 것을 안다"라고 밝혔고, 마닐라 선언문 1부 11항에서 "우리는 영적인 싸움을 위해서는 영적 무기가 필요하므로, 성령의 능력으로 말씀

---

77 Douglas, *Let the Earth Hear His Voice*, 3-4.

78 Douglas, 같은 책, 4.

79 Douglas, 같은 책, 4; Lausanne Committee for World Evangelization, *The Manila Manifesto*, 5; Third Lausanne Congress on World Evangelization, *The Cape Town Commitment*, 104.

을 선포하며… 정사와 악의 권세를 이기신 그리스도의 승리에 참여할 수 있도록 항상 기도해야 함을 단언한다"에서 밝혔듯이, 로잔의 영적 전쟁은 말씀을 선포하고 악의 권세를 무찔러 복음을 확산시키는 데 필요한 것임을 밝히고 있다.[80]

　그런데 한국기독교이단상담소협회(한상협)와 세계기독교이단대책협회(세이협)는 작년(2023년) 8월 22일 '로잔운동의 정체와 문제 제기 기자회견'에서 성명서를 통해 1989년 제2차 마닐라 대회에서 신사도 운동의 주창자인 피터 와그너(Peter Wagner) 박사가 주 강사로 참석해서 신사도 운동이 시작되었다고 밝혔다.[81] 이것은 반드시 팩트 체크가 필요하다. 2차 로잔대회 때 피터 와그너는 주 강사로 참석하지 않았다. 일부 은사주의자들이 참석했지만 신사도 운동과는 무관한 사람들이었다. 신사도 운동의 핵심 중의 하나인 영적 도해(spiritual mapping)를 와그너가 처음 사용한 때는 1993년 국제추수사역회(Global Harvest Ministries)라는 단체가 설립되면서부터다.[82] 이때 와그너는 이 영적 도해의 개념을 복음 전파와 교회 개척에 접목했고, 관련 저술과 강연을 통해 신사도 운동에 신학적인 영향을 끼치기 시작했다.

　와그너는 1990년대 중반부터 영적 도해, 지역의 영, 땅 밟기 기도 등의 비성경적인 주장을 했고, 2001년에는 지난 경험을 바탕으로 신사도 운동이라는 용어를 처음 사용하며 신사도 운동을 확산시켜 나갔다. 정리하자면 1993년에 국제추수사역회를 설립해 영적 도해를 처음 사용한 것과

---

80　Douglas, *Let the Earth Hear His Voice*, 7; Lausanne Committee for World Evangelization, *The Manila Manifesto*, 5-6.

81　"한상협·세이협, 로잔운동에 문제 제기", https://www.christiantoday.co.kr/news/356355 (2024년 8월 10일 접속).

82　강승삼, "2024 로잔 서울 대회에 바란다"(2024년 1월 19일) 기독교학술원 제45회 영성학술포럼, 4.

2001년에 신사도 운동이란 용어를 처음 사용한 시기를 본다면, 와그너의 신사도 운동이 1989년 2차 로잔대회에 영향을 끼쳤다는 세이협과 한상협의 주장은 사실과 다르다. 로잔운동이 주장하는 영적 대결은 신사도 운동이 주장하는 비성경적인 영적 도해, 지역의 영, 땅 밟기 기도와는 신학적으로 전혀 다르다. 로잔운동은 매일 영적 전쟁에서 싸워서 이기고, 복음 전파를 위해 필요한 영적 무기로 영적 전쟁에서 이기는 것에 집중하기 때문에 신사도 운동과는 다르다.

무엇보다 스토트가 주장한 총체적 선교는 로잔 언약 6항과 마닐라 선언문 2부 4항에 잘 나타나 있다.[83] 스토트의 총체적 선교에 영향을 끼친 자로는 급진적 제자도 신학자인 빠디야와 에스코바르이지만 100% 수용되지 않았다. 이들은 1차 대회 때부터 총체적 선교 즉 말씀 선포와 삶의 실천을 비행기의 두 날개처럼 똑같이 중요함을 주장한 남미 신학자들이다. 하지만 스토트는 이들의 요구사항을 듣고, 과거의 전통적 선교에서 복음 전도 우선성의 총체적 선교로 자리를 굳혔다. 그래서 빠디야는 2004년 파타야 포럼이 끝난 이후 통전적 선교(Holistic Mission)를 발표하면서 "이러한 접근(비행기 양 날개의 총체적 선교)이 로잔 언약의 한 부분이 되지 못하였다"고 토로했고, 나아가 "교회가 무엇을 말해야 하는가를 구체적으로 포함하는 통전적 선교에 관한 정의는 거의 개선되지 않았다"라고 자신의 불편한 심정을 표출했다.[84]

이 말은 사회 활동이 복음 전파에 중요한 요소로서 로잔 언약에 첨가되는 데 영향을 끼치기는 했으나 100% 자신이 원하는 비행기 양 날개의

---

83 Douglas, *Let the Earth Hear His Voice*, 5; Lausanne Committee for World Evangelization, *The Manila Manifesto*, 15.

84 세계교회협의회, 《통전적 선교를 위한 신학과 실천》, 260-61; 빠디야의 통전적 선교(Holistic Mission)를 보기 위해서는 https://lausanne.org/occasional-paper/holistic-mission-lop-33을 보라.

총체적 선교는 이루지 못했다는 뜻이다. 우선성(primacy)을 배제하려 했던 빠디야는 1차 때부터 요청했지만 스토트는 수용하지 않았다. 한편 스토트는 빠디야의 비행기의 양 날개 이론을 요청받은 뒤 1982년에 '복음 전도와 사회적 책임에 관한 그랜드래피즈 보고서'를 발표할 때 '제4조 3항 양자에 관한 세 종류의 관계'에서 빠디야의 비행기 양 날개를 인용해 "가위의 양날" 또는 "새의 두 날개" 이론을 소개하며 "복음 전도와 사회참여는 동반자다"라고 말했다.[85] 하지만 '제4조 4항 우선성의 질문'에서 "희생적 섬김이라는 교회의 선교에 있어서 복음 전도가 가장 중요하다(primary)"라는 로잔 언약을 그대로 고수했다.[86]

빠디야는 1차 로잔대회가 끝난 지 30년이 지난 2004년 파타야 포럼에서도 전도의 우선성을 배제한 비행기 양 날개의 총체적(통전적) 선교론을 펼쳤다.[87] 그렇다면 로잔이 2004년 파타야 포럼부터 전도의 우선성을 거부한 총체적 선교로 선회했다는 일부 주장을 수용해야 할지 확인이 필요하다.[88] 필자의 견해는 '아니다'이다. 그 이유는 2010년 3차 대회에서 크리스토퍼 라이트가 작성한 케이프타운 서약에서 전도 우선성의 총체적 선교를 확인할 수 있기 때문이다. 이에 관해서는 크리스토퍼 라이트 편에서 밝힐 것이다. 이처럼 복음 전파와 사회적 책임이라는 이원론적 접근은

---

85  Stott, *Making Christ Known*, 182.

86  Stott, *Making Christ Known*, 183. 1982년 그랜드래피즈 보고서에서 전도의 우선성이 보고된 만큼 복음 전도와 사회적 책임을 동등한 관계로 본 것은 수정되어야 한다. 안승오, "로잔이 말하는 총체적 선교의 의미와 전망", 《21세기 선교전망과 로잔운동의 역할》, 로잔교수회 편 (서울: 케노시스, 2020), 109.

87  세계교회협의회, 《통전적 선교를 위한 신학과 실천》, 258.

88  박보경, "로잔운동에 나타난 전도와 사회적 책임의 관계", 《로잔운동과 선교》, 한국로잔연구교수회 편 (서울: 올리브나무, 2014), 93. 한편 2004년 파타야 포럼에서 31개의 이슈 그룹이 토론을 했는데 전도의 우위성을 다루는 그룹이 없었다는 일부 주장은 수정되어야 한다. 왜냐하면 10a 이슈 그룹이 "지역교회와 대위임명령"(The Local Church and Great Commission)이란 주제를 다뤘기 때문이다. 김은수, "로잔운동에 나타난 통전적 선교 연구", 《21세기 선교전망과 로잔운동의 역할》, 로잔교수회 편 (서울: 케노시스, 2020), 32-33.

많은 논쟁을 일으켜 왔지만 스토트는 변함없이 전도의 우선성을 둔 총체적 선교를 고수했다.

### 3. 크리스토퍼 라이트, 케이프타운 서약 작성자

크리스토퍼 라이트(1947- )는 존 스토트의 애제자로서 케이프타운 서약 작성자로 잘 알려져 있다.[89] 그렇다면 그가 스토트의 정신을 이어받아 복음 전도의 우선성을 둔 총체적 선교를 계승했는지 궁금하다. 이에 관해 3차 로잔대회 때부터 전도의 우선성을 찾아볼 수 없다는 일부 주장이 있다. 먼저《로잔운동의 좌표와 전망》을 보면 "특별히 3차 대회인 케이프타운 선언은 전도의 우선성에 대해 언급하지 않는다는 점에서 [에큐메니컬 진영이 주장하는] 통전적 선교를 공식적으로 천명하였다"라고 언급했고,[90] 또한《로잔운동과 선교》에 게재된 글을 보면 "먼저 케이프타운 서약문 전반에 걸쳐서 전도의 우선성(Primacy of Evangelism)이라는 표현을 배제하였다. 우선성(Primacy)의 단어는 전도와 연결되어 사용되기보다는 하나님 은혜의 우선성(Primacy of God's grace)이라는 표현으로 등장할 뿐이다"라고 주장했다.[91]

그렇다면 케이프타운 서약을 한번 꼼꼼히 살펴보자. 케이프타운 서약 1부 10항에 "총체적 선교(Integral Mission)는 복음을 선포하는 것인 동시에 복음을 실천하는 것이다. 이는 단순히 복음 전도와 사회참여가 서로 나란히 이루어져야 한다는 뜻이 아니다…. 총체적 선교 안에서 우리의 선포는 사회적 중요성을 내포한다. 또한 우리의 사회참여는 사람과 사회를 변화시키는 예수 그리스도의 은혜를 증거하는 것이기에 복음 전도의 중요

---

89 Third Lausanne Congress on World Evangelization, *The Cape Town Commitment*, 93.

90 안승오,《로잔운동의 좌표와 전망》(서울: CLC, 2023), 27, 85, 301.

91 박보경, "로잔운동에 나타난 전도와 사회적 책임의 관계", 95-96.

성을 갖는다"라고 주장했다.[92] 이 말은 하나님의 백성이 기아, 전쟁, 질병, 자연재해 등으로 고통당하는 자들에게 사회적 책임을 감당할 때 전도의 중요성을 함께 강조한 것이다. 즉 복음화가 없는 인간화는 선교라 볼 수 없다는 견해가 라이트의 주장이다. 따라서 케이프타운 서약이 복음화와 인간화 둘 다를 하나의 선교 목표로 삼지 않았기 때문에 WCC의 통전적 선교와는 전혀 다르다.

특히 케이프타운 서약 2부 1항을 보면 라이트의 복음 전도의 우선성을 확인할 수 있다. 케이프타운 서약은 1부와 2부로 나뉘어 있는데 1부는 신앙고백이고, 2부는 행동 요청이다. 2부에는 행동 요청 6가지를 소개했는데, 그 첫 번째 행동 요청이 "다원적이고 세계화된 세상 속에서 그리스도의 진리를 증거하기"이다. 여기서 눈여겨볼 것은 행동 요청 6가지 중에서 첫 번째 행동이 바로 "그리스도의 진리를 증거하기"이다. 비록 라이트가 1, 2차 때처럼 전도의 우선성이란 용어를 사용하지 않았지만 2부 1항에서 "우리는 진리를 선포해야 한다. 복음의 진리를 말로 선포하는 것은 우리의 선교에서 월등한 부분으로 남아 있다. 그것은 진리를 살아 내는 것과 분리될 수 없다. 행위와 말씀은 반드시 함께 가야만 한다"라고 주장했듯이 행동 요청 첫 번째인 "그리스도의 진리 증거하기"는 스토트가 말한 전도의 우선성을 '순번'(첫 번째 행동)의 형식으로 표현한 것이다.[93]

라이트는 스토트가 주장한 복음 전도의 우선성을 둔 총체적 선교를 그의 대작《하나님의 선교》에서 그대로 밝히고 있다. 라이트의 주장에 따르면 이스라엘 선택은 단지 "구원론적"인 것에 머물지 않고 "선교적"인 것이며 '구원의 특수성'("너로 말미암아"-창 12:3)을 잘 보여 준다.[94] 또한 선택받

---

92 Third Lausanne Congress on World Evangelization, *The Cape Town Commitment*, 118.

93 Third Lausanne Congress on World Evangelization, *The Cape Town Commitment*, 121.

94 Christopher Wright, 《하나님의 선교》 (서울: IVP, 2014), 334.

은 이스라엘 백성은 '구원의 보편성'("모든 족속이… 복을 얻을 것이라"-창 12:3)을 달성하기 위해서 '선택-윤리-선교'(출 19:4-6)라는 '3축'의 삶을 실천해야 할 것임을 강조하고 있다. 여기서 윤리는 두 가지 선교적 윤리를 요구하는데, 첫째, 이스라엘 백성의 정체성은 제사장 나라가 되어 선교를 감당해야 할 사명을 지니고 둘째, 이들의 정체성은 거룩한 삶을 보여야 한다.[95] 즉 선택받은 이스라엘이 제사장 나라가 되어 선교적 삶(증언)을 우선 살면서 거룩한 삶(생활)을 이방인에게 함께 보일 때 하나님의 선교가 이뤄진다는 것이 라이트의 결론이다. 이것이 바로 라이트가 주장한 복음 전도의 우선성을 둔 총체적 선교다.

## III. 비행기의 양 날개의 지지자들

비행기 양 날개의 총체적 선교 지지자들을 급진적 제자도라 부른다. 이들이 바로 남미 신학자인 레네 빠디야(Rene Padilla)와 사무엘 에스코바르(Samuel Escobar) 그리고 4차 로잔대회 총재인 마이클 오(Michael Oh)다. 이들은 복음 전도의 우선성(primary)을 배제했지만, 비행기의 양 날개처럼 복음 전파와 사회적 책임이 균형을 맞춰 함께 선교할 것을 주장하고, 비행기의 목적지가 있듯이 비행기 양 날개의 목적지는 하나님 나라 통치에 있다. 따라서 이들의 총체적 선교는 WCC의 통전적 선교와는 큰 차이가 있다.

### 1. 레네 빠디야, 급진적 제자도의 선구자

레네 빠디야(1932-2021)는 급진적 제자도의 선구자로 잘 알려져 있다.

---

95 C. Wright, 《하나님의 선교》, 465-72.

그는 에콰도르 출신으로 휘튼대학에서 학사, 석사학위를 받았고, 맨체스터에서 신약 전공으로 Ph.D. 학위를 받은 뒤 남미의 대표적인 신학자로 활동했다. 그는 남미신학협회를 창립했고, 부에노스 아이레스에서 카이로스 재단을 설립했으며, 영국과 아일랜드 티어펀드(Tearfund) 회장,[96] 영국 옥스퍼드에 세워진 미가 네트워크 회장으로도 활동했다.[97] 앞서 언급한 것처럼 빠디야는 1차 때부터 존 스토트에게 비행기 양 날개의 총체적 선교를 요구했지만, 스토트는 그의 요구를 검토한 뒤 복음 전도 우선성의 총체적 선교를 로잔 언약에 최종적으로 반영했다.

　　이제 빠디야의 비행기의 양 날개 이론을 살펴보자. 그는 1974년 1차 대회에서 '전도와 세상'(Evangelism and the World)이란 주제 발표를 통해 복음 전파와 사회적, 정치적 역할이 둘 다 똑같이 중요한 것임을 피력해 큰 반향을 불러일으켰다.[98] 이것을 비행기의 양 날개 이론이라 하는데 그 의미는 "전 세계 복음주의자들은 사회 행동과 전도가 필수적이고 분열할 수 없는 요소로 비행기의 두 날개와 같다"에서 확인이 가능하다.[99] 비행기의 양 날개 이론은 빠디야가 2010년에 출판한 《복음에 대한 새로운 이해》에서도 확인할 수 있다. "복음 전도와 사회에 대한 책임은 둘 다 교회가 감당해야 할 핵심적 사명임을 인정하는 한, 우리는 어느 것이 우선되어야 한다고 말할 필요가 없다."[100] 이처럼 빠디야는 전도의 우선성을 배제한 비행기

---

96　레네 빠디야의 생애를 보기 위해서는 박보경, "르네 파딜라(Rene Padilla)의 총체적 선교 연구", 《21세기 선교 전망과 로잔운동의 역할》, 로잔교수회 편 (서울: 케노시스, 2020), 42-47을 보라.

97　이번 제4차 로잔대회 때 레네 빠디야의 딸 루스 빠디야 드보스트(Ruth Padilla DeBorst)가 참석했다. 그는 현재 웨스턴신학교 교수이자, 아버지를 이어 미가 네트워크 회장을 맡고 있다. 대회 둘째 날 루스 빠디야는 '정의'에 관해 설교했는데 그는 현재 남미 신학자의 대표 인물이다. "4차 로잔대회, 지나치게 서구 교회 의식 지적", https://www.youtube.com/watch?v=NiVqUUKGXiQ (2024년 9월 30일 접속).

98　Douglas, *Let the Earth Hear His Voice*, 129-30.

99　"통합선교의 아버지 C. 르네 파딜라 별세", https://www.newspower.co.kr/49279. (2024년 8월 17일 접속).

100　Rene Padilla, 《복음에 대한 새로운 이해》 (서울: 대장간, 2012), 279-80.

양 날개의 총체적 선교를 줄곧 주장해 왔다.

사실 빠디야와 에스코바르가 주축이 된 급진적 제자도 그룹은 1974년 1차 로잔대회 때부터 비행기의 양 날개 이론을 담은 "급진적 제자도의 신학과 함의"(Theology and Implications of Radical Discipleship)라는 내용을 발표했다. "때로는 태도와 행동으로만 의사소통을 할 수도 있고, 말로만 전하는 때도 있다. 하지만 우리는 복음 전도와 사회 행동 사이에 쐐기를 박으려는 시도를 악마적인 것으로 간주하여 거부해야 한다."[101] 이것은 전도와 사회 활동을 서로 대립하거나 분리하려는 시도는 나쁜 것이고, 이를 악마적인 것으로 간주한다는 뜻이다. 1차 대회 때 급진적 제자도 그룹에는 약 400명이 자발적으로 동참했는데 이는 총 대의원 2,473명 중 16%를 차지했다. 따라서 급진적 제자도 그룹이 로잔운동의 대표성을 지닌 것으로 보는 것은 삼가야 할 것이다.

이후 비행기 양 날개 이론은 1차 대회가 끝난 지 27년이 지난 2001년 9월 영국 옥스퍼드에서 빠디야가 이끌던 미가 네트워크 모임에서 변함없이 소개되었다. 여기서 소개된 총체적 선교(Integral Mission)를 보면 "총체적 선교란 우리가 삶의 모든 영역에서 회개와 사랑을 사람들에게 요청할 때, 우리의 선포가 사회적 결과를 가지게 되며 우리가 예수 그리스도의 변혁하는 은혜를 증거할 때, 우리의 사회적 참여가 전도의 결과를 가져오게 된다"라며 전도의 우선성을 역시 배제하고 비행기의 양 날개 이론을 피력했다.[102] 빠디야는 3차 로잔대회가 열린 2010년에 출간한 《복음에 대한 새로운 이해》에서 "말과 행동 둘 다 그리스도인의 삶과 동등하게 중요한 그리

---

101 Douglas, *Let the Earth Hear His Voice*, 1294.

102 미가 네트워크가 발표한 총체적 선교다. "Micah Network Declaration on Integral Mission", https://d1c2gz5q23tkk0.cloudfront.net/assets/uploads/3390139/asset/Micah_Network_Declaration_on_Integral_Mission.pdf (2024년 8월 17일 접속).

스도인의 증인으로서의 삶에서 결코 분리될 수 없다"라며 비행기의 양 날개 이론을 지속적으로 주장했다.[103]

이처럼 미가 네트워크 선언문은 새로운 것이 아니다. 빠디야가 1차 대회 때부터 줄곧 주장했던 비행기의 양 날개 이론이다. 전도의 우선성을 배제하고 복음화와 인간화를 똑같이 강조한 그의 주장은 로잔 1, 2차 대회가 끝난 후 3차 대회가 열리기 전 발표된 내용일 뿐이다. 그의 주장 역시 3차 대회의 케이프타운 서약에도 100% 담지 못했다. 따라서 2001년 미가 네트워크 모임 때 빠디야가 주축이 된 급진적 제자도 그룹은 에큐메니컬 (WCC)의 통전적 선교와 상당한 교감을 가졌다는 일부 주장을 필자는 동의하지 않는다.[104] 왜냐하면 '한 몸' 이론으로 뿌리내린 WCC의 통전적 선교가 영혼 구령을 상실했기 때문이다. 이런 현상은 1968년 웁살라 WCC대회부터 확인이 가능하다.[105] 반면 빠디야가 주장한 비행기 양 날개의 총체적 선교는 복음 전도를 놓치지 않았다.

## 2. 사무엘 에스코바르, 남미의 대표적 선교학자

사무엘 에스코바르(1934-)는 남미의 대표적인 선교학자다. 그는 페루 출신으로 남미기독교대학연합(FTL) 사무총장, 국제기독학생회(IFES) 회장을 역임했고, 현재 미국 북침례회 소속(American Baptist Churches in USA, ABC)의 팔머(Palmer)신학교 전신인 이스턴침례신학교(Eastern Baptist Theological Seminary) 선교학 교수와 스페인 발렌시아의 국제사역위원회 신학 자문을 역임했다. 그는 스페인 마드리드의 콤플루텐세(Complutense) 대학교에

---

103  Padilla, 《복음에 대한 새로운 이해》, 45.

104  안승오, 《로잔운동의 좌표와 전망》, 83-84.

105  1968년 웁살라 대회에서 '선교 = 인간화'로 규정했는데 이를 보기 위해서는 Slack, *Uppsala Report*, 15를 보라.

서 교육학으로 박사학위를 취득한 뒤 다양한 사역의 경험을 쌓았다. 에스 코바르는 빠디야와 함께 남미 신학자의 쌍두마차로 1, 2차 로잔대회에 큰 영향을 끼쳤다.

에스코바르는 1차 대회에서 "전도와 인간의 자유, 정의, 성취에 대한 탐구"(Evangelism and Man's Search for Freedom, Justice, and Fulfillment)를 발표했는 데 여기서 빠디야가 주장한 비행기 양 날개의 총체적 선교를 주장한 것을 확인할 수 있다. "그러므로 우리가 복음을 전파해야 할지 사회적 행동을 증진해야 할지에 대해 논의하는 것은 가치가 없습니다. 이 둘은 함께합니 다. 이 둘은 분리될 수 없습니다. 하나가 없다면 다른 하나가 부족한 그리 스도인의 삶의 증거입니다…. 하나님은 우리의 봉사와 전도의 임무에 똑 같이 관심이 있습니다."[106] 이후 에스코바르는 2003년에 출간한《벽을 넘 어 열방으로》에서도 가위의 양날 혹은 새의 양 날개 이론을 통해 복음 전 도와 사회참여를 동등하게 주장했는데, 이것은 그가 WCC와 달리 영혼 구령을 배제하지 않았음을 알 수 있다.[107]

### 3. 마이클 오, 제4차 로잔대회 총재

마이클 오(1971-)는 한국계 미국인(한국명 오영석)으로 2024년 제4차 로잔대회 총재다. 오 총재는 펜실베이니아대학교에서 학사, 석사, 박사 (Ph.D) 학위를 받았고, 시카고에 있는 트리니티(Trinity)신학교에서 신학석 사(M.Div)를, 하버드대학교에서 동아시아 지역연구로 석사(M.A)학위를 받았다. 이후 2004년부터 2006년까지 일본 나고야 선교사로 활동하며 2004년 1월에 그리스도성경신학교(Christ Bible Seminary)를 설립했다. 그는

---

106 Douglas, *Let the Earth Hear His Voice*, 307.

107 Samuel Escobar, 《벽을 넘어 열방으로》(서울: IVP, 2004), 186.

2004년부터 로잔운동에 참여한 뒤 2006년에 다음 세대 지도자 모임의 기획팀에서 활동했고, 2007년 36세 약관의 나이로 로잔이사회가 되었으며, 2013년 3월 로잔 총재가 되어 2024년 제4차 로잔대회를 이끌었다.

그렇다면 오 총재가 제4차 로잔대회에서 어떤 유형의 총체적 선교를 주장했는지 서울 선언문(수정본)을 통해 확인했으면 한다. 그 역시 빠디야의 비행기 양 날개 이론이나 에스코바르의 새의 양 날개 이론을 주장했음을 서울 선언문에서 확인할 수 있다. "마태복음 28장 18-20절의 주 예수께서 사도들에게 주신 위임령에서… '아버지와 아들과 성령의 이름으로 세례[침례]를 주고'라는 복음 전도적 과업(evangelical taks)과 '[그리스도]가 명령한 모든 것을 가르쳐 지키게' 하라는 목회적 과업(pastoral task)이라는 동등하게 중요한 우선순위가 포함되어 있음을 예수님은 명시했다."[108] 서울 선언문은 과거 1, 2, 3차 로잔대회가 복음 전도의 우선성을 밝힌 것과는 달리 우선순위에 구애받지 않고 양쪽 모두 균형 있게 똑같이 총체적으로 선교하는 비행기 양 날개 이론을 지지하고 있다.

한편, 서울 선언문 5장 제자도에서 총체적 선교(Integral Mission)라는 용어를 다시 사용했는데 주님을 따르는 제자로서 선포하는 삶(복음 전파)과 주님의 제자로서 거룩한 삶(사회적 책임)을 언급하며 후자인 거룩한 삶을 잘 감당하지 못해 제자들의 총체적 선교는 실패했음을 지적했다.[109] 이어 서울 선언문은 "그 결과 세계 복음주의 교회에서 잘못된 재정 관리, 성추행과 학대, 지도자들의 권력 남용, 이러한 실패로 인해… 영적 빈혈과 미성숙에 대한 보고가 꾸준히 이어졌다"라고 비판했다.[110] 이처럼 마이클 오는 빠디야와 에스코바르와 함께 비행기의 양 날개 이론을 주장하는 총체적

---

108 Michael Oh, 제4차 로잔대회 서울 선언문(수정본), 2024년 9월 28일, 1.

109 Oh, 제4차 로잔대회 서울 선언문(수정본), 16.

110 Oh, 제4차 로잔대회 서울 선언문(수정본), 16.

선교 지지자다.

## IV. 나가는 말

로잔운동의 총체적 선교는 크게 두 유형으로 나뉜다. 첫째는 복음 전도 우선성의 총체적 선교다. 즉 '선교＝영혼 구령＞사회적 책임'으로 도표화하는데, 이 개념은 선교가 복음화와 함께 인간화에도 힘쓰지만 말씀 전파에 방점을 찍는다. 이 개념에는 빌리 그레이엄, 존 스토트 그리고 크리스토퍼 라이트가 속한다. 둘째는 비행기 양 날개의 총체적 선교다. 즉 '선교＝영혼 구령＋사회적 책임 (영혼 구령＝사회적 책임)'으로 도표화할 수 있다.[111] 이 개념은 비행기가 두 날개가 있어야 이륙할 수 있듯이 선교 역시 복음화와 인간화라는 두 날개를 균형 있게 강조하고, 비행기의 목적지가 있듯이 하나님 나라의 통치라는 목적지를 향해 균형을 맞춰 비행한다는 의미다. 여기에는 남미 신학자인 레네 빠디야와 사무엘 에스코바르 그리고 4차 대회의 총재인 마이클 오가 있고 이들을 급진적 제자도라 부른다.

기억해야 할 것은 로잔이 추구하는 복음 전도 우선성의 총체적 선교든 비행기 양 날개의 총체적 선교든 WCC의 통전적 선교와는 전혀 다르다는 것이다. 복음주의 진영에서도 전도의 우선성을 두느냐 배제하느냐에 따라 선교 개념이 확 달라진다. 보수주의자들은 전도의 우선성을 적극 지지하며, 그들 중에는 우선성이 배제된 비행기 양 날개의 총체적 선교에 대해 "너무 많이 나갔다"라고 우려하는 자들도 있다.[112] 충분히 이해한다.

---

111 이 도표는 신경규, "로잔신학에 있어서 통전적 선교 개념의 발전적 전개 과정", 《로잔운동과 전환기의 선교》, 로잔교수회 편 (서울: 케노시스, 2022), 268의 내용을 토대로 만든 것이다.

112 김승호, "로잔운동의 선교사상의 발전", 《로잔운동과 선교》, 한국로잔연구교수회 편 (서울: 올리브나무, 2014), 33.

하지만 급진적 제자도 그룹이 1974년 1차 대회 때부터 비행기 양 날개 이론을 요청했지만 존 스토트가 100% 수용하지 않았다. 그럼에도 로잔 언약에 그리스도인의 사회적 책임을 첨가한 것은 로잔의 큰 진전이다. 여기서 중요한 것은 급진적 제자도 그룹이 전도의 우선성을 배제했지만, 영혼 구령을 놓치지 않았다는 점이다. 이것이 WCC와의 큰 차이점이다.

WCC의 통전적 선교는 영혼 구령과 사회적 책임, 이 둘이 하나가 되는 것을 추구하여 '한 몸' 이론으로 뿌리를 내렸다. 부부가 한 몸을 이루듯이 사회적 책임을 하게 되면 자연스럽게 영혼 구령도 이루어지는 것으로 보는 것이다. 그렇다 보니 교회의 말씀 전파는 힘을 잃었고, 교회 사역은 제 역할을 할 수 없는 처지에 이르렀다. 영혼 구령이 없는 사회적 책임은 선교라 할 수 없다. 이런 통전적 선교를 추구했던 WCC 서구 교회가 쇠락한 것을 한국 교회는 반면교사로 삼아야 한다. 이번 4차 로잔대회를 마친 후 정리하면서 필자는 한국 교회가 비행기 양 날개의 총체적 선교에서 복음 전도 우선성의 총체적 선교로 되돌아가길 바라며 영혼 구령에 생명을 걸어야 할 것을 잊지 말 것을 요청한다.

# 4. 제1차 로잔대회 의의와
   로잔 언약의 이해 — 김승호

# I. 들어가는 말

20세기 현대 개신교에서 일어난 주요한 두 가지 운동은 복음주의 운동(Evangelical Movement)과 에큐메니컬 운동(Ecumenical Movement)이다. 선교 신학역시 복음주의 진영 신학의 특성을 반영하는 선교 신학과 세계교회협의회(The World Council of Churches. 이하WCC로 표기) 진영 신학을 반영하는 에큐메니컬선교 신학이 두 축을 이루며 현대 개신교 선교를 감당해 오고 있다.

전통적으로 복음주의 진영은 복음의 선포를 통한 영혼 구원을 최우선시하는 반면, 에큐메니컬 진영은 교회의 사회적 책임을 강조하여 정의구현, 사회개혁, 차별 철폐, 기후와 환경 변화 등을 선교의 주요 의제들로삼고 있다.

현대 개신교 복음주의 진영의 선교는 로잔운동(Lausanne Movement)이,진보 진영의 선교는 WCC의 에큐메니컬 운동이 주도하고 있다.

본고에서는 세계 복음화를 위한 제1차 로잔대회(The First International Congress on World Evangelization [ICOWE], 또는 the First Lausanne Congress or Lausanne'74로 불린다)의 의의와 문서(로잔언약)의 이해에 초점을 맞추어 로잔운동에 대한 이해를돕고자 한다. 이를 위하여 1차 로잔대회가 왜 개최되었으며 현대 개신교선교 운동사에서 그 의의 그리고 1차 대회의 결과물인 로잔 언약(Lausanne Covenant)의 내용을 분석하고자 한다.

## II. 제1차 로잔대회

### 1. 제1차 로잔대회가 개최된 선교적 상황

1차 로잔대회는 1974년 7월 16일부터 25일까지 스위스 로잔에서 150개국에서 온 2,700여 명(한국에서 65명)의 복음주의자들이 '온 세상으로 그분의 음성을 듣게 하라'(Let the Earth Hear His Voice)는 주제로 개최되었다. 이 대회는 현대 개신교 선교의 중요한 전환점이 되었으며, 전 세계 복음주의 지도자들이 모여 복음 전파의 전략과 방향을 논의한 자리였다. 1차 대회가 끝나자 미국 〈타임〉(1923년 창간된 주간지)은 "스위스 로잔 호수 주변에서 모였던 대회야말로 지금까지 모인 크리스천 모임 가운데 가장 광범위한 모임으로서 보수적이요, 성경적이요, 선교에 관심이 있는 기독교의 활기를 보여 준 모임이었다"라는 기사를 실었다.[113] 이 대회는 로잔에서 30마일 떨어진 제네바(Geneva)에 본부를 둔 WCC가 주도하는 선교 사상에 큰 도전을 주는 대회였다.[114]

1차 로잔대회가 소집되고 개최된 선교적 환경을 세 가지로 요약할 수 있다.

첫째, 20세기 중반 서구를 중심으로 한 개신교 내 복음주의 운동(Evangelicalism)이 활발하게 일어나면서 복음주의자들이 에큐메니컬 선교가 아닌 복음주의 신학에 맞는 보다 체계적이고 협력적인 선교 노력의 필요성을 느꼈다.

복음주의(福音主義)를 지칭하는 영어 단어 Evangelicalism은 복음(the Gospel)을 뜻하는 헬라어 유앙겔리온(εὐαγγέλιον)으로부터 유래되었다. 한마

---

113 조종남, 《세계 복음화를 위한 로잔운동의 역사와 신학》 (서울: 선교햇불, 2013), 26.
114 조종남, 《세계 복음화를 위한 로잔운동의 역사와 신학》, 26.

디로 복음주의는 '복음을 강조하는 복음주의자들의 신학적 입장', 복음주의자는 '예수 그리스도를 통해 계시된 인간 구원을 위한 하나님의 기쁜 소식인 복음에 헌신하는 자' 그리고 복음주의 신학(Evangelical Theology)은 '예수 그리스도의 삶과 가르침에 계시된 하나님에 초점을 둔 신학'으로 정의할 수 있다.[115]

복음주의가 20세기 들어 전 세계적으로 개신교 내 가장 영향력 있는 신앙 운동으로 자리 잡았지만 사실 복음주의의 기원은 종교개혁으로까지 거슬러 올라간다. 역사적으로 복음주의는 16세기 종교개혁 당시 독일에서 루터교회를 위시한 개혁(개신)교회를 지칭할 때 사용되던 용어였다. 종교개혁 당시 반개혁주의자들이 개혁주의자들을 Lutheraner 또는 Martinaner로 불렀지만 1521년 루터가 복음주의(Evangelisch)로 고쳐 불렀다. 루터는 가톨릭교회와 대치되는 의미로 개신교를 일컬어 복음주의라 지칭했는데 그렇게 한 이유는 예수 그리스도의 은혜의 복음을 왜곡시키고 성례(聖禮)나 신자의 공로적 선행을 가르치던 가톨릭교회와 구별하기 위해서였다.[116]

종교개혁자들은 자신들의 생명처럼 소중하게 여긴 두 가지 원리, 즉 성경이 영감으로 기록된 하나님의 말씀이라는 진리와 죄인은 오직 예수 그리스도의 보혈로 말미암아 믿음으로 의로워진다는 진리를 붙잡고 개혁의 불길을 높이 들었다. 한 손에는 성경의 권위를, 다른 한 손에는 칭의론을 붙잡고 개혁자들은 가톨릭교회의 비성경적 가르침에 대항했다.[117]

개혁자들의 신앙 원리는 17세기 독일의 경건주의자들, 17세기 영국의 청교도들, 18세기 영국의 존 웨슬리(John Wesley)의 부흥운동, 1734-1735년

---

115 김승호, 《복음주의 선교신학에 대한 이해》 (서울: 예영 B&P, 2008), 153-154.

116 김승호, 《복음주의 선교신학에 대한 이해》, 152.

117 나용화, "로잔 언약과 한국 교회의 과제", 〈개신논집〉 (2007), 132.

의 미국의 1차 대각성운동(the Great Awakening)을 주도한 에드워즈(Jonathan Edwards)를 통해 계승 발전되었다. 현대의 개신교 복음주의 운동은 이러한 역사적 배경을 갖고 있다. 1920-1930년대 미국의 주류 교회는 자유주의 신학의 영향을 받아 자유주의적 색채를 강하게 띠었는데, 이에 따라 미국의 교회는 자유주의 진영 대 근본주의, 보수주의, 정통주의를 아우르는 양대 진영으로 나뉘어 있었다.

이때만 해도 근본주의, 보수주의, 정통주의라는 단어는 차별 없이 교차 사용되었다. 1920년대까지 상당한 지지 세력을 형성하며 미국 기독교를 주도하던 근본주의 운동도 1930년대 들어서 점점 더 분리주의, 반지성주의, 반사회주의로 흐르면서 사회로부터 전투적이며 비판적인 세력으로 인식되기 시작했다. 근본주의 운동은 처음의 의도와 달리 그 본질이 변질되고 있었는데 1930년대 와서 이전의 근본주의와는 상당한 차이를 보이기 시작했다. 문화 전반을 부정적으로 보아 반문화주의, 반사회주의 운동을 펼치며 그리스도인들에게 그것으로부터 떠날 것과 세상과 구분된 삶을 살 것을 요구했다.[118]

이처럼 근본주의 운동이 점점 분리주의, 반사회주의, 반문화주의의 극단으로 치닫자 적지 않은 비판과 비난의 여론이 쏟아졌다. 이때 근본주의 운동에 몸담고 있던 젊은이들을 중심으로 근본주의에 대한 개혁 움직임이 일어났고, 드디어 1942년 9월 17일 미국복음주의협회(NAE: The National Association of Evangelicals)가 조직되기에 이르렀다. 미국복음주의협회는 선교적 관심을 증진하기 위하여 복음주의 해외선교협회(EFMA: The Evangelical Foreign Mission Association)를 발족시켰다. 이 두 단체는 복음주의 신앙을 엄격히 고수하면서 교회의 가장 큰 사명을 예수 그리스도의 지상 명

---

118 David Wells·John Woodbridge, ed., *The Evangelicals* (Nashville: Abindon Press, 1975), 13-14.

령을 성취하는 것으로 보았다.

1940년대부터 복음주의는 근본주의와 구별되는 운동으로 자리 잡게 되었고 근본주의와 구분되는 의미로 이해되기 시작했다. NAE 발족을 주도한 이들은 변질되고 있는 근본주의 운동에 대한 우려를 표명하며 그 개혁을 자신들의 사명으로 여겼다. 그들은 근본주의 운동이 본래의 의도와는 달리 분리주의, 반지성주의로 변질되자 청교도 선조들이 보여 준 것처럼 개인의 영적 구원 못지않게 교회가 세상에서 빛과 소금의 역할을 함으로써 사회적 책임을 다하는 교회 본래의 모습을 회복해야 한다고 믿었다.[119] NAE는 곧 전국적 지지를 받으며 개신교 내 주도적인 세력으로 부상해 1947년까지 30개 교단의 1,300만 명의 식구를 거느리는 거대한 조직으로 발전하게 되었다.[120]

1942년 미국복음주의협회(NAE)가 결성되기 1년 전 근본주의 색채를 가진 미국교회협의회(The American Council of Christian Churches. 1941)가 칼 매킨타이어(Carl McIntire)에 의해 결성되었다. 미국교회협의회는 매킨타이어의 지도력으로 세대주의 종말론과 분리주의 색채를 띤 전형적인 근본주의자들의 센터가 되었다. NAE와 ACCC는 신학적 노선 차이와 오순절 교단의 가입 문제를 둘러싼 견해 차로 서로 독자적인 노선을 걷게 되었다.[121]

ACCC가 매킨타이어의 리더십 아래 뭉쳤다면 NAE는 빌리 그레이엄(Billy Graham), 칼 헨리(Carl Henry), 해럴드 린드셀(Harold Lindsell), 해럴드 오켄가(Harold Ockenga) 등과 같은 뛰어난 복음주의 신학자와 목회자들이 이끌어 갔다. 복음주의 운동을 주도한 이들은 근본주의의 후예들이었지만 근

---

119 David Wells·John Woodbridge, ed., 같은 책, 16-18.

120 David Wells·John Woodbridge, ed., 같은 책, 17.

121 Ronald H. Nash, *Evangelicals in America: Who They Are, What They Believe* (Nashville: Abingdon Press, 1987), 61-75.

본주의 운동이 안고 있던 문제의 심각성을 통감하고 근본주의 운동을 개혁하고자 했다.[122]

미국복음주의협회(NAE)가 결성된 지 60-70여 년이 지난 현재 복음주의 운동은 미국의 가장 영향력 있는 기독교 운동으로 자리 잡았고 자유주의 신학과 신앙의 영향으로 영적으로 잠자고 있던 미국 교회들을 깨웠으며 성경에 바탕을 둔 교회를 회복시키는 데 크게 공헌했다. 복음주의 운동은 이제 미국은 물론 전 세계 기독교를 주도하는 지배적인 세력으로 부상하였다. 이 같은 역사적 배경 가운데 현대 복음주의 운동이 태동하였다.[123]

복음주의 운동은 태동할 당시부터 두 가지 분명한 목적이 있었다. 첫째는 근본주의자들의 신학적 전통을 계승하는 것과 둘째는 근본주의가 간과한 사회적 책임을 다하는 일이었다.

복음주의자들은 비록 사회적인 책임을 다하는 기독교가 된다 하더라도 교리적인 타협은 안 된다는 확신이 있었다. 특별히 성경 무오사상은 복음주의의 열쇠이자 모든 복음주의자를 하나로 묶는 끈으로서 역할하였다.

요약하면 현대 복음주의 운동은 성경의 무오성과 절대 권위, 칭의론의 두 가지 원리를 개혁 원리로 삼은 종교개혁자들, 그들의 신앙을 계승한 경건주의자들, 청교도들 그리고 19세기 미국의 복음주의 신앙의 정체성을 이어받아 기독교의 대사회적인 책임을 다하며 종말론의 다양성을 수용하는 현대 개신교의 대표적인 신앙 운동이다.

둘째, 1968년 WCC 웁살라 대회(4차 총회)를 전후로 선교 개념이 인간화(Humanization)로 나아갔다. 웁살라 총회 이후 에큐메니컬 선교 방향에 대

---

122 Mark Ellingsen, *The Evangelical Movement: Growth, Impact, Controversy, Dialogue* (Minneapolis: Augusburg Publ, 1988), 48.

123 박용규. "한국의 복음주의 연구, 역사적 기술적 고찰", 〈빌리 그레이엄과 복음주의 운동〉(제39차 한국복음주의 역사신학회 정기논문 발표회 논문집, 2018. 11. 3. 할렐루야교회), 1-13.

해 심각한 우려를 표명하던 독일 복음주의자들의 모임인 '신학협의회' 가 튀빙겐대학(Tubingen University)의 선교 신학자 페터 바이어하우스(Peter P. J. Beyerhaus)에게 선언문 작성을 제안하기에 이른다. 독일 복음주의 진영 의 교수 15명은 1970년 프랑크푸르트에서 바이어하우스 교수가 작성한 '선교의 근본 위기'라는 글을 추인한 후 에큐메니컬 선교 신학 방향을 비 판하는 선언문을 채택했다. 이것이 1970년 3월 4일 발표된 프랑크푸르트 선언(Frankfurt Declaration)이다.

프랑크푸르트 선언은 "하나님 앞에서 인간의 칭의라는 바울의 신학 이 완전히 인간화로 변질하였으며, 선교의 초점이 하나님에게서 인간에 게로 바뀌었고, 하나님을 향한 찬양과 예배에서 이웃과의 관계로 변질"되 었다고 비판하는 내용을 담았는데, 이는 예수 그리스도의 복음과 교회의 중요성을 재차 강조한 복음 회복의 선언이었다. 선언문은 당시 독일의 주 요 교회와 대다수 선교단체가 세계교회협의회에 가입해 있는 상황에서 독일 교회를 향해 에큐메니컬 선교의 부적절성을 알려 주었다.[124]

셋째, 세계교회협의회의 핵심 위원회인 세계 선교와 전도위원회 (CWME)의 1973년 방콕 대회가 '오늘의 구원'(Salvation Today)이라는 주제 로 모여 폭넓은 구원의 개념을 논의했을 뿐 아니라 '선교의 모라토리 엄'(moratorium for mission)을 주창하였다. 방콕 대회는 선교의 목표가 '복음 화'에서 '인간화'로 전환되어야 함을 보여 주는 대회였다.[125]

이처럼 급변하는 선교 상황 아래 1차 대회는 전 세계 복음주의자들이 세 계 복음화라는 공통된 과업을 위해 한자리에 모이는 기회를 마련해 주었다.

---

124 김승호, "로잔운동의 선교사상의 발전", 《로잔운동과 선교》 (서울: 올리브나무, 한국로잔위원회, 2014): 18-19.

125 박영환, "복음주의 선교의 혼란과 위기, 그 답은 무엇인가", 〈복음과 선교〉 제60집(2022), 186. Bayerhaus, P., Bangkok 73-Anfang order Ende der Welt Mission?, *Neuhausen-Stuttgart* (1973), 102.

이렇듯 1960년대 에큐메니컬 진영의 자유주의적이고 신학적 다원주의로 인한 세속화가 진행되자, 빌리 그레이엄(Billy Graham), 존 스토트(John Stott), 칼 헨리(Carl Henry), 랄프 윈터(Ralph Winter)와 같은 복음주의 진영의 지도자들에 의해 국제회의의 필요성이 요청되면서 1974년 스위스 로잔에서 1차 대회가 개최되었고, 이때부터 로잔운동이 태동되었다.[126]

### 2. 로잔언약

1차 대회 후 복음주의 선교의 기초가 되고 세계 선교에 함께 협력하는 근거가 되는 신학적 입장과 고백이 로잔 언약이라는 제하로 발표되었다. 총 15개 항(1. 하나님의 목적 2. 성경의 권위와 능력 3. 그리스도의 유일성과 보편성 4. 복음 전도의 본질 5. 그리스도인의 사회적 책임 6. 교회와 복음 전도 7. 복음 전도를 위한 협력 8. 교회의 선교 협력 9. 복음 전도의 긴박성 10. 복음 전도와 문화 11. 교육과 리더십 12. 영적 전쟁 13. 자유와 핍박 14. 성령의 능력 15. 그리스도의 재림)으로 구성된 로잔 언약의 머리말과 맺음말은 다음과 같다.

> 우리는 하나님이 우리 시대에 행하시는 일에 깊은 감동을 받으며, 우리의 실패를 통회하고 아직 미완성으로 남아 있는 복음화 사역에 도전을 받는다. 우리는 복음이 온 세계를 위한 하나님의 좋은 소식임을 믿고 이 복음을 온 인류에 선포하여 모든 민족을 제자 삼으라고 분부하신 그리스도의 명령에 순종할 것을 그의 은혜로 결심한다. 그러므로 우리는 이 신앙과 그 결단을 확인하고 이 언약을 공포하려 한다. (머리말)

> 그러므로 이와 같은 우리의 믿음과 우리의 결심에 따라 우리는 온 세계 복음화를 위해 함께 기도하고, 계획하고, 일할 것을 하나님과 우리 상호

---

126 박영환, "베를린 세계 복음 전도대회가 로잔대회에 끼친 영향과 과제", 〈선교신학〉 제46집(2017), 129.

간에 엄숙히 서약한다. 우리는 다른 사람들도 이 일에 우리와 함께 동참할 것을 호소한다. 우리로 하여금 하나님의 영광을 위해 이 언약에 신실하도록 그의 은혜로 도와주시기를 기도한다. 아멘. 할렐루야! (맺음말)

1차 대회에서 승인된 로잔 언약은 예수 그리스도의 유일성을 분명하게 천명하며, 아직도 복음을 듣지 못한 자들에 대한 복음 전도가 교회 사명의 최우선 순위임을 분명히 함과 동시에, 교회의 사회적 책임(Church Social Responsibility)이 전도의 필수적인 부분이라는 총체적 선교(Holistic Mission) 개념을 확정했다.[127]

### 2-1. 로잔 언약은 성경의 절대 권위와 능력을 천명하였다

로잔 언약은 성경은 성령의 감동으로 기록된 완전 무오한 책임을 고백하며 어떠한 오류가 없음을 고백한다(딤후 3:16). 로잔 언약 2항은 신구약 성경의 절대 권위와 능력을 다음과 같이 천명하고 있다.

우리는 신구약 성경이 하나님의 영감으로 기록되었음을 믿으며, 그 진실성과 권위를 믿는다. 성경 전체는 기록된, 하나님의 유일한 말씀으로서, 그 모든 가르치는 바에 전혀 착오가 없으며, 신앙과 실천의 유일하고도 정확 무오한 척도임을 믿는다. 우리는 또한 그의 구원 목적을 이루는 말씀의 능력을 확신한다. 성경 말씀은 온 인류를 위한 것이다. 그리스도와 성경에 나타난 하나님의 계시는 불변하기 때문이다. 성령은 오늘도 그 계시를 통해 말씀하신다. 성령은 어떤 문화 속에서나 모든 하나님 백성의 마음을 조명하여 그들의 눈으로 이 진리를 새롭게 보게 하시고, 하

---

127 Kenneth Kantzer, "Revitalizing World Evangelism: The Lausanne Congress Ten Years Later", *Christianity Today* (June 15, 1984), 10-12.

나님의 각종 지혜를 온 교회에 더욱더 풍성하게 나타내신다(딤후 3:16; 벧후 1:21; 요 10:35; 사 55:11; 고전 1:21; 롬 1:16; 마 5:17, 18; 유 1:3; 엡 1:17, 18, 3:10, 18).

## 2-2. 로잔 언약은 세계 복음화가 로잔운동의 핵심 목표임을 천명하였다

1차 대회가 개최될 무렵 세계 종교 상황 그리고 개신교 내부에서 타 종교에 대한 입장에 적지 않은 변화가 있었다. 복음주의자들은 1973년 방콕 대회가 천명한 선교의 모라토리엄 사상과는 대조적으로 아직도 복음을 듣지 못한 자들이 많은 상황에서 그리스도인들에게 맡겨진 선교적 사명을 인식하고 온 교회가 세계 복음화에 헌신할 필요성을 느꼈다. 이에 빌리 그레이엄은 전 세계 100명의 복음주의 지도자들과 상의하여 스위스 로잔에서 1차 대회를 열었고, 그 결과로 로잔 언약이 나왔다.

## 2-3. 로잔 언약은 예수 그리스도의 유일성(Uniqueness of Christ)을 천명하였다

1차 대회는 "예수 그리스도가 모든 종교 가운데 일한다든지 예수 그리스도가 하나님께로 이르는 많은 길 가운데 하나"라고 주장하는 소위 종교 다원주의 신학사상을 철저히 거부했다. 로잔 언약 3항은 예수 그리스도의 유일성과 보편성에 대해 다음과 같이 천명하였다.

> 우리는, 전도의 방법은 다양하지만 구세주는 오직 한 분이요 복음도 오직 하나임을 확신한다. 우리는 자연에 나타난 하나님의 일반 계시를 통해 모든 사람이 하나님에 관한 어느 정도의 지식이 있음을 인정한다. 그러나 우리는 사람이 이것으로 구원받을 수 있다는 주장은 부인한다. 이는 사람이 자신의 불의로써 진리를 억압하고 있기 때문이다. 우리는 또한 모든 종류의 혼합주의를 거부하며, 그리스도께서 어떤 종교나 어떤

이데올로기를 통해서도 동일하게 말씀하신다는 식의 대화는 그리스도와 복음을 손상시키므로 거부한다. 유일한 신인(神人)이신 예수 그리스도는 죄인을 위한 유일한 대속물로 자신을 주셨고, 하나님과 사람 사이의 유일한 중보자이시다. 예수님 외에 우리가 구원받을 다른 이름은 없다. 모든 사람은 죄로 인해 멸망할 수밖에 없다. 그러나 하나님은 모든 사람을 사랑하시기 때문에 한 사람도 멸망하지 않고 모두가 회개할 것을 원하신다. 그럼에도 불구하고 그리스도를 거절하는 자는 구원의 기쁨을 거부하며 스스로를 정죄함으로써 하나님으로부터 영원히 분리된다. 예수님을 '세상의 구주'로 전파하는 것은 모든 사람이 자동적으로 혹은 궁극적으로 구원받게 된다는 말이 아니며, 또 모든 종교가 그리스도 안에 있는 구원을 제공한다고 보장하는 것은 더욱 아니다. 예수님을 '세상의 구주'로 전하는 것은 오히려 죄인들이 사는 세상을 향해 하나님의 사랑을 선포하는 것이며, 마음을 다한 회개와 신앙의 인격적인 결단으로 예수님을 구세주와 주로 영접하도록 모든 사람을 초청하는 것이다. 예수 그리스도는 모든 이름 위에 높임을 받으셨다. 우리는 모든 사람이 그 앞에 무릎을 꿇고 모든 입이 그를 주로 고백하는 날이 오기를 고대한다(갈 1:6-9; 롬 1:18-32; 딤전 2:5, 6; 행 4:12; 요 3:16-19; 벧후 3:9; 살후 1:7-9; 요 4:42; 마 11:28; 엡 1:20, 21; 빌 2:9-11).

로잔 언약 3항은 예수 그리스도를 구원의 유일한 길로 선언함으로써 신학적으로 유일주의(배타주의Exclusivism) 입장을 취하였다. 예수 그리스도의 복음만이 시대를 초월한 유일한 진리임을 강조하였다.

세계 복음화에 대한 그리스도인들의 온전한 헌신은 우리가 믿는 기독 신앙만이 절대 진리이며, 기독 신앙이 다른 종교와 이념보다 우월하다는 확신으로부터 가능할 수 있다. 만약 예수 그리스도의 유일성이 타협된다면 세계 복음화에 대한 그리스도인들의 헌신은 불가능해질 수밖에 없음을 분명히 한 것이다.

### 2-4. 로잔 언약은 복음 전도의 우선순위(Primacy of Evangelism)를 천명하였다

로잔 언약은 복음 전도와 함께 교회의 사회적 책임을 함께 강조하였지만 그럼에도 불구하고 전도의 우선순위를 강조하였다.

> 전도는 기쁜 소식을 널리 전파하는 것이며, 기쁜 소식은 예수 그리스도께서 성경대로 우리 죄를 위해 죽으시고, 죽은 자들 사이에서 다시 살아나신 것과, 만물을 통치하시는 주로서 지금도 회개하고 믿는 모든 사람들의 죄를 용서하시고, 우리를 자유하게 하시는 성령의 은사를 공급하신다는 것이다. 전도 자체는 사람들이 인격적으로 하나님께 나아가 하나님과 화목하도록 설득하기 위한 목적으로, 역사적이고 성경적인 그리스도를 구세주와 주로 선포하는 것이다. (로잔 언약 3항)

> 교회가 희생적으로 해야 할 일 중에서 전도가 최우선이다. 세계 복음화는 온 교회가 온전한 복음을 온 세계에 전파할 것을 요구한다. 교회는 하나님의 우주적인 목적의 바로 중심에 서 있으며, 복음을 전파할 목적으로 하나님이 지정하신 수단이다. (로잔 언약 6항)

로잔 언약은 복음은 예수 그리스도를 통해 하나님이 주시는 구원을 받을 수 있다는 기쁜 소식임을 분명히 했다(엡 1:7, 2:8-9; 골 1:14; 딤전 3:16). 바울도 예수 그리스도를 떠나서는 구원이 없음을 분명히 했다. 복음의 예수 그리스도 중심성(Christo-Centricity)은 바울이 전한 메시지였고 그의 사역 자체였다. 회심 후 바울의 생애는 복음 전하는 일에 바쳐졌는데 복음을 듣지 못하고서는 세상 누구도 구원받을 수 없기 때문이다(롬 10:13-15; 고전 1:18).

선교의 목적은 죄인을 예수 그리스도를 통해 하나님께로 회복하는 데 있는데, 이것은 복음의 선포와 나눔으로만 가능하며 복음의 메시지를 듣고 믿을 때 죄인은 구원받을 수 있음을 로잔 언약은 확언하였다(롬 10:13-15).

### 2-5. 로잔 언약은 미전도 종족 선교(Evangelization of Unreached Peoples)의 중요성을 천명하였다

1차 대회에서 랄프 윈터(Ralph Winter)는 나라(국가)에서 종족 단위로 선교하는 미전도 종족 선교 개념을 제시하며 세계 선교의 새로운 지평을 열었다. 로잔 언약은 인류의 3분의 2 이상에 해당하는 27억 인구가 아직도 전도를 받아야 한다는 현실을 지적하며 이들에 대하여 등한시한 사실을 지적하였다.

> 인류의 3분의 2 이상에 해당하는 27억 이상의 인구(1974년 통계)가 아직도 복음화되어야 한다. 우리는 이토록 많은 사람을 아직도 등한히 하고 있다는 사실을 부끄럽게 생각한다. 이는 우리와 온 교회를 향해 끊임없이 제기되는 비판이다. 그러나 오늘날 세계 도처에서는 주 예수 그리스도에 대해 전례 없는 수용 자세를 보이고 있다. 지금이야말로 교회와 모든 선교단체들이 복음화되지 못한 이들의 구원을 위해 열심히 기도하고, 세계 복음화를 성취하기 위한 새로운 노력을 시도해야 할 때임을 확신한다. 이미 복음이 전파된 나라에 있는 해외 선교사와 그들의 선교비를 감축하는 일은, 토착 교회의 자립심을 기르기 위해 혹은 아직 복음화되지 않은 지역으로 그 자원을 내보내기 위해 때로 필요한 경우가 있을 것이다. 선교사들이 겸손한 섬김의 정신으로 더욱더 자유롭게 육대주 전역에 걸쳐 교류해야 한다. 가능한 모든 수단을 총동원해서, 되도록 빠른 시일 안에 한 사람도 빠짐없이 이 좋은 소식을 듣고, 깨닫고 받아들일

기회를 얻는 것이 목표다. 희생 없이 이 목표를 성취하는 것을 기대할 수는 없다. (로잔 언약 9항)

## 2-6. 로잔언약은 교회(그리스도인)의 사회적 책임을 천명하였다

로잔운동의 기본 정신은 '온전한 복음(Whole Gospel)을 온 교회(Whole Church)가 온 세계에(Whole World)'라는 말에 잘 요약되어 있다. 여기서 '온 세계'는 로잔이 추구하는 교회의 사회적 책임을 내포하고 있다. 로잔 언약은 예수 그리스도의 구주(救主) 되심과 복음의 가치를 절대 중요시하면서도 교회의 사회적 책임을 강조했다.

로잔 언약 5항은 복음주의 교회가 간과해 온 사회적 책임에 대해 다음과 같이 적고 있다.

우리는 하나님이 모든 사람의 창조주이시요, 동시에 심판자이심을 믿는다. 그러므로 우리는 인간 사회 어느 곳에서나 정의와 화해를 구현하고 인간을 모든 종류의 억압으로부터 해방시키려는 하나님의 관심에 동참하여야 한다. 사람은 하나님의 형상대로 창조되었기 때문에 인종, 종교, 피부색, 문화, 계급, 성 또는 연령의 구별 없이 모든 사람은 천부적 존엄성을 지니고 있으며, 따라서 누구나 존경받고 섬김을 받아야 하며 착취당해서는 안 된다. 이 사실을 우리는 등한시해 왔고, 때로 전도와 사회 참여를 서로 상반된 것으로 여겼던 것을 뉘우친다. 물론 사람과의 화해가 곧 하나님과의 화해는 아니며 또 사회참여가 곧 전도일 수 없으며 정치적 해방이 곧 구원은 아닐지라도, 전도와 사회 정치적 참여는 우리 그리스도인의 의무의 두 부분임을 인정한다. 이 두 부분은 모두 하나님과 인간에 대한 교리와 이웃을 위한 사랑 그리고 예수 그리스도에 대한 우리의 순종을 나타내는 데 필수적이다. 구원의 메시지는 모든 소외와 억압과 차별에 대한 심판의 메시지를 내포한다. 그러므로 우리는 악과 불의가 있는 곳 어디에서든지 이것을 고발하는 일을 두려워해서는 안 된다. 사람이 그리스도를 영접하면 하나님 나라 백성으로 거듭난다. 따라서 그들은 불의한 세상 속에서 그 나라의 의를 나타낼 뿐만 아니라 그 나라의 의를 전파하기에 힘써야 한다. 우리가 주장하는 구원은 우리로 하여금 개인적 책임과 사회적 책임을 총체적으로 수행하도록 우리를 변화시켜야 한다. 행함이 없는 믿음은 죽은 것이다(행 17:26, 31; 창 1:26, 27, 18:25; 사 1:17; 시 45:7; 약 3:9; 레 19:18; 눅 6:27, 35; 약 2:14-26; 요 3:3, 5; 마 5:20, 6:33; 고후 3:18; 약 2:20).

교회의 사회적 책임은 로잔 언약, 마닐라 선언문 그리고 케이프타운 서약 모두에서 천명되었고 특히 2, 3차 대회를 거치면서 로잔의 입장은 더욱더 구체화되었다. 20세기 개신교 선교 운동은 에큐메니컬 진영과 복음주의 진영 간의 '복음 전도와 교회의 사회적 책임'이라는 이슈와 연관된 갈등과 대립 구조로 전개되었다. 로잔이 사회적 책임을 표방한 것은 에큐메니컬 진영의 신학과 선교에 대한 복음주의 진영의 대응이었다고 하겠다. 여러 정황으로 보아 로잔운동 안에서 교회의 사회적 책임 이슈는 앞으로도 계속 주요 쟁점이 될 전망이다.

### III. 로잔 1차 대회의 결론

한마디로 요약해서 로잔 언약은 성경에 근거한 복음적 세계 선교의 방향을 제시한 로드맵(Road Map)이라 할 수 있다. 이런 면에서 1차 대회와 로잔 언약의 역사적 신학적 선교적 의의는 대단히 크다고 할 것이다.

1960년대 후반과 1970년대 초반 정치신학과 해방신학에 영향을 받은 WCC 선교가 성경적 구원을 정치적 해방, 인간화와 동일시하며 하나님의 선교(Missio Dei)[128] 사상을 가지고 선교가 사회 참여로 흘러갈 때, 복음주의자들은 성경적인 복음 전도와 사회참여를 논의하기 위해 1차 대회를 소집, 개최하였다. 1차 대회를 개최할 때 공동의장이던 빌리 그레이엄은 로잔대회가 열리는 '하나의 분명한 주제'(an Agenda for the Lausanne Congress)를 밝혔는데 그것은 에큐메니컬 진영의 선교와 차별화된 '복음 전도에 세계 교회가 연합하고 헌신하도록 함'이었다. 그는 "로잔을 위한 나의 기도는 하나님의 선교에 다시 초점을 맞추어 예수 그리스도의 복음으로 온 세상 사람들에게 가길 원한다"라고 했다(my prayer is that they will re-focus on the mission of God, to reach all peoples with the good news of Jesus).[129]

1차 대회에 모인 복음주의자들은 성경의 절대 권위를 재확인하며, 성경에 근거하여 예수 그리스도의 유일성, 전도의 필요성과 긴박성을 재확인하였고 전도하여야 할 큰 집단(미전도 종족)에 교회가 주목하도록 하였다.[130] 방콕 대회의 '선교 모라토리엄'의 물결을 역류시키면서 온 세계의 교회 특히, 남반구(제3세계) 교회들이 세계 선교에 동참할 뿐 아니라 앞장서도록 했다. 이런 점에서 1차 대회는 개신교 내 복음주의 운동이 약진하는 결정적 계기(Decisive Breakthrough)가 되었으며, 현대 개신교 선교 역사에서

---

128 1952년 IMC 독일 빌링겐 대회에서 화란의 선교학자이며 WCC 선교총무였던 호켄다이크(J. C. Hoekendijk)가 주창했던 선교 개념이다. 하나님의 선교에서 선교는 하나님의 주권적 행위이며 교회는 하나님의 선교에 참여하는 도구다. 그리고 선교의 목적은 회심이나 개종보다 샬롬이다. 샬롬은 영혼 구원을 넘어 사회참여, 인권 향상, 정의구현, 화해 그리고 현재적 종말 같은 넓은 개념의 선교를 지향한다.

129 Robert A. Hunt, "The history of the Lausanne movement, 1974-2010", https://go.gale.com/ps/i.do?p=AONE&u=googlescholar&id=GALE|A254013301&v=2.1&it=r&sid=googleScholar&asid=778d5b94 (2024년 10월 10일 접속).

130 1930년대 인도 선교사로 사역하던 도널드 맥가브란(Donald A. McGavran)이 쓰던 '숨겨진 부족'(Hidden People Group), 과테말라 선교사 윌리엄 카메룬 타운젠트(William C. Townsend)가 언급한 '숨겨진 언어 그룹'(Hidden Linguistic Group)의 개념을 정리하여 감춰지고 전도되지 않은 종족을 1차 대회에서 미전도 종족(the Unreached People Group)으로 개념 정립한 것이다.

하나의 중대한 전환점이 되었다.[131]

　　로잔 언약은 1960년대 후반, 1970년대 초반 성경적 선교를 위협하던 자유주의자들의 성경관을 바로잡기 위해 먼저 성경의 무오성과 절대 권위를 선언하였고, 종교혼합주의에 맞서서 예수 그리스도의 유일성을 선언함으로써 '오직 성경'(Sola Scriptura), '오직 예수 그리스도'(Solus Christus)라는 종교개혁의 성경적 전통을 따랐다. 그리고 복음 전도의 필요성과 긴박성, 세계 복음화를 위한 교회와 기관, 선교단체의 동역 필요성을 천명하였다. 이 같은 점에서 로잔 언약은 현대 개신교 선교 역사에서 그 의의와 중요성이 매우 크다고 하겠다.

---

131 조종남, 《세계 복음화를 위한 로잔운동의 역사와 신학》, 28.

# 5. 제2차 로잔대회 의의와
   마닐라 선언문의 이해 — 안승오

## Ⅰ. 들어가는말

마닐라 대회는 지난 세기인 1989년에 열린 대회이기에 다소 진부한 연구 주제로 보일 수 있다. 하지만 마닐라 대회는 로잔운동의 역사에 있어서 상당히 중요한 의미를 갖는 대회다. 조동진은 로잔 언약과 더불어 마닐라 선언이 "…기독교의 기초를 풀어 가르치는 교재와도 같고 웨스트민스터 요리 문답을 해설한 웨스트민스터 신앙고백서처럼 성경 전반의 요절들을 인용하면서 만들어진 전도 지침서와도 같은 문서"[132]라고 평가하였고, 최형근도 "…급격하게 변화하는 글로벌 사회 경제 정치적 상황에서 로잔 언약과 케이프타운 서약을 잇는 가교의 역할을 감당했다"[133]고 평가할 정도로 마닐라 선언은 로잔운동 역사에 있어서 깊이 고찰할 가치가 있는 대회 문서라 할 수 있다.

지금까지 마닐라 대회에 관한 연구는 대부분 마닐라 대회만을 단독으로 연구한 것이라기보다는 로잔대회 전체의 역사를 분석하는 과정에서 마닐라 대회를 부분적으로 언급한 연구였다. 아울러 마닐라 대회의 선언문 자체를 자세히 분석하기보다는 큰 틀에서 마닐라 대회를 분석하고 설명한 것이 대부분이다.[134] 이러한 선행 연구들과 달리 여기서는 마닐라 선언문 자체에 대한 깊이 있는 분석을 통해 마닐라 대회를 집중적으로 살펴보면서 그 대회의 의의를 살펴보고자 한다. 이러한 연구는 로잔운동에

---

132 조동진, 《세계 선교 트랜드 1900-2000 下》 (서울: 쿰란, 2007), 412.

133 최형근, "마닐라 선언 (Manila Manifesto): 복음화 세상 사이 교회의 정체성", 〈아이굿뉴스〉 (2023년 10월 25일자), https://www.igoodnews.net/news/articleView.html?idxno=7447220 (2024년 9월 10일 접속).

134 이런 연구의 예들은 다음과 같다. 박보경, "로잔운동에 나타난 전도와 사회적 책임의 관계", 〈복음과 선교〉 22(2013), 9-43; 안승오, "로잔 선교 개념 변화의 흐름과 고민해야 할 점들", 〈복음과 선교〉 60(2022), 315-347; 안희열, "로잔운동의 역사적 평가와 제4차 로잔대회의 과제", 〈복음과 선교〉 60(2022), 349-383; 홍기영, "로잔 복음화 운동과 한국 교회: 로잔 세계 복음화 운동의 선교 신학적 고찰(상) - 로잔 언약, 마닐라 선언, 케이프타운 헌신을 중심으로", 〈복음과 선교〉 22(2013), 151-194.

대한 이해를 넓히고 로잔운동의 미래 발전을 위해 일정 부분 기여할 수 있을 것으로 기대된다.


## II. 마닐라 대회의 배경 및 특징


### 1. 파타야 세계 복음화 로잔위원회

마닐라 대회를 바로 이해하기 위해서는 마닐라 대회 이전에 있었던 선교 운동의 역사를 살펴보는 것이 중요하다. 마닐라 대회는 로잔 2차 대회로 1974년에 스위스 로잔에서 열린 로잔 1차 대회 이후 15년 만에 열린 대회였는데, 이 15년 동안 로잔 진영에서는 다양한 모임과 문서들이 나왔다.[135] 본 연구에서는 그중에서도 가장 중요한 의미를 지니는 세 개의 문서 즉 1) 파타야 세계 복음화 로잔위원회(Consultation on World Evangelization)의 결과로 나온 태국 선언문(Thailand Statement) 2) 영국 홋스돈(Hoddesdon)의 하이레이 콘퍼런스 센터에서 열린 회의 결과 도출된 '단순한 삶에 관한 대회'(Consultation on Simple Lifestyle) 문서 3) 그랜드래피즈에서 열린 회의 결과로 나온 '복음 전도와 사회적 책임: 복음주의의 헌신'(Evangelism and Social Responsibility: An Evangelical Committment) 등의 문서를 중심으로 살펴보고자 한다.

먼저 1980년에 태국 파타야에서 열린 세계 복음화 대회(Consultation on World Evangelization)에서 나온 태국 선언문(Thailand Statement)을 살펴보자. 이 선언문은 1974년의 로잔 언약보다는 교회의 사회적 책임을 좀 더 적극적

---

135 이 문서들에는 로잔 언약 해설서(1975), 무슬림 복음화(1975), 동질 집단 원리(1977), 복음과 문화(1978), 단순한 생활방식(LOP 20, 1980), 복음 전도와 사회적 책임: 복음주의의 헌신(LOP 21) 등의 문서가 있다. 아울러 로잔은 대회 사이에 열리는 다양한 포럼, 지역 콘퍼런스, 협의회 그리고 이슈 그룹 네트워크를 통해 다양한 이슈들을 다루어 왔다.

으로 설명하고 있지만, 전체적으로 보면 전도의 우선성을 강조하는 경향을 보인다. 전도의 우선성을 강조하는 하나의 대목을 보면 다음과 같다.

> …이것은 [전도의 우선성을 천명한다는 것은] 전도와 사회적 행동이 총체적으로 연결되어 있음을 부인하는 것이 아니다. 다만 로잔 선언문이 전도의 우선성을 언급한 것은 인류가 직면한 모든 필요들보다 더 큰 필요가 바로 회개와 믿음을 거절함으로써 받게 되는 영원한 죽음의 끔찍한 현실과 하나님으로부터의 소외로부터 회복되는 것임을 인식한다는 의미다. 따라서 만약 우리가 세계 복음화의 긴급성에 헌신하지 않는다면 우리는 인류를 향한 우리의 사랑이 충분하지 않았다는 죄책감을 떨쳐버릴 수 없을 것이다.[136]

위와 같은 관심 속에서 파타야 대회는 복음을 알지 못하는 20억 혹은 그 이상의 비기독교인들에 대한 영적인 굶주림을 해결하려는 것에 깊은 관심을 가졌고, 이를 위해 지금까지 복음이 미치지 않은 17개의 구체적인 그룹에 대한 선교 전략을 세우는 데 노력을 기울인 회의였다고 할 수 있다.[137] 즉 이 대회는 그 명칭에도 나타난 것처럼 사회적 책임보다는 주로 전도의 우선성에 많은 강조점을 둔 회의였다고 할 수 있다.

## 2. 영국의 홋스돈 하이레이 회의

두 번째로 살펴볼 회의는 하이레이 회의다. 이 회의는 위의 태국 파타야 회의와 같은 해인 1980년에 런던의 북쪽 17마일 지점에 위치한 홋스

---

136 Edward R. Dayton & Samuel Wilson, eds., *Thailand Statement, The Future of World Evangelization: The Lausanne Movement* (Monrovia: MARC, 1984), 150.

137 김은수, 《현대 선교의 흐름과 주제》(서울: 대한기독교서회, 2001), 306-307.

돈(Hoddesdon)의 하이레이 콘퍼런스 센터(High Leigh Conference Center)에서 전 세계 27개국에서 모인 85명의 복음주의 지도자들이 모인 회의였다. 이 회의의 주제는 '단순한 삶에 관한 회의'(Consultation on Simple Lifestyle)다. 이 회의에서 채택된 선언문은 증거와 삶이 분리될 수 없다는 점을 강조하면서 다음과 같이 언급한다.

> 책임 있는 삶에로의 요청(call to a responsible life-style)은 책임 있는 증거에로의 요청(call to responsible witness)과 분리될 수 없다. 왜냐하면 우리의 메시지가 우리의 삶과 충돌될 때 그 신뢰성이 심각하게 훼손되기 때문이다. 만약 우리가 탐욕으로부터 구원받지 못한다면 우리는 그리스도의 구원을 정직하게 선포할 수 없고, 만약 우리의 소유에 관한 선한 청지기적 역할을 하지 못한다면, 우리는 주님의 주권을 선포할 수 없고, 만약 우리가 가난한 자들을 향하여 마음을 열지 않는다면, 우리는 주님의 사랑을 선포할 수 없다. 그리스도인들이 서로를 향하여 혹은 고통 중에 있는 자를 향하여 돌봄을 이룰 때, 예수 그리스도는 더 명백하게 매력적인 존재가 된다.[138]

이 회의는 로잔 언약에서 제기된 전도, 구제 그리고 정의 등이 단순한 삶과 어떤 연관성을 지니는지를 살펴보았고, 결론적으로 전도, 발전 그리고 정의를 위하여 단순한 삶을 실천할 것을 권고한다. 이 회의에서는 위에서 언급한 파타야 대회와 달리 사회적 책임을 복음 전도와 거의 대등한 관계로 강조하는 경향을 보였다.

---

138 Lausanne Committee for World Evanglization, Lausanne Occasional Paper, No. 20: "Evangelical Commitment to Simple Life" Chapter 8, https://lausanne.org/occasional-paper/lop-20#evangelism (2024년 10월 9일 접속).

## 3. 그랜드래피즈 회의

파타야 회의와 하이레이 회의가 열린 지 2년 후인 1982년 미국 미시간주의 그랜드래피즈에서 열린 이 대회는 복음주의 진영 안에서의 전도와 사회적 책임의 관계를 규명하고 전도의 우선성이라는 표현 속에 담겨 있는 의미를 심도 있게 다룬 회의였다. 이 회의의 결과로 나온 '복음 전도와 사회적 책임: 복음주의의 헌신'(Evangelism and Social Responsibility: An Evangelical Committment) 문서 4장에서는 전도와 사회적 책임의 관계를 다음의 세 가지 차원으로 설명했다.

첫째, 사회적 활동(social activity)은 전도의 결과(consequence)라는 것이다. 이에 대하여 선언서는 "즉 복음 전도는 하나님이 사람을 새롭게 태어나도록 하시는 수단이며, 또 그들의 새로운 삶은 다른 사람들을 봉사하는 가운데 나타난다"[139]고 말한다. 즉 복음은 사람들의 마음에 새로운 삶을 낳게 하고 그로 인해 새로운 사회적 관계와 활동이 생성된다는 것이다.

둘째, 사회적 활동(social activity)은 전도의 다리(bridge)가 된다는 것이다. 즉 "사회적 활동은 다양한 편견과 의심의 벽을 무너뜨리고 닫힌 문을 열고 복음에 대한 경청을 도출해 낸다"[140]는 것이다. 이것은 전통적인 선교에서 잘 증명된 사실이다.

셋째, 사회적 활동은 전도의 협력자(partner) 또는 동반자로서 복음 전도와 함께한다는 것이다. 이에 대해 선언문은 "그것들은 바지의 두 가랑이나 새의 두 날개와 같다"[141]라고 말한다. 그러면서 예수의 공적 사역에 이러한 사실이 잘 나타난다고 강조한다.

---

139 Lausanne Committee for World Evangllization, *Evangelism and Social Responsibility: An Evangelical Committment* (Exter, UK: the Paternoster Press, 1982), 21.

140 Lausanne Committee for World Evangllization, 같은 책, 22.

141 Lausanne Committee for World Evangllization, 같은 책, 23.

이와 같은 관계를 설명한 후 문서는 둘 사이의 우선성에 대하여 설명한다. 둘 사이에서 전도가 우선성을 갖는데, 시간적으로는 상황에 따라 무엇이 먼저 수행될지 알 수 없으므로 시간적 우선성이 아니라 논리적 우선성을 갖는다고 설명한다. 아울러 전도가 우선한다는 것은 전도가 사람들의 영원한 운명과 관련되어 있고 그리스도인 외에는 할 수 없는 일이기 때문이라고 설명한다. 하지만 우선성에 대한 논의는 대체로 관념적인 것이며 실제적 상황에서는 둘을 결코 분리할 수 없기에 서로 경쟁하기보다는 서로 지지하고 강화해야 한다는 점을 밝힌다.[142]

### 4. 마닐라 대회의 개요 및 특징

위와 같은 배경에서 열린 마닐라 대회는 1989년 7월에 필리핀의 마닐라에서 열린 로잔 제2차 대회다. 이 대회에는 170여 개국 3천여 명의 복음주의 지도자들이 모여 로잔이 추구하는 선교의 방향과 전략 등을 논의하였다. 이 대회의 주제는 크게 두 가지였는데, 하나는 '그리스도께서 오실 때까지 그를 선포하라'는 것이고, 다른 하나는 '온 교회가 온 세상에 온전한 복음을 전하라'는 것이었다.

앞에서 살펴본 대로 마닐라 대회가 열리기 전 로잔의 주된 관심 중의 하나는 복음 전도와 사회참여의 관계성 문제였기에 앞선 회의들에서는 둘 사이의 관계에 대한 논의들이 많이 다루어졌고 그랜드래피즈 회의에서 둘 사이의 관계를 적절하게 정리한 것으로 보인다. 마닐라 역시 이러한 정리를 기초로 사회 행동 차원을 등한시하지 않으면서도 복음 전도를 강조한 것으로 보인다. 마닐라 대회에서 채택된 마닐라 선언문(Manila Manifesto)은 두 개의 부분으로 구성되어 있는데, 첫 부분은 21개 항의 신앙

---

142 Lausanne Committee for World Evangllization, 같은 책, 24-25.

고백을 담고 있고, 두 번째 부분은 온전한 복음, 온 교회, 온 세상이라는 세 가지 주제하에 12개 항목으로 주제를 설명하고 있다. 이것으로 보아[143] 마닐라는 복음 선포에 주된 관심을 가진 것으로 평가된다. 마닐라 선언의 특징과 의의에 대해서는 다음 장에서 자세히 살펴보자.

## III. 마닐라 선언의 주된 강조점

### 1. 복음 전도의 긴급성과 이를 위한 성도의 희생적 헌신 강조

마닐라 대회의 주된 강조점은 마닐라 선언에 잘 나타나 있으므로 이 장에서는 마닐라 선언을 집중적으로 살펴보면서 마닐라 대회가 어디에 관심을 두었고 무엇을 강조하였는지를 살펴보고자 한다.[144] 마닐라 선언에서 가장 깊은 관심을 둔 것은 복음 전도의 긴급성과 이를 위한 희생적 헌신이라 할 수 있다.

이것은 선언의 머리말과 맺음말에 잘 드러난다. 예를 들어 21개 항의 고백으로 이루어진 선언문 1부 마지막 21항은 "우리는, 하나님이 온 세상에 온전한 복음을 전하라고 온 교회를 부르고 계심을 단언한다. 그러므로 우리는 주님이 오실 때까지 신실하고 긴급하게 그리고 희생적으로 복음을 선포할 것을 결의한다"[145]라고 말하면서 신앙고백을 맺는다. 주님이 오

---

143 Lausanne Movement, "마닐라 선언(1989)", in Lausanne Movement ed., *The Cape Town Commitment: Study Edition*, 최형근 역, 《케이프타운 서약》 (서울: IVP, 2014), 부록 230. 이하에서는 마닐라 선언의 부와 항으로 표기할 것이다.

144 김승호는 1차부터 3차까지의 로잔대회를 분석한 후 계속해서 발전하며 진전을 보인 주제들로 1) 그리스도인의 사회적 책임 2) 타 종교의 기원과 타 종교인들에 대한 기독교인의 임무 3)전도에서 성령의 사역 4) 평신도 사역 등을 꼽았다. 김승호, "로잔운동의 선교사상의 발전", 한국로잔교수회 편, 《로잔운동과 선교》(서울: 올리브나무, 2014), 22-43.

145 마닐라 선언문, 1부 21항.

실 때까지 성도와 교회가 신실하고 긴급하게 어떤 어려움이 있더라도 해야 할 일은 바로 복음을 선포하는 일임을 천명하고 있는 것이다.

이러한 강조점은 마지막 맺음말에도 선명하게 나타난다. 선언문은 복음 선포의 명령이 바로 주님으로부터 주어진 것임에 대하여 "우리는 복음을 가지고 땅끝까지 가라는 명령을 받았으며, 주님은 그렇게 할 때 이 시대의 종말이 오리라고 약속하셨다"[146]라고 말하면서, "그러므로 기독교 선교는 긴급한 과업이다. 우리는 선교를 위한 시간이 얼마나 남아 있는지 모른다. 분명 허비할 시간은 없다"[147]라고 말한다. 복음 선포가 가장 긴급하고 중요한 과업임을 선언한 것이다. 그리고 이러한 과업을 잘 성취하기 위하여 "연합(함께 전도해야 한다)과 희생(복음화를 위한 대가를 알고, 또 치러야 한다)"[148]의 필요성을 강조하였다. 즉 선교를 수행함에 있어서 연합은 그 자체가 목적이기보다는 효과적인 복음 선포를 위한 적절한 자세와 전략이라는 관점을 지니고 있는 것이다.

## 2. 증인의 윤리성에 대한 강조

마닐라는 복음의 긴급성과 우선성 등을 강조하면서 이 귀한 복음을 전하는 증인들의 윤리성을 강조하는데, 윤리성은 성도들의 증거에 결정적인 영향을 미치기 때문이다. 기본적으로 윤리란 사람이 마땅히 행해야 할 도리를 의미하고,[149] 기독교 윤리란 기독교인이 마땅히 행해야 할 도리를 의미한다고 할 수 있다. 기독교인이 기독교인으로서 마땅히 행해야 할

---

146 마닐라 선언문, 맺음말, 261.

147 마닐라 선언문, 맺음말, 261.

148 마닐라 선언문, 맺음말, 261.

149 한글학회, 《우리말 사전》(서울: 어문각, 2008), 1800.

도리를 행하지 않으면 복음 전도의 길이 막히게 되는 것이다.[150] 이런 이유로 예수께서도 산상수훈에서 "이같이 너희 빛이 사람 앞에 비치게 하여 그들로 너희 착한 행실을 보고 하늘에 계신 너희 아버지께 영광을 돌리게 하라"(마 5:16)고 명하셨다. 성도들의 착한 행실을 보고 하늘에 계신 아버지를 알게 되고 전도의 길도 열리게 되는 것이다. 그런 점에서 기독교는 윤리를 하나님의 영광을 드러내는 삶 즉 하나님을 증거하는 일에 필요한 것으로 여기면서 윤리적 실천을 소중하게 생각해 왔다.

마닐라 선언 역시 증인들의 윤리적 삶을 매우 강조한다. 21개 항의 고백을 담은 1부에서만 적어도 4개 항에서 윤리적 책임을 말한다. 예를 들면 1부 8항에서 "우리는, 하나님의 사랑을 구체적으로 표현하되, 정의와 인간의 존엄성 그리고 의식주의 문제로 어려움을 당하고 있는 사람들을 돌아봄으로써 그 사랑을 실천적으로 입증해야 함을 단언한다"[151]라고 고백하고, 15항에서는 "우리는, 복음을 선포하는 사람들이 거룩함과 사랑을 생활 속에서 드러내야 함을 단언한다. 그렇지 않으면 우리의 증거는 그 신빙성을 잃게 될 것이다"[152]라고 말한다. 또 16항과 17항에서는 "우리는, 모든 교회의 성도들이 자신이 속한 지역사회에서 복음 증거와 사랑의 봉사에로 눈을 돌려야 함을 단언한다"[153] 그리고 "우리는, 교회와 선교단체 그리고 그 외 여러 기독교 기관들이 복음 전도와 사회참여에 있어 경

---

150 기독교 윤리는 기독교인이 세상에서 소금과 빛으로 사는 삶(작은 윤리 micro-ethics) 그리고 세상의 구조적 변화와 생태계 보존 등을 위해 하는 일과 그 의무(거대 윤리 macro-ethics) 등으로 나누어 생각해 볼 수 있다. 물론 이 둘을 아주 선명하게 구분하는 데는 다소 어려움이 있겠지만 이 글에서는 윤리라는 용어를 주로 작은 윤리로 생각하고, 큰 윤리는 사회적 책임으로 생각하면서 글을 전개하고자 한다. 맹용길, 《第四의 倫理》(서울: 성광문화사, 1983), 33 참조.

151 마닐라 선언, 1부 8항.

152 마닐라 선언, 1부 15항.

153 마닐라 선언, 1부 16항.

쟁과 중복을 피하면서 상호 협력이 절실히 필요함을 단언한다"[154]라고 고백한다.

　2부에서도 윤리적 책임에 대한 강조가 많이 나타나는데, 예를 들면 2부 7항 첫 부분의 윤리적 삶의 중요성에 대하여 "변화된 삶보다 복음을 설득력 있게 전하는 것은 아무것도 없으며, 삶이 복음과 불일치하는 것만큼 복음을 비난받게 만드는 것도 없다"[155]라고 말하면서 증인에게 있어서 윤리적 삶이 필수임을 언급한다. 이와 유사한 표현으로 2부 4항에서 윤리적 삶을 강조하는데 "영적인 은사가 다양하고, 소명과 상황이 다르더라도 복된 소식과 선한 행위는 분리할 수 없음을 단언한다"[156]고 말한다.

　또한 2부 2항 마지막 부분에서는 "우리는 또한 가난한 사람들의 곤경에 대하여는 무관심하고 부유한 사람들을 선호해 왔던 것에 대하여 회개하며, 또한 말과 행동으로 모든 사람들에게 복된 소식을 선포하며 예수님을 따를 것을 다짐한다"[157]라고 선포한다. 특별히 복음 전도를 할 때 서로 경쟁하고 대결했던 점에 대하여 반성하면서 2부 9항에서 "…우리는, 서로 의심하고 대결하며, 비본질적인 것들에 대해 고집을 부리고, 권력 투쟁과 자기 왕국 건설에 힘씀으로 복음 전도 사역을 부패시키고 있음을 부끄럽게 여긴다. 우리는 복음 전도에 있어서 협력이 필수불가결한 것임을 확인한다"[158]라고 말함으로써 복음 전도를 할 때 동역자 사이의 윤리적 자세를 언급한다.

---

154 마닐라 선언, 1부 17항.
155 마닐라 선언, 2부 7항.
156 마닐라 선언, 2부 4항.
157 마닐라 선언, 1부 2항.
158 마닐라 선언, 2부 9항.

## 3. 교회의 대사회적 책임에 대한 강조

로잔운동에서 사회 행동 또는 사회적 책임에 관한 이슈는 항상 가장 많은 논란을 일으킨 이슈 중의 하나였다. 이미 로잔 1차 대회 때부터 로잔 언약에서 사회참여 문제가 충분히 강조되지 않았다고 강하게 목소리를 낸 그룹이 있었다. 이들은 소위 말하는 '철저한 제자도 그룹'(Radical Discipleship Group)으로, 로잔운동 내에서 로잔이 사회적 책임을 소홀히 한다는 점을 강조하면서 로잔이 사회적 책임을 더욱 강조하도록 도전한 사람들이었다.[159] 이들의 영향으로 파타야 대회, 훗스돈 하이레이 대회, 그랜드래피즈 대회 등에서 복음 전도와 사회적 책임에 관한 문제들이 집중적으로 논의되었고 그랜드래피즈에서 어느 정도 만족할 만한 개념 정리가 된 것으로 보인다. 이런 배경하에서 치러진 마닐라 대회는 복음 전도의 우선성을 분명히 하면서도 사회적 책임을 비중 있게 강조한 것으로 보인다.

마닐라 선언문에 나타난 사회적 책임에 관한 내용들을 살펴보면 다음과 같다. 예를 들어 1부 9항에서는 "우리는 정의와 평화의 하나님의 나라를 선포하고, 개인적인 것이든 구조적인 것이든 모든 불의와 억압을 고발하면서, 예언자적 증거에서 물러서지 않을 것을 단언한다"[160]라면서 개인적인 것만이 아니라 구조적인 악에 대하여서도 예언자적 외침을 외쳐야 함을 강조한다. 1부 8항에서도 "우리는, 하나님의 사랑을 구체적으로 표현하되, 정의와 인간의 존엄성 그리고 의식주의 문제로 어려움을 당하고 있는 사람들을 돌아봄으로써 그 사랑을 실천적으로 입증해야 함을 단언한다"라면서 정의와 인간의 존엄성을 지키기 위한 사회적 행동을 해야 함을 강조한다.

---

159 철저한 제자도, "1974년 로잔대회에서의 철저한 제자도에 관한 선언문", Al Tizon, *Transformation after Lausanne*, 이광순 이용원 공역, 《로잔 이후의 변화》(서울: 주안대학원대학교 출판부, 2015), 457-459.
160 마닐라 선언, 1부 9항.

2부 4항은 '복음과 사회적 책임'이라는 제목하에 마지막 부분에서 "참된 선교를 위해서는 겸허하게 그 사람들의 세계에 들어가서 그들의 사회적 현실, 비애와 고통 그리고 압제 세력에 항거하며 정의를 위하여 투쟁하는 그들의 노력에 동참할 필요가 있는 것이다. 개인적인 희생 없이는 선교가 이루어질 수 없다"[161]라는 표현을 한다. 이러한 표현 속에서 마닐라는 전통적인 복음주의 선교에서 행해지던 구제와 개발 차원을 넘어 사회구조 개혁을 위한 행동의 차원까지 나아간 것으로 보인다. 즉 마닐라 대회는 교회의 대사회적 책임을 사회봉사를 넘어 사회 행동까지 포함하면서 에큐메니컬 진영에서 강조하는 선교 방식까지 일정 부분 수용하는 경향을 보이고 있는 것이다.

### 4. 미전도 종족 선교 전략과 성령 사역의 필요성 제시

마닐라 선언은 복음 전도의 긴급성과 이를 위한 성도의 헌신의 필요성을 강조했다는 점을 앞에서 살펴보았다.[162] 마닐라는 복음 전도의 긴급성을 가지고 아직도 복음이 제대로 들어가지 않은 종족에 대한 전도의 필요성과 가능성에 대하여 "현재 2천여 개의 큰 민족들 속에 그와 같은 12,000여 개의 미전도 종족이 있으며, 그들을 전도한다는 과제는 전혀 불가능한 것이 아니다"[163]라고 하였다. 또한 이들을 전도하기 위한 선교사 재배치 문제에 대하여 "그러나 현재 전체 선교사의 겨우 7%만이 이 일에 전

---

161 마닐라 선언, 2부 4항.

162 마닐라 대회에서 미전도 종족 선교를 강조하게 된 배경에는 랄프 윈터(Ralph Winter)의 영향력이 상당히 컸다고 볼 수 있다. 윈터는 이미 1차 로잔대회 때부터 미전도 종족 선교에 최우선순위를 두어야 한다고 강조하였는데, 그 자신이 10년간 몸담은 풀러신학교 교수직을 사임하고 Frontier Mission Fellowship을 창설하였으며 이후 U.S. Center for World Mission과 William Carey International University를 설립하여 미전도 종족 선교에 힘썼다. 박형진, "로잔운동과 미전도 종족", 〈복음과 선교〉 28(2014), 87-88.

163 마닐라 선언, 2부 11항.

넘하고 있으며, 나머지 93%는 세계의 절반이 되는 지역, 곧 이미 복음화된 지역에서 일하고 있다. 이와 같은 불균형을 시정하려면 선교 인력을 전략적으로 재배치해야 할 것이다"[164]라고 강조한다.

미전도 종족 선교와 연관하여 마닐라에서는 몇 가지 혁신적인 선교 전략이 제시되었다. 첫째는 루이스 부시(Luis Bush)에 의해 제안된 10/40창 개념인데, 이것은 랄프 윈터(Ralph Winter)가 제시한 미전도 종족 선교지 상황을 집합적 접근 단위의 창(window) 개념으로 적용한 것이다. 즉 이 지역은 지도상 서부 아프리카에서 동아시아의 북위 10도에서 40도 사이에 위치한 지역으로 세계 인구의 약 60%가 거주하고 있으며, 특히 미전도 종족의 90% 이상이 이 지역에 분포되어 있다. 또한 이 지역은 언어의 복잡성, 사회구조의 다변성 등으로 복음 전도가 어렵고 경제적으로도 매우 어려운 지역이며, 이 지역에 대한 집중적인 선교가 세계 복음화를 앞당길 수 있다는 점을 강조하였다. 둘째는 토머스 왕(Thomas Wang)과 루이스 부시에 의해 주장된 'AD 2000 운동'(AD 2000 and Beyond Movement)인데, 2000년까지 모든 종족에 적어도 한 교회를 개척하자는 운동이었다. 이는 1990년대 복음주의 진영의 미전도 종족 선교를 위한 핵심적인 선교 전략이었다고 할 수 있다.[165]

아울러 마닐라는 강력한 사단의 진에 둘러싸인 미전도 종족이 복음화되려면 성령의 강한 역사가 있어야 함을 인식하면서 영적 역사의 필요

---

164 마닐라 선언, 2부 11항.

165 김승호, "로잔운동의 선교 사상의 발전", 한국로잔교수회 편, 《로잔운동과 선교》(서울: 올리브나무, 2014), 27-28. AD 2000 운동은 그 이름에 걸맞게 2000년 이후에는 종료되었지만 미전도 종족 선교의 핵심적 전략 중 하나로 지금까지도 영향력을 미치고 있다고 할 수 있다. 루이스 부시는 미전도 종족 선교를 위하여 1) 편중된 선교사 인력 재배치 2) 각종 미디어와 영화 등의 보급 3) 텐트메이커 등의 확산 등을 강조하였다. Luis Bush, "Manila Manifesto", https://luisbushpapers.com/ad2000/1989/07/20/lausanne-manila-manifesto/ (2024년 10월 9일 접속).

성을 강하게 인식하였다. 이런 점에서 1부 10항에서 "우리는, 그리스도에 대한 성령의 증거가 복음 전도에 있어서 절대 필요하며, 따라서 성령의 초자연적인 역사가 없이는 중생이나 새로운 삶이 불가능하다는 것을 단언한다"[166]라고 주장한 후 11항에서 "우리는 영적인 싸움을 위해서는 영적 무기가 필요하므로, 성령의 능력으로 말씀을 선포하며 정사와 악의 권세를 이기신 그리스도의 승리에 참여할 수 있도록 항상 기도해야 함을 단언한다"[167]라고 선언하였다. 미전도 종족 선교를 수행하기 위해서는 반드시 강력한 성령의 역사가 필요함을 강조한 것이다. 이와 동시에 마닐라는 성령의 역사 자체를 부정하는 회의주의나 무분별한 성령의 역사에 대해서도 경계를 하였는데, 이런 점에서 2부 5항에서 "우리는 기사와 이적을 부정하는 회의주의나, 또 그런 것들을 무분별하게 요구하는 무엄함도 모두 배격한다"[168]라고 말하면서 성령의 역사를 간구하면서도 성령의 역사를 혼란스럽게 하는 것에 대한 신중한 절제를 요구했다.

### 5. 온전한 복음에 대한 강조

지금까지 마닐라 대회에서 강조된 점들을 정리하여 보았다. 이 강조점들은 4가지로 정리되었는데, 이것들을 명확하게 구분하는 것이 다소 무리가 있지만, 그래도 큰 틀에서 그 경향을 보면 이렇다. '복음 전도의 긴급성과 이를 위한 성도의 희생적 헌신 강조'와 '미전도 종족 선교 전략과 성령 사역의 필요성 제시' 등은 주로 전통적인 복음주의 선교에서 많이 강조된 사항들이고, '증인의 윤리성에 대한 강조'와 '교회의 대사회적 책임에 대한 강조'는 주로 에큐메니컬 진영에서 많이 강조된 사항들이라 할

---

166 마닐라 선언, 1부 10항.
167 마닐라 선언, 1부 11항.
168 마닐라 선언, 2부 5항.

수 있다.

그런데 마닐라는 양 진영의 강조점들을 모두 포용하고 강조하고자 하였고, 이 모든 것을 포용하는 용어로서 '온전한 복음'이라는 용어를 사용하였다고 할 수 있다. 물론 온전한 복음이란 용어는 이미 로잔 1차 대회에서도 나온 것이지만, 로잔 2차 대회인 마닐라는 온전한 복음을 조금 더 깊이 있고 체계적으로 설명하였다고 할 수 있다. 즉 마닐라 선언의 1부 신앙고백에 이어 2부를 1) 온전한 복음 2) 온 교회 3) 온 세계로 구분하여 설명하였다. 마닐라 선언 머리말에서 "온 교회가 온 세상에 온전한 복음을 전하라는 부름"[169]에 기초하여 마닐라 선언이 작성되었음을 말하면서도 내용 전개의 실제적인 순서는 온전한 복음을 가장 첫 부분에 배치하였다.[170] 이것을 볼 때 마닐라는 온전한 복음을 매우 강조하였던 것으로 보인다. 온 교회가 온 세상에 복음을 전해야 한다는 점은 쉽게 이해될 수 있는 당연한 내용이지만, 온전한 복음이란 마닐라가 가장 강조하고 싶은 내용이고 그 의미도 깊이 생각해야 이해할 수 있는 주제라고 할 수 있겠다.

그렇다면 온전한 복음이란 도대체 무엇을 의미하는 것일까? 마닐라 선언은 2부 첫 부분을 온전한 복음이란 제목하에 총 4개 항을 두고 있는데, 1항은 인간의 곤경, 2항은 오늘을 위한 좋은 소식, 3항은 예수 그리스도의 유일성, 4항은 복음과 사회적 책임이란 제목으로 글을 전개한다. 1항에서는 인간이 죄로 말미암아 멸망으로 가고 있다고 말하고, 3항은 "예수님만이 성육신하신 유일한 하나님의 아들이시요, 구원자이시요, 주

---

169 마닐라 선언, 머리말.

170 마닐라 선언, 2부 1-4항. 이 점에 대하여 박보경은 "마닐라 선언문에서는 온전한 복음(Whole Gospel)이 가장 먼저 등장하고 있는데, 이것은 마닐라 대회가 온전한 복음을 앞서 다룸으로써 로잔 진영의 교회 중심적 선교 이해에 변화를 보여 주는 것이었다"라고 진단한다. 박보경, "로잔운동에 나타난 전도와 사회적 책임의 관계", 〈복음과 선교〉 22(2013), 27.

님이시며 심판자이시다"[171]라는 표현을 통해 멸망을 향해 가는 인류를 구원하실 유일한 분이 예수님임을 언급한다.

2항과 4항에서는 온전한 복음에 대한 좀 더 구체적인 이해를 제시한다. 예를 들어 2항에서 "…우리는 다시 한번 복음이 가난한 자들을 위한 복된 소식이라는 사실에 직면하면서(눅 4:18, 6:20, 7:22) 이것이 세계 곳곳에서 착취당하며, 고통을 당하거나 억압받는 수많은 사람들에게 무엇을 의미하는지 스스로 반문해 왔다"[172]라고 말한 다음 "복음은 영적, 물질적으로 가난한 자 모두에게 복된 소식이 된다"라고 천명한다.

이 내용들을 보면 온전한 복음이란 개인의 영혼 구원만이 아니라 물질적인 문제, 억압과 착취의 문제도 해결하는 것이라는 의미를 함축하는 것으로 보인다. 이것은 2부 4항에 가면 좀 더 선명하게 드러나는데 그것은 "…성경적 복음에는 언제나 사회적 적용이 내포되어 있다는 사실을 인정하는 것이다…. 참된 선교를 위해서는 겸허하게 그 사람들의 세계에 들어가서 그들의 사회적 현실, 비애와 고통 그리고 압제 세력에 항거하여 정의를 위해 투쟁하는 그들의 노력에 동참할 필요가 있는 것이다"[173]라고 선언한다. 이것을 볼 때 온전한 복음이란, 개인과 사회와 창조 세계를 포함하는 복음의 총체적 차원을 드러낸다.

---

171 마닐라 선언, 2부 3항.
172 마닐라 선언, 2부 2항.
173 마닐라 선언, 2부 4항.

## IV. 마닐라 선언에 대한 평가

### 1. 세계 복음화를 위한 실제적인 전략 제시와 성령 사역을 강조

마닐라 대회는 20세기의 끝을 11년 앞둔 시점에서 이 세기 안에 세계 복음화를 이룰 수 있기를 바라는 간절한 열망이 있었던 것 같고, 이런 상황에서 복음 전도의 긴급성과 우선성을 매우 강조한 것으로 보인다. 이런 상황에서 마닐라는 마지막 남은 종족들을 복음화해야 한다는 관점에서 미전도 종족 선교, 10/40 Window, AD 2000 등의 선교 전략을 제시하였다는 점에서 귀한 의미를 지닌 회의였다고 하겠다.[174] 로잔운동은 세계 복음주의자들의 연합운동인 만큼 세계 선교의 정보를 수집하고 전략을 제시하는 사령탑과 같은 역할을 할 필요가 있는데, 마닐라 대회가 이런 역할을 일정 부분 감당했다고 평가할 수 있다.

아울러 마닐라는 위와 같은 영적 전투의 성공적 실천을 위해 성령의 역사를 사모하고 따라야 함을 강조하였는데 이것은 매우 시의적절한 강조였던 것으로 보인다. 선교는 결코 인간의 계획과 능력으로 이루어지는 것이 아니고, 선교의 입안자이시고 동원가이시며 실행자이신 성령의 능력으로 이루어지는 사역이기 때문이다.[175] 사도행전은 우리에게 이 사실을 분명히 보여 주고 있으며, 기독교 2천 년의 선교 역사가 바로 성령에 의한 역사임을 보여 준다.

이런 점에서 마닐라가 마지막 남은 미전도 종족의 선교를 위해 10/40창에 초점을 맞추고 적어도 한 부족에 하나의 교회를 세우려는 AD 2000 프

---

174  이점에 대하여 안희열은 "…제2차 로잔대회는 '선교 전략의 대방출'이라 불릴 만큼 독특한 전략들이 많이 소개되어 한국 교회에 큰 도움을 주었다"고 진단한다. 안희열, "로잔운동의 역사적 평가와 제4차 로잔대회의 과제", 〈복음과 선교〉 60(2022), 367.

175  L. Grant McClung, *Azusa Street and Beyond* (UT: Bridge Publishing Inc., 1986), 84.

로젝트를 제시하면서 성령의 역사를 강조하고 성령을 사모한 것은 적절한 관점이었다고 평가된다. 다만 로잔은 성령 운동이 지나치게 무분별하게 일어나 오히려 선교 현장에 혼란을 일으킬 수 있는 위험성에 대해 "우리는 기사와 이적을 부정하는 회의주의나, 또 그런 것들을 무분별하게 요구하는 무엄함도 모두 배격한다"[176]고 지적하였다. 이런 점에서 한국기독교이단상담소협회와 세계기독교이단대책협회에서 로잔의 신사도 운동과 연관성을 주장하며 로잔대회가 신사도 운동 계열 이단들이 성장하도록 큰 영향을 끼쳤다고 지적한 것은[177] 마닐라 대회를 잘못 해석하고 오해한 것으로 보인다. 마닐라 대회는 성령을 사모하면서도 성령에 대한 적절한 균형과 절제를 선택했다.

### 2. 균형과 포용성을 추구

앞에서도 보았듯이 로잔운동 안에는 복음의 우선성과 긴급성을 강조하는 관점과 교회의 사회적 책임을 강조하는 관점이 함께 존재한다. 로잔 1차 대회 때는 그래도 복음의 우선성을 내세우면서 사회적 책임도 함께 강조하였는데, 1차 대회 이후 이 문제는 로잔운동에서 가장 예민하고 의견이 분분한 이슈였다고 할 수 있다. 이런 상황에서 마닐라는 이 모든 것을 다 포용하고 균형감을 갖추면서 온전함을 향해 나아갈 수 있도록 노력한 것으로 보인다. 3천여 명이나 되는 큰 규모의 인원이 모인 대회에서 특히 서로가 서로의 의견을 존중하고 의견을 모아 갈 때 하나의 선언서가 나올 수 있기에 마닐라는 모두를 모을 수 있는 균형과 포용을 중시한 것으로 보인다. 마닐라가 추구한 이러한 균형에 대하여 박보경도 "요약하면,

---

176 마닐라 선언, 2부 5항.

177 조준영, "한국로잔신학위, 로잔대회, 신사도 운동과 전혀 관련 없다", 〈기독신문〉 (2023년 9월 15일), https://www.kidok.com/news/articleView.html?idxno=301887, (2024년 9월 13일 접속).

1989년 마닐라 선언문은 그 단어 선정에 있어서는 복음 전도를 명백하게 선언하고 있다. 그럼에도 불구하고 선언문은 사회적 책임 부분도 균형 있게 강조하고자 한 노력이 보인다”[178]라고 정리하였다. 즉 마닐라는 포용과 균형을 매우 강조하면서 큰 연합운동을 이루었다는 점에서 의의가 있다고 할 수 있다.

### 3. 온전한 복음을 강조

마닐라 대회가 온전성을 강조하면서 '온 교회가 온전한 복음을 온 세계에'(Calling the whole church to take the whole gospel to the whole world)를 주제로 정한 것은 나름대로 의미가 있어 보이며, 이 주제는 확실히 매력적으로 보인다. 이것은 온전한(영어로는 whole)이라는 표현으로 로잔운동이 어느 한쪽에 치우침 없이 모든 것을 포함하면서 균형을 이루는 아주 좋은 운동으로 보이게 만드는 효과도 있었다고 본다.[179] 앞에서도 살펴보았듯이 마닐라 대회는 실제로 복음 전도에 우선성을 두면서도 복음 전도와 사회 행동의 책임을 치우침 없이 균형감 있게 추구하려고 노력한 것으로 보인다.

하지만 여기에는 고민해 보아야 할 측면도 있다. 먼저 '온전한 복음'이란 용어 자체가 가져올 수 있는 오해의 여지다. 물론 마닐라 선언 입안자들은 이 표현을 통해 복음이 주는 포괄적인 효과 즉 영적이고 개인적인 측면뿐 아니라 물질적이고 사회적인 측면까지의 변화를 강조하면서, 선교에서도 영적인 측면의 목표인 복음 전도에만 매몰되지 않고 사회적 책임도 함께 감당해야 함을 강조하고자 하였을 것이다. 그 의도는 좋고 또

---

178 박보경, "로잔운동에 나타난 전도와 사회적 책임의 관계", 25.

179 'whole'이란 용어를 영어사전에서 찾아보면 full(가득한), complete(완결된), important(중요한), not broken(깨지지 않은) 등의 의미로 나타난다. 즉 whole은 가득하고 완결되어 중요한 상태를 표현하는 용어라 할 수 있다. Sally Wehmeier, ed. *Oxford Advanced Learner's Dictionary of Current English*, 7th ed.(Oxford: Oxford University Press, 2005), 1743.

실제적으로 홍보 효과도 있었을 것이다.

그런데 '온전한 복음'이란 용어는 과거의 복음이 온전하지 못한 복음인 것처럼 오해될 소지가 있다. 즉 지금까지 전한 복음은 온전하지 못한 것처럼 오해되기 쉽다. 그런데 복음은 예수 그리스도의 은혜로 구원을 얻는다는 기쁜 소식 그 자체이지 거기에 온전한 복음이 있고 온전하지 못한 복음이 있을 수는 없다. 기독교가 전하는 복음은 인류가 죄인임에도 불구하고 오직 예수의 구원의 은혜로만 구원받을 수 있음을 강조한다. 선교는 바로 이 소식을 전하는 것이다. 물론 선교를 할 때 전하는 자들이 최대한 윤리성을 갖추어야 하고, 복음을 받는 자들의 환경을 고려하면서 그 상황을 개선하도록 노력해야 한다. 그러나 그런 요소는 복음 자체가 아니라 상황에 따라 달라지는 부수적인 것들로 복음의 본질이라고 볼 수는 없다.[180] 그런 점에서 온전한 복음이란 용어는 자칫 비본질적인 것들을 본질과 섞어서 본질을 흐리게 할 수 있는 위험성은 없는지, 또 위험성이 있다면 다른 대안은 무엇일지 등을 고민할 필요가 있어 보인다.[181]

---

180 마닐라 선언은 온전한 복음을 말하면서 "복음은 영적, 물질적으로 가난한 자 모두에게 복된 소식이 된다"(마닐라 선언, 2부 2항)는 점을 강조한다. 그런데 예수께서는 복음을 전할 때 그 대상들이 복음을 믿으면 가난의 문제가 해결되고 모든 고통이 끝날 것이라고 말씀하시지 않았다. 오히려 좁은 문으로 들어가고 좁은 길을 가야 한다고 말씀하셨다. 또한 예수를 왕으로 삼아 로마 식민 통치를 끝내고 강력한 복지 국가를 이루고 싶어 한 백성들의 요구를 거절하신 것을 보면 인간 사회의 물질 문제, 정치적인 억압 등을 해결하는 것이 복음의 본질이라고 보기에는 다소 무리가 있어 보인다. 구원을 받는다고 물질 문제, 정치적 억압의 문제가 꼭 해결되는 것은 아니기 때문이다. 안승오, 《예수께서 말씀하신 선교 주제 10가지》(서울: 북리바이벌, 2024), 151-153.

181 바울은 갈라디아인들에게 보내는 편지에서 예수를 믿어도 할례를 받아야 구원을 얻는다는 유대주의자들의 주장에 대해 "다른 복음은 없나니…"(갈 1:7)라고 말하면서 다른 복음을 전하면 저주를 받을 것이라고 강조한 바 있다(갈 1:8-9). 온전한 복음이란 용어가 그 좋은 의도에도 불구하고 바울이 말한 다른 복음으로 오해될 수 있는 소지는 없는지, 다른 대안은 없는지 등을 고민할 필요가 있어 보인다.

## V. 나가는 말

지금까지 로잔 제2차 대회인 마닐라 대회에서 채택된 마닐라 선언을 분석하면서 마닐라 대회의 의의를 평가해 보았다. 마닐라 선언은 로잔운동에 있어서 복음 전도의 우선성을 분명히 하면서도 사회적 책임을 균형 있게 붙잡으려 했던 적절한 선언이었다. 즉 로잔운동은 사회적 책임을 강조하면서도 복음의 우선성과 긴급성에 대한 입장을 가졌다는 점에서 중요하다. 이 세상의 모든 문제의 근원은 결국 하나님을 떠난 인간이 스스로 신이 되는 것으로부터 시작되기에, 그 모든 문제의 해결 역시 인간이 하나님과의 관계를 바로잡도록 만드는 것에 있다는 것이 성경의 일관된 가르침이다. 그런 점에서 교회가 세상을 섬기고 세상의 변혁을 위해 많은 일을 해야 하지만, 교회가 반드시 해야 하고 가장 잘할 수 있는 일은 여전히 세상의 근본적인 변혁의 동인인 복음을 전하는 일이다.

# 6. 제3차 케이프타운 로잔대회의
## 의의와 문서 이해 ─ 김은수

# Ⅰ. 2010년 케이프타운, 제3차 로잔세계복음화대회의 의의

'세계복음화로잔위원회'(LCWE)는 1974년 스위스 로잔에서 제1차 대회를 열었고, 1989년 필리핀 마닐라에서 제2차 대회를 개최한 후, 21년 만인 2010년에 제3차 로잔대회를 남아프리카공화국 케이프타운 국제회의장(Cape Town International Convention Centre)에서 10월 16일에서 25일까지 열었다.[182] 제3차 총회에는 전 세계 197개국 4,200여 명이 참석했으며, 이중 3분의 1이 여성이었다. 3차 대회는 21세기 첫 대규모 복음주의 대회로서 아프리카 특유의 문화가 유감없이 발휘되고 반영된 대회였다.[183]

## 1. 대회의 장소와 성격

대회 공식 이름인 'Cape Town 2010, The Third Lausanne Congress on World Evangelization'에서 보듯이 개최 장소는 대회의 전체 분위기를 주도했으며, 찬양, 무용, 연극, 연주 등 아프리카 특유의 리듬과 유연성을 유감없이 발휘했다. 당시 한국 로잔의 이종윤 대표는 "이번 로잔 3차 대회가 아프리카에서 모여서인지 아프리카인 특유의 문화를 담은 몸 찬양과 연극은 지나칠 만큼 현대 '열린 예배' 형태를 가감 없이 도입, 활용한 것처럼 보여 검토해 보아야 할 문제로 남아 있다"고 지적할 정도였다. 개회식에서 우간다 성공회의 헨리 오롬비 대주교는 "아프리카는 기적의 땅 위에 있다"고 환영하면서 아프리카의 변화에 다 함께 주목해 달라고 했다. 대회 장소인 케이프타운은 1806년 윌리엄 캐리의 제안이 대회 분위기를 이

---

182 제1, 2차 로잔대회는 김은수, 《현대선교의 흐름과 주제》, 270-276, 340-345. 여기 Ⅰ장은 필자가 2010년 10월 대회 참석 직후, 한국선교신학회 요청으로 12월 정기학술대회에서 "2010년 케이프타운 로잔 3차 대회의 의미와 과제"라는 제목으로 발표한 것을 수정 보완한 것이다. 〈선교신학〉 26(2011), 37-68 참조.

183 참석자 중 1,200명은 선교 지도자, 1,200명은 목회자, 1,200명은 학자들이었고, 한국에서는 필자를 비롯해 80여 명이 참석했다. 김은수, "2010년 케이프타운 로잔 3차 대회의 의미와 과제", 37.

해하는 데 중요한 요소가 된다.

### 1) 윌리엄 캐리의 제안과 케이프타운

케이프타운 대회가 지니는 의미를 세 가지 들 수 있다. 첫째는 1910년 에든버러 세계 선교대회를 기념하는 것이고, 둘째는 아프리카에서 처음 열리는 대회이며, 셋째는 윌리엄 캐리(William Carey)가 1810년 케이프타운에서 초교파 선교대회를 열자고 제의한 지 꼭 200년 만에 열리게 된 것이다.[184] 이 모두 대회 장소와 깊은 연관이 있다. 먼저, 에든버러 대회 100주년 기념은 윌리엄 캐리의 제안으로 장소는 바뀌었으나 꼭 100년 뒤 성취된 1910년을 기억하며 열린 것이다. 둘째, 1차 대회가 서구의 스위스 로잔에서 개최되었고, 아시아의 필리핀 마닐라에서 2차 대회가 열렸으며, 3차는 케이프타운에서 열림으로써 아프리카가 세계 선교의 중심에 서 있음을 의미한다. 셋째, 캐리가 제안한 바로 그 장소에서 200년 만에 열린 것이다.

2010년은 에든버러 세계 선교대회 100주년을 기념하는 대회가 세계 각국에서 여러 형태로 열린 한 해였다. 독일 교회는 2010년 6월 에든버러에서 열린 공식 기념 대회에 참여하기 위해 오랫동안 준비하였고 준비 문서도 발간했다. 그 문서는 세계에서 열린 4개의 대회를 에든버러 100주년 기념 대회로 소개하면서 2010년 케이프타운에서 열리는 로잔 3차 대회도 같은 성격으로 소개하고 있다.[185] 로잔 3차 대회의 문서도 이런 의미가

---

184 안희열 교수가 읽는 로잔운동(1), "[제3차로잔대회기획] 로잔운동의 역사적 배경", 〈크리스천투데이〉 (2010년 10월 6일자) jhlee@chtoday.co.kr. 참조.

185 독일 교회 준비 문서에서 지적한 4개의 기념 대회는 2010년 6월 에든버러에서 열리는 공식 기념 대회 외에도 2010년 10월 케이프타운 로잔 3차 대회, 2010년 5월 도쿄 대회, 2010년 11월 보스턴 대회, 2009년 5월 독일 대회까지 포함하나, 한국의 서울, 인천, 부산에서 열린 대규모 기념 대회는 전혀 소개되지 않았다. Evangelisches Missionswerk in Deutschland, *Weltmission Heute, Wege nach Edinburgh* (Hamburg, 2010).

있음을 분명히 했다.

윌리엄 캐리는 1789년 레스터(Leicester)의 하비레인(Harvey Lane)에 있는 한 침례교회의 목사가 되어 1793년까지 사역을 하면서 해외 선교에 대한 열정을 높여 갔다. 1792년 5월 30-31일 캐리는 24개 연합 교회 17명의 사역자들과 노팅엄(Nottingham)에서 선교협회를 구성하기 위한 모임을 가졌고, 그 후 10월 2일에는 케터링(Kettering)에서 이교도들에게 복음을 전할 침례교협회를 구성하기 위한 모임을 가진 뒤 다섯 명의 집행부를 선정했다.[186]

모라비안 선교사들에게 큰 감동을 받은 캐리는 이 모임에서 모라비안 선교(Moravian Mission)의 가장 최근의 정기보고를 제출했다. 그 보고서에는 서부 인도를 여행하면서 많은 열매를 거둔 세 명의 선교사가 벌인 그리스도인의 승리의 행진, 즉 수백 명의 흑인 성인들에게 세례를 베풀고 케이프타운의 희망봉을 행진하는 모습이 담겨 있다. 이때 마침 다른 세 명의 선교사와 선교사 역할을 한 135명의 형제들을 만나는 장면이 나온다. 여기서 크게 영감을 받은 캐리는 인도 사역을 시작한 지 13년 만인 1806년 5월 15일에 "1810년 전(全) 세계 여러 지역에서 사역하는 모든 개신교파의 선교사를 위한 전체 모임"을 케이프타운에서 개최하자고 제안했다.[187] 그의 제안은 놀랍게도 100년 후 에든버러에서 세계선교대회로 열렸고, 200년 후 그가 제안한 케이프타운에서 로잔 3차 세계선교대회가 개최되었다.

특히 1910년 세계선교대회 이래, 세계 기독교 중심의 큰 전환이 일어나고 있다. '로잔 서약' 전문(Preamble)은 이를 잘 표현하고 있다. "우리는 아

---

186 김은수, "1910년 에든버러 선교대회의 상황과 선교적 의미", 〈선교신학〉 24집 상권(2010), 43-47.
187 E. D. Potts, *British Baptist Missionaries in India, 1793-1837* (London: Cambridge University Press, 1967), 53.

프리카 교회의 놀라운 성장을 기뻐하고 아프리카의 형제자매들이 그리스도 안에서 이 대회를 유치하게 된 것에 감사한다."

### 2) 대회의 성격과 프로그램

로잔대회의 참여자들은 교회나 교권의 자격이 아닌 개인의 자격으로 참여할 수 있다. 이것은 회원교단의 대표들만 참석할 수 있는 '세계선교와 전도위원회'(CWME)보다 더 열린 모임으로서 로잔대회가 복음주의 선교 운동을 위한 선교적 에큐메니즘을 구현한 열린 대회라고 할 수 있다.

대회의 주요 프로그램을 보면, 매일 오전 성경 연구와 주제 강의가 있고, 이어서 테이블별로 자신들의 경험과 의견을 나누게 된다. 이 테이블 모임은 로잔 3차 대회의 가장 큰 특징 가운데 하나다.[188] 모든 참여자는 매일 아침 배정된 테이블에서 만난 다국적 대표 6명과 머리를 맞대고 에베소서를 읽으며 하나님의 은혜와 구원, 교회의 하나 됨을 묵상했다. 로잔 특유의 텍스트와 콘텍스트 형식에 맞춰 본문 강연도 하고 질문을 던지면 모든 테이블이 그에 관해 토의를 진행했다. 특히 하나님의 말씀을 다양한 세계에서 어떻게 선포할 것인지, 다른 신앙을 가진 사람들에게 어떻게 증거할 것인지를 중점적으로 토의하고 그룹별로 기도를 한다.

오후에 4개의 분과로 진행되는 멀티플렉스(Multiplexes) 모임에서도 반드시 한 사람이 아닌 여러 사람의 강연자가 나와 자신의 의견과 경험을 나눈다. 대회의 참여자들 각각의 관심사가 다양하듯 멀티플렉스는 본회의에서 다 다룰 수 없는 분야에 대한 전문화된 정보를 제공한다. 매일의 주

---

188 테이블 그룹(Table Groups): 제3차 로잔대회에 등록한 사람은 모두 테이블 그룹 번호를 제공받았다. 언어와 직업, 사역 분야, 관심사를 배려해 나눈 테이블 그룹에는 6명씩이 배당되었으며, 특별히 성별과 국적, 연령대가 다양할 수 있도록 구성했다. 모든 본회의 끝에 이뤄지는 토론 시간에 그룹의 멤버들은 주어진 질문을 놓고 함께 견해를 나누면서 작은 세계 교회를 경험했다.

제를 세분화해 4개의 이슈를 운영하는데, 원하는 세미나를 선택해서 들을 수 있다. 세계화, 빈곤, 기근, 환경, 양성평등, 기술과 윤리, 교육 문제 등을 다루는 총 24개의 세미나는 어떤 대회보다도 다양성과 포괄성을 보여주었다.

멀티플렉스에 이어 18일과 24일을 제외한 다이얼로그 세션(Dialogue Sessions)에서는 매일 자신의 경험과 의견을 나누고 개진했다. 또한 세계의 지도자들이 선정한 170여 개의 현안을 주제별로 배정된 장소로 찾아가 매일 1시간 반가량 토의했다. '소명으로서의 일의 가치', '동성애의 원인과 치유', '새로운 세대를 위한 영화 전도', '예술과 기독교적 사회변혁' 등 흥미로운 주제들이 많았다.[189]

저녁 전체 모임에서는 대륙별 혹은 지역별 선교 보고와 함께 각자의 상황과 경험을 나누었다. 이번 대회에서 가장 감동적인 사건은 둘째 날인 10월 18일 저녁 북한 출신인 손○○ 학생의 간증이었다. 18세의 손 씨는 세계 1위 박해 국가인 북한 땅에도 하나님이 여전히 역사하시고 있음을 증언했다. 손 씨의 아버지는 북한 공산당 요직에 있는 사람이었지만 예수 그리스도를 영접한 뒤 중국으로 넘어와 성경 공부를 인도하다가 체포돼 강제 북송되었다. 그는 다시 탈북에 성공하지만 북한 땅에 있는 동포들에게 복음을 전하기 위해 되돌아갔다가 결국 처형당했다. 아버지의 뜨거운 신앙을 옆에서 지켜본 손 씨는 간증 마지막에 "하나님은 여전히 북한 사람들을 아끼고 사랑하시기 때문에 여러분도 함께 기도해 달라"고 요청했다. 참석한 많은 사람들이 눈물을 흘리며 박수를 보냈다. 한치 앞도 알 수 없는

---

189 이외에도 21세기 신선한 증거 방법, 다원 세계와 세속 사회에서 효과적인 진리 제시 방법, 테크놀로지와 미디어 메시지, 국가들 간의 평화, 환경적 위기, 빈곤과 부, 지구촌화, 흩어진 백성에게 전도, 1/4의 잃어버린 백성(무슬림 힌두 불교인 등), 도시 선교, 그리스도를 닮은 신세대 지도자, 문자가 없는 4천만 종족들에게 복음 전도, 윤리, 기술, 인간 미래, 남녀 문제, 가난, 번영, 복음, 글로벌 시대의 지역 교회 리더, 선교에서의 성경, 미전도 아이들 등 다양한 주제들이 있었다.

한반도에서 하나님은 그의 선교를 계속하고 있음을 깨닫는 시간이었다.

전체 모임의 시작은 언제나 노래와 몸 찬양으로 분위기를 뜨겁게 달궜다. 프로그램에는 영상 자료가 잘 준비되어 있었고, 중요한 대목에는 젊은이들의 단막극이 공연되어 축제의 대회임을 실감케 했다. 하지만 남아공의 치안 상태가 세계적으로 우려할 만한 상태였음에도 국제회의장 밖에서 이루어지는 모임이 많았고, 때로 사전 공지가 안 되어 있거나 홍보 부족으로 길거리에서 우왕좌왕하는 경우도 있었다.

저녁에는 전체 모임을 통해 대륙별 선교 상황을 알렸는데, 특히 2차 로잔 때 참가하지 못한 나라들의 선교 보고가 있었다. 하지만 언어적인 문제로 한 지역이나 나라에 치우친 강의와 패널은 극복되어야 할 것이다. 영어를 모국어로 말하지 않는 나라를 위한 배려는 로잔 정신에 비추어 보아도 꼭 필요하다.

## 2. 대회의 주제와 내용

로잔 3차 대회의 주제는 고린도후서 5장 19절 말씀을 근거로 '그리스도 안에서 세상과 화해하시는 하나님'(God in Christ, Reconciling the World to Himself)으로, 우리가 속한 사회에서 예수 그리스도의 가르침을 어떻게 증거할 것인가를 집중적으로 토론했다.

일요일 저녁 개회식 후, 목요일을 제외한 월요일부터 다음 일요일까지 총 6일간 매일 요일별 주제가 제시되었다. 18일(월)에는 '진리(Truth): 다원화되고 세계화된 세계 속에서 그리스도의 증거', 19일(화)은 '화해(Reconciliation): 분열되고 파괴된 세계 속에서 그리스도의 평화를 구축', 20일(수)은 '세계의 종교(World Faiths): 다른 종교를 가진 이들에게 그리스도의 사랑을 증거하기', 22일(금)에는 '우선순위(Priorities): 우리 세기 안에 세계를 복음화하기 위해 하나님의 뜻을 분별하기', 23일(토)은 '통합(Integrity): 겸손과 통합, 단순함으로 그리스도의 교회를 하나로 모으기', 24일(일)은 '협력(Partnership): 새로운 세계의 균형을 위해 그리스도의 몸 안에서 협력하기'란 주제로 진행되었다.[190] 또한 대회가 열린 6일간 매일 4개씩 총 24가지 소주제를 가지고 멀티플렉스에서 90분씩 교회가 처해 있는 다양한 이슈를 복음주의적 관점에서 해석하고 토론했다.[191]

전체 주제인 '화해'는 대회 시작 후 사흘째 되는 화요일에 처음으로 전면에 부각되었다. 주제 강의에 나선 르완다(Rwanda)의 안토이니 루타이사이어(Antoine Rutayisire)는 1990년대 극에 달했던 르완다 학살 사건을 예로 들며 교회는 '화해의 복음을 전하는 대사' 역할을 해야 한다고 역설했다. 1991년 당시 르완다의 기독교인은 전체 인구의 89%에 달했다. 1901년 가톨릭 선교사를 통해 기독교를 받아들인 뒤 1930년대에는 강력한 부흥 운동이 일어났다. 이 부흥 운동은 주변 국가들 즉 우간다, 탄자니아, 케냐, 부룬디 등으로 크게 확산되었으나, 1959-1963년에 일어난 유혈 충돌 사태로 인해 멈춤이 되고 말았다. 유혈 충돌의 원인은 14%에 불과한 투치족이 85%의 후투족을 지배하는 데 대한 불만으로 후투족이 독립운동을 시작하면서 일어났다. 당시 르완다교회는 지배층인 투치족과 손을 잡고 성장을 거듭했으며, 르완다 정권의 인종차별 정책을 묵인하는 잘못을 저질렀다. 후투족의 불만은 1990-1994년 동안 '인종 청소'로까지 폭발했다. 루타이사이어는 "비극적인 르완다 현대사 속에서 기독교 복음은 부분적 선택적이었음을 말하지 않을 수 없다"고 지적하며 "당시 교회는 부족 간

---

190  대회 공식 핸드북 *Cape Town 2010, The Third Lausanne Congress on World Evangelization* (16-25 October 2010), Cape Town International Convention Centre, 30-33. 대회의 공식 핸드북은 7개 언어로 번역되어 배포되었고, 중요한 문서들도 각 언어로 번역되어 배포되었다.

191  오후에 펼쳐진 24개의 주제를 정리해 보면 선교 전략이나 전도 방법, 그 사례를 소개하는 것이 많다. 이를 통해 로잔대회의 주된 관심사가 어디에 있는지를 알 수가 있다. 대회 공식 핸드북 64 이하.

차별과 계층 간 왜곡, 사회 부정의를 바로잡기 위해 어떠한 메시지도 선포하지 않았다"고 비판했다. 그는 결론에서 "만약 우리가 속한 사회 안에 상처와 증오가 남아 있다면 교회가 비난하고 비평하는 것은 당연한 일"이라고 말하고 "교회는 화해의 복음을 선포하고 상처를 치유하는 실천을 보여 줘야 한다"고 강조했다. 또한 르완다의 후투족이나 투치족뿐 아니라 전 세계적인 지평에서 교회는 "흑인이나 백인, 이스라엘이나 팔레스타인, 남한이나 북한의 갈등을 치유하고, 화해의 복음"을 전해야 하며 "오직 주 예수 그리스도 안에서 거룩한 나라가 되도록 화해를 선포"해야 한다고 말했다.

이날 주제 발표에는 이스라엘과 팔레스타인에서 벌어지는 복음 운동 사례가 소개되었는데, 한 팔레스타인 출신의 발표자는 그리스도인으로서 자신의 부친을 죽인 이스라엘 군인을 용서하고 위안을 찾았다고 말했다. 또한 그 군인 역시 2차 세계대전 때 나치의 유대인 학살로 가족을 잃었는데 그런 점에서 일체감을 갖게 됐다고 했다.

로잔 3차 대회의 전체 주제인 화해는 전반적으로 충분히 다루어지지 못했다. 더글러스 버드솔 의장은 유승관 목사와의 인터뷰에서 화해와 연합(reconciliation and unity)이 어떻게 대회에서 강조되었는가에 대한 질문에 "사랑의교회가 로잔에서 소개한 18세 소녀가 우리 모두의 마음을 녹였다. 아마 로잔대회 참가자들은 북한을 생각할 때마다 소녀의 복음과 선교에 대한 열정을 기억할 것이다"고 말하면서 "하나님은 영성 깊은 무명의 18세 소녀를 북한의 최고 지도자보다 더 강하게 사용하실 수 있다"고 소망을 전하는 것으로 대답을 대신했다.[192]

---

192 "더글러스 버드솔 국제로잔의장에게 제3차 로잔대회 이후를 묻다" (2010년 10월 27일), kerneli@kmib.co.kr 참조.

'화해'(Reconciliation)에 대해 한국로잔 총무 김태연은 하나님과 인간의 화해를 추구하는 "복음주의자들의 열망은 언제나 화해하지 못하는 것에 대한 아픔과 동경으로 가득 차 있다"면서 "하나님이 친히 화해자로 오셔서 우리로 화목케 하심으로 우리는 화해의 대사가 이미 된 것이다. (그러므로) 이제는 화해를 실천하는 자가 되는 것이 중요하다"고 말했다. 그는 또한 우리가 화해하지 못하는 이유를 '제한된 비전'(limited vision)과 '제한된 속죄론'(limited atonement) 때문이라고 지적하면서 우리가 화해에 너무나 게으르다고 비판했다.[193]

한편, 더글러스 버드솔 국제로잔 의장은 개막식에서 "이 순간을 오랫동안 기다렸다"고 각국 대표단을 환영하면서 "다음 대회에는 전 세계 모든 미전도 종족에게 복음이 전해지도록 하자"고 말했다. 화해보다는 미전도 종족에 대한 강한 관심을 표명한 것이다. 여기서도 알 수 있듯이 '화해'에 대한 깊은 논의가 처음부터 부족했다. 이것은 같은 '화해'를 주제로 다룬 CWME 2005년 아테네 대회와 비교해 볼 필요가 있다.[194]

---

193 〈크리스천투데이〉(2010년 11월 10일자), 세계 CEO 전문인 선교회(대표 박형렬, 이하 WCPM) 주최로 열린 '세계 CEO 전문인 선교 2010 전문인 선교대상 시상식'에서 김태연 박사(한국로잔 총무, 전 명지대 교수)가 발제한 "로잔 1차에서 3차까지에 대한 선교적 해석학 - 로잔과 전문인 선교의 상관성을 향하여" 내용에서 인용.

194 1989년 산안토니오 CWME 이후 시작된 '화해'에 대한 논의는 1991년 캔버라 WCC 총회의 선교의 성령론적 통찰을 통해 더욱 구체화되었다. 특히 1998년 하라레 WCC 총회가 '폭력 극복의 10년: 화해와 평화를 추구하는 교회'(Decade to Overcome Violence: Churches Seeking Reconciliation and Peace, 2001-2010)를 선포한 이후 '화해'는 세계 교회의 가장 중요한 목표가 되었고, 2001년 CWME는 2005년 아테네 대회의 주제로 '화해와 치유'를 삼기로 결정했다. WCC ed., "You are The Light of The World", 김동선 역, 《통전적 선교를 위한 신학과 실천》, 149-196; 김은수, 《현대선교의 흐름과 주제》, 386-406.

## II . 2010년 케이프타운 서약과 로잔 문서 이해[195]

로잔대회는 각 총회마다 중요한 선교 문서를 채택했다. 1974년 1차 총회에서는 로잔 언약(The Lausanne Covenant: LC)을 채택했고, 1989년 2차 총회에서는 마닐라 선언(The Manila Manifesto: MM)을 채택했으며, 2010년 3차 총회에서는 '케이프타운 서약'(The Capetown Commitment: CTC)을 채택하면서 복음주의 선교의 중요한 흐름을 보여 주었다.

케이프타운 대회는 '신학적 확언'(theological affirmation)과 '선교적 우선'(missiological priorities)으로 구성된 '케이프타운 서약'(The Capetown Commitment)을 채택했다. 전자는 신학적인 지지 기반으로서 1, 2차 로잔에 기초하여 새롭게 교체되기보다는 21세기에 처한 여러 선교적 상황을 고려하여 추가한 것이고, 후자는 실천(action) 항목으로서 우선순위를 정하는 것이다. 즉 '향후 10년, 15년 동안 우리가 어떤 일을 어떻게 추진할 것인가'에 대한 것이다.[196] 이를 위해 지난 한 해 동안 크리스토퍼 라이트와 전 세계 신학자들이 초안을 만들었음을 밝힌 린지 브라운 국제총무는 케이프타운 서약의 구조는 하나님을 사랑하고 이웃을 사랑하라는 예수님의 두 명령에 대한 우리의 응답에 근거하며, 로마와 골로새 교회에게 바울이 설명한 교리와 신앙을 서신 형식에 따라 작성했다고 말했다.[197]

서약은 전문(Preamble)으로 시작하고 1부는 모두 10장으로 구성되어

---

195 II장은 "케이프타운 서약과 로잔문서의 선교적 성찰", 〈선교신학〉 50집(2018), 43-67에 게재된 논문을 수정 보완한 것이다.

196 인터뷰 "더글라스 버드솔 국제로잔 의장에게 제3차 로잔대회 이후를 묻다" (2010년 10월 27일자) 전문에서 제1, 2차 로잔대회의 유산을 명시했는데, 1차 로잔대회의 귀중한 선물은 로잔 언약과 미전도 종족에 대한 새로운 인식, 성경적 복음과 기독교 선교에 대한 통전적 성격에 관한 참신한 발견이고, 2차 로잔대회는 마닐라 선언과 전 세계에 300개 이상의 전략적 동반자 협력 관계를 형성한 것이다.

197 전문(全文)은 *The Cape Town Commitment, A Declaration of Belief and A Call to Action, Cape Town 2010*, The Third Lausanne Congress on World Evangelization, Draft Advance Copy.

있다. 전문은 로잔운동의 비전과 목표에 대한 헌신을 확인하면서 이 서약이 두 가지 의미를 갖고 있음을 말한다. 첫째, 제1차 로잔대회(1974)는 세계 복음화의 과제를 위해 소집되었고, 이 대회의 주요 선물은 LC이며, 1989년 마닐라 제2차 로잔대회는 세계 복음화에 있어서 300개 이상의 전략적 동반자 협력관계를 탄생시켰음을 상기시키며 이 과제에 지속적으로 헌신할 것을 말한다. 둘째, 로잔운동의 핵심 문서인 LC(1974)와 MM(1989)에 지속적으로 헌신할 것을 말하면서 이 문서들 가운데 나타난 다짐들에 충실하지 못했음을 고백한다. 하지만 끊임없이 변화하는 세계에서 영원한 복음의 진리를 표현하고 적용하는 방법을 인식하며 변화하는 실재들과 변화하지 않는 실재들을 비교한다.

변화하는 실재 가운데 가장 기쁜 사실은 제3차 로잔대회가 전 세계 그리스도인들의 3/4이 비서구인으로서 다수(majority)를 차지하는 현실에서 아프리카에서 개최된 것과 변화하는 세계에서 변화하지 않는 성경적 원리를 CTC에서 확인한 것이다. 즉 인간은 잃어버린 존재로서 비참한 상태에 있기 때문에 그리스도 없이는 희망이 없다. 따라서 복음은 기쁜 소식이며, 그리스도의 왕국이 도래하는 날까지 하나님의 선교에 참여하는 교회의 선교는 지속될 것이다.

### '케이프타운 서약'의 구조와 내용

CTC는 지금까지의 로잔 문서와 같이 두 부분, 즉 앞부분은 '신앙고백'을 10가지로 정리했고, 뒷부분은 고백에 따른 '행동 요청'을 6가지 이슈로 정리했다. 신앙고백은 대회 1년 전부터 전 세계 18명의 신학자들로 구성된 로잔신학위원회(Lausanne Theology Working Group, 위원장 Chr. Wright)가 작성했다. 행동 요청은 대회 3년여 전부터 의견 수렴을 거쳐 각 지역 담당

국제 부총무들이 협의회를 구성하고 지역 기독교 지도자들에게 교회가 직면한 주요 주제를 요청하여 제시된 것이다.[198]

### 1) 1부 우리가 사랑하는 주님을 위하여: 케이프타운 신앙고백

CTC 1부의 신앙고백은 사랑의 언어로 구성되어 있어서 1장에서 10장까지의 모든 제목이 '사랑한다'(love)로 되어 있다. 이 사랑은 주께 대한 신뢰와 순종과 열정으로서 LC에 나타난 "온 교회가 온전한 복음을 온 세상에 전하는" 복음화에 대한 사랑으로 표현된다. 즉 기쁜 소식으로서 온전한 복음에 대한 우리의 사랑, 하나님의 백성으로서 온 교회에 대한 우리의 사랑 그리고 온 세상에 대한 우리의 사랑이다. 사랑으로 표현된 이 신앙 서약은 삼위일체 하나님의 선교(Missio Dei)에 근거한다. 즉 우리를 향한 하나님의 사랑이 먼저 전제되며(1장), 우리가 사랑하는 하나님이 삼위일체의 각 위격으로 표현되고(2-5장), 그다음은 주제별로 하나님의 말씀, 하나님의 세계, 하나님의 복음, 하나님의 백성 그리고 하나님의 선교를 사랑한다고 서약한다(6-10장).

1장은 하나님이 우리를 먼저 사랑한 사실을 하나님의 사랑에서 흘러나온 '하나님의 선교'에서 찾는다. 즉 "하나님의 백성의 선교는 하나님에 대한 우리의 사랑과 하나님이 사랑하시는 모든 이들에 대한 사랑에서" 흘러나오기 때문에 "세계 복음화는 우리에 대한 하나님의 사랑과 우리를 통한 하나님의 사랑이 흘러넘치는 것"이라고 정의한다.[199] CTC는 로잔운동의 신학적 근거가 전 피조물을 사랑하시고 구원하시는 하나님의 선교이며, 이에 헌신할 것을 다짐한다.

---

198 로잔운동, 《케이프타운 서약: 하나님의 선교를 위한 복음주의 헌장》(서울: 한국기독학생회출판부, 2014), 9-10.
199 로잔운동, 같은 책, 21-23.

2장부터 5장까지는 하나님에 대한 사랑을 삼위일체적으로 표현한다. 2장 서두는 "아버지와 아들과 성령의 연합 안에서 하나님 홀로 창조자이며 지배자이며 심판자이고 세상의 구세주"라고 했다. 하지만 "하나님을 섬기기보다 맘몬을 섬기며 탐욕과 권세와 성공이라는 우상에 현혹된 혼합주의"와 "종교 다원주의의 압력에 굴복"하고 타협하려는 유혹을 경계해야 한다고 말한다.[200] 여기서 CTC는 존 스토트(John Stott)의 주장을 상기시킨다.

> 모든 선교적 동기들 가운데 최상의 것은 지상 대위임령(중요하기는 하지만)에 대한 복종도 아니고 소외되고 멸망하는 죄인들에 대한 사랑(특히 우리가 하나님의 진노를 숙고해 보면 그러한 자극은 강력하다)도 아니다. 오히려 그것은 예수 그리스도의 영광을 위한 열망, 불타는 열정적인 열망이다. 이러한 기독교 선교에 대한 최상의 목표 앞에 모든 무가치한 동기들은 사라지게 된다.[201]

혼합주의와 종교 다원주의, 타 종교와의 관계 앞에 놓인 선교의 위기를 존 스토트는 그리스도의 유일성에 근거한 기독론을 강조함으로써 극복하고자 했다. 이러한 기독론의 강조는 3장에서도 계속된다. 첫 문장이 "하나님의 아들 예수 그리스도를 통하여—그리고 길이요, 진리요 생명이신 그를 통하여서만—우리는 아버지인 하나님을 알고 사랑하게 된다"로 시작하며, '하나님 아버지'를 알고 사랑하게 되는 길 역시 '아들'을 통해서라고 했다.[202] 4장은 탄생에서 재림까지 '그리스도를 신뢰'하는 풍성한 표

---

200 같은 책, 25-26.

201 John Stott, *The Message of Romans*, The Bible Speaks Today (Leicester and Downers Grove: Inter Varsity Press), 53.

202 로잔운동, 《케이프타운 서약》, 29.

현으로 가득하다. 특히 '그리스도 한 분만을 통하여' 구원을 성취하실 뿐 아니라, "다른 이로써는 구원을 받을 수 없나니 천하 사람 중에 구원을 얻을 만한 다른 이름을 우리에게 주신 일이 없음이라"고 함으로써 그리스도의 유일성과 재림 신앙을 분명히 한다.[203]

5장은 성령을 사랑한다고 고백한다. 하나님의 선교는 곧 성령의 선교이며 바람과 같이 다양한 성령의 활동처럼 그의 선교 사역을 구체적이며 폭넓게 정의한다. 성령은 "하나님의 선교적 교회에 대한 생명과 능력을 불어넣는 선교적 아버지와 아들의 선교적 영이다". 성령의 사역에 참여하는 우리는 선교의 모든 차원들에 참여하게 되며, 이것은 "복음 전도 진리에 증거를 담지하는 것, 제자 삼기, 평화를 이루는 것, 사회참여, 윤리적 변혁, 창조 세계에 대한 돌봄, 악한 세력들을 제압하는 것, 악한 영들을 쫓아내는 것, 병자들을 치유하는 사역, 박해 가운데 고통을 참아 내는 것에 있어서 분명하게 나타난다"고 말한다.[204] CTC는 성령의 관점에서 하나님의 선교를 복음 전도와 사회적 책임을 포괄하는 총체적 선교로 이해한다.

6장부터는 각 주제가 하나씩 소개되는데, 크게 두 가지 주제로 분류된다. 6장의 '하나님의 말씀', 8장의 '하나님의 복음' 그리고 10장의 '하나님의 선교'는 하나님의 선교에서 선포되어야 할 말씀과 복음에 관한 것이며, 7장의 '하나님이 창조하신 세상'과 9장의 '하나님의 백성'은 말씀과 복음이 선포되는 대상을 말한다.[205]

6장은 먼저 하나님의 말씀을 사랑한다고 고백한다. 성경은 하나님의 인격을 계시하며 하나님이 세상을 창조하시고 구원하시는 이야기이며, 성경의 이야기는 무엇보다 하나님의 선교 이야기라고 말한다. 즉 "이러한

---

203 로잔운동, 같은 책, 32-33.
204 로잔운동, 같은 책, 36-38.
205 김은수, "2010년 케이프타운 로잔3차대회의 의미와 과제", 52.

전반적인 내러티브는 우리에게 분명한 성경적 세계관을 제공하며 우리의 신학을 형성"하는 "하나님의 선교에 대한 이야기"로서 "우리의 정체성을 규정하고 우리의 선교를 이끌며 마지막이 하나님의 손에 붙잡혀 있다는 사실을 확증한다". CTC는 성경의 권위를 높이 인정하며, 성경의 이야기가 하나님의 선교에 대한 거대한 내러티브임을 분명히 한다.

8장은 하나님의 복음을 사랑한다고 고백하며 로잔 3차 대회의 전체 주제를 언급한다. 하나님은 "모든 장벽과 반목을 넘어서 하나님과 믿는 자들의 화해와 그들 서로 간의 화해를 이루셨다. 또한 십자가를 통하여 하나님은 모든 피조물의 궁극적인 화해의 목적을 이루셨고… 그리스도 안에서 자신을 세상과 화해시키셨다"고 선언한다.[206] CTC는 시대적 요청에 따라 화해를 복음의 주요 내용으로 이해했다.

10장은 하나님의 선교를 사랑한다고 서약한다.

> 교회는 영원토록 하나님을 예배하고 하나님께 영광을 돌리며, 역사 안에서 변혁하는 하나님의 선교에 참여하기 위해 존재한다. 우리의 선교는 전적으로 하나님의 선교로부터 나오고 하나님의 창조 전반을 다루며, 그 중심으로서 십자가의 구속적인 승리에 근거한다.[207]

CTC는 교회적이고 구속사적인 관점에서 하나님의 선교를 이해하고,[208] 이를 기초로 복음 전도와 총체적 선교(holistic mission)로 나아가고 있다. "우리의 모든 선교에서 복음 전도와 세상에서의 헌신적인 참여가 통합되어야 하며, 이 둘은 모두 하나님의 복음에 관한 성경 전체의 계시가

---

206 로잔운동, 《케이프타운 서약》, 51-52.

207 로잔운동, 같은 책, 60.

208 하나님의 선교에 대한 복음주의 해석에 대해서는 김은수, 《현대선교의 흐름과 주제》, 126-130, 141-146,

명령하고 주도하는 일"이기 때문에 "우리가 세상을 무시한다면 세상을 섬기도록 우리를 보내시는 하나님의 말씀을 거역하는 것이다".[209]

　　이제 두 번째 주제인 복음이 선포되는 세상과 백성에 관해 살펴보자. 7장은 하나님이 창조하신 세상을 사랑한다고 말한다. '세상'은 선교의 패러다임을 바꾼 중요한 주제다.[210] CTC 역시 세상을 주제로 다루면서 먼저 "땅은 우리가 사랑하고 복종하는 하나님의 소유"라고 고백한다. 이러한 "땅은 주님의 것"(The Earth is the Lord's)이라는 선언은 1989년 CWME 제3분과의 주제이기도 하다.[211] WCC의 '창조 세계 보전운동'과 같은 맥락을 우리는 CTC에서 찾아볼 수 있다. "우리는 창조와 구속과 상속의 권리에 의해 그리스도께 속한 것들을 남용하면서 하나님을 사랑한다고 주장할 수 없다…. 창조 세계를 돌보는 것은 그리스도의 주 되심과 관련된, 복음 실천의 문제다."[212] 창조 세계가 선교의 영역임을 분명히 한 CTC는 가난한 자들과 고통받는 자들을 사랑하며 그들과 연대할 것을 선언하고, 가난한 자와 타 종교인에게 저지르기 쉬운 폭력적 선교를 단호하게 거부할 것을 고백한다.[213] 또한 사회악을 영적 전쟁의 차원에서 인식함으로써 사회적 책임 선교를 분명히 했다.

　　9장은 하나님의 백성을 사랑한다고 고백하며 연합할 것을 말한다. "제자들에게 내리신 서로 사랑하라는 예수님의 명령은, 그들이 하나 되게 해 달라는 그분의 기도로 연결된다. 계명과 기도는 둘 다 선교적이다. '너희가 내 제자라는 것을 세상이 알게 될 것'이며, '당신(아버지)께서 나를 보

---

209 로잔운동, 《케이프타운 서약》, 61-62.
210 에큐메니컬 선교는 전통적인 하나님 교회 세상의 패러다임(교회가 세상 위에서 하나님을 대신하는 중세의 로마가톨릭과 정교회)을 하나님 - 세상-교회로 바꾸었다. 김은수, 《현대선교의 흐름과 주제》, 128. 230.
211 김은수, 같은 책, 336-337.
212 로잔운동, 《케이프타운 서약》, 44.
213 로잔운동, 같은 책, 46-49.

내신 것을 세상이 알 것'이다." 즉 복음 안에서의 연합은 하나 됨의 증거가 되며 그리스도가 온 세상에 증거 되는 하나님의 선교에 기여하는 것이 된다.[214]

### 2) 2부: 우리가 섬기는 세상을 위하여: 케이프타운 행동 요청

CTC 2부의 행동 요청—온 세상(A, B), 온전한 복음(C, D), 온 교회(E, F)—6개 항목은 MM(1989)의 2부—온전한 복음(the whole Gospel), 온 교회(the whole church), 온 세상(the world)—12개 항목과 같지만, 그 순서는 세상이 가장 뒤에 있다가 가장 앞으로 바뀌었다. 그만큼 로잔이 세상에 책임 있는 자세로 임한다는 의지를 나타낸다.[215]

먼저, '온 세상'은 "다원주의적이며 세계화된 세상 속에서 그리스도의 진리를 증거하기"(A)와 "분열되고 깨어진 세상 속에서 그리스도의 평화를 이루기"(B)로 구성되어 있다. 이 세상을 '다원주의'와 '세계화'로 규정하고 이것이 세상을 분열시키고 평화를 깨뜨린다고 본다. CTC는 상대방을 존중하는 오늘날의 다원화된 사회와 "포스트모던적이며 상대주의적인 다원주의"를 구분한다. 절대 진리를 인정하지 않는 포스트모던의 다원주의는 아이러니컬하게도 "절대적 진리가 존재하지 않는다는 것을 절대적 진리"로 주장하고 있기 때문이다.[216] 이러한 세상 속에서 우리가 그리스도의 제자로서 그리스도의 진리를 증거하기 위해서는 복음을 말로만이 아니라 '예수님의 얼굴'이 되어 삶의 '행위'로 살 것을 요청한다. 그리스도인은 '삶 전체가 사역의 영역'이라는 '총체적 선교'(holistic mission)를 분명

---

214 로잔운동, 같은 책, 55-56.
215 MM의 정리와 해석은 김은수, 《현대선교의 흐름과 주제》, 342-345.
216 로잔운동, 《케이프타운 서약》, 69.

히 했다.[217]

세계화는 미디어, 예술, 과학 그리고 새 기술로 집약된다. 정보화 사회에서 미디어의 활용은 선교에 필수이기 때문에 '성경 세계관의 맥락에서' 창조적 통합적 활용을 주문한다. 즉 다양한 예술과 과학, 기술을 복음의 진리 전파에 선용할 필요가 있다. 이를 위해 신학교는 이러한 분야를 교육과정에 포함시켜 새로운 기술에 대한 기독교적 비평 능력을 갖도록 해야한다.[218] 이러한 인식은 과거 복음주의가 세상과 교회, 과학과 신학을 이분법적으로 구분하던 것에서 벗어나 변화하는 사회 속에서 기독교의 적극적인 역할을 찾는 '상황화 선교'(contextualization mission)로 나아가고 있음을 보여 준다.

CTC의 2부 B항은 그리스도가 십자가로 하나님과 인간, 유대인과 이방인의 화해를 이루었다고 선언한다. 이러한 화해는 정의에 근거하여야하며, 진정한 화해가 없는 평화는 결코 없다고 주장한다. 특히 오늘날 이슈가 되고 있는 종족 갈등과 인종차별은 하나님의 창조 세계에 역행하는 것임을 천명한다. CTC는 이러한 불의에 참여한 것을 회개하고 정의에 기초한 평화를 위해 헌신할 것을 요구한다. 또한 노예제도와 인신매매 등 사회 불의에 대해 예언자적인 태도를 가질 것과 장애, 에이즈 등으로 차별받는 것을 고발할 것을 요청한다.[219] 이러한 CTC의 '화해' 이해는 2005년 아테네 CWME의 '화해'와 맥을 같이한다.[220]

다음으로 '온전한 복음'은 "타 종교인들 속에서 그리스도의 사랑을 실천하기"(C)와 "세계 복음화를 위한 그리스도의 뜻을 분별하기"(D)로 구성

---

217 로잔운동, 같은 책, 68-72.
218 로잔운동, 같은 책, 72-77.
219 로잔운동, 같은 책, 78-90.
220 김은수,《현대선교의 흐름과 주제》, 396-400.

되어 있다. CTC는 복음이 타 종교인을 포함한 모든 이웃을 위한 것임을 전제하고, 복음 전파가 비열한 개종 활동이 아니라 그리스도의 사랑을 실천하는 것이기 때문에 강요, 편견, 공포(phobia)에 의한 전도나 폭력 선교를 반대한다. 또한 모국을 떠나 세상 곳곳으로 흩어져 사는 수억의 '디아스포라'(diaspora)를 주목하며 이들을 통한 하나님의 선교적 기회를 인식하고 전략을 수립할 것을 권고한다. 오늘날 종교적 자유는 기본적 인권임을 인식하고 선한 시민으로서 모든 사람의 종교적 자유를 위해 일할 것을 요구하며 '타 종교인들과의 대화'가 선교의 의미 있는 활동임을 확언한다.[221]

CTC는 복음이 무엇보다 '미전도'(unreached) 종족들에게 긴급한 것임을 천명한다. 미전도 종족에 대한 선교는 그간 로잔운동이 가장 크게 기여한 영역 가운데 하나다.[222] 이들에 대해 CTC는 다섯 가지 도전을 한다. 먼저 이들의 현실을 외면한 것을 회개하고, 성육신적 사랑과 희생적 봉사의 삶으로 헌신을 새롭게 하며, 성경 번역을 서둘러야 할 뿐 아니라 문자가 없는 이들을 위해 '구술문화'를 적극 활용하는 것이다. 또 세계 인구의 절반 이상이 거주하는 '도시'와 복음의 취약 계층인 '어린이'를 위한 노력을 강력히 요청한다.[223]

끝으로 '온 교회'는 "그리스도의 교회가 겸손과 정직과 단순성을 회복하기"(E)와 "선교의 하나 됨을 위해 그리스도의 몸 안에서 동역하기"(F)로 구성되어 있다. 먼저 교회는 성도들의 모임으로 이해되며, 에베소서에 근거하여 다섯 가지 '걸어가기'로 표현한다. 첫째, '하나님의 새로운 인류로

---

221 로잔운동, 《케이프타운 서약》, 91-100.

222 이들에게 현재까지 복음을 전하려고 시도한 교회나 선교단체가 없다는 점에서 '미접촉'(unengaged) 종족이라고도 한다. 로잔운동, 같은 책, 101-104.

223 특히 폭력, 착취, 노동, 인신매매, 매춘, 성차별, 인종차별, 유기, 어린이 학대 등에 적극 대항할 것을 주문한다. 로잔운동, 같은 책, 101-111.

서 구별되어 걸어가기'는 이 세상의 많은 우상들로부터 구분되어 성경적이고 윤리적인 삶으로 선교하는 것이다. 둘째, '문란한 성행위의 우상을 거부하고 사랑 안에서 걸어가기'는 교회 안에서 열린 대화를 나누되 죄를 분명히 가르치고 죄인에 대해서는 긍휼함으로 가르치는 것이다. 셋째, '권력의 우상을 거부하고 겸손으로 걸어가기', 넷째, '성공의 우상을 거부하고 정직함 가운데 걸어가기'에 이어 끝으로, '탐욕의 우상을 거부하고 검소함 가운데 걸어가기'에서는 '번영 복음'의 심각성을 경고하며 영적 복지와 물질적 복지를 포함한 총체적(holistic) 시각에서 성경적인 복음을 고백하며 가르칠 것을 요청한다.[224]

다음으로, 그리스도의 몸으로서 교회 이해는 그리스도를 머리로 하고 성도들은 그 지체를 이룬다는 바울의 가르침에 근거한다. 그리스도의 몸으로서 교회는 먼저 하나가 되어야 하며, 인종, 교파, 신학을 넘어서 세계 선교를 위해 동반자가 되어야 함을 강조한다. 특히 남자와 여자는 하나님의 형상대로 창조된 동등한 관계이며, 여성 안수와 관련하여 경건한 여성들을 소중히 여길 것을 권면한다.

끝으로 신학교육과 선교를 다룬다. 교회의 선교는 하나님의 선교를 섬기고 신학 교육은 교회의 선교를 강화해야 한다. 신학 교육의 목적은 목사-교사들이 하나님의 진리의 말씀을 신실하게 가르치도록 훈련하는 것과 모든 문화적 상황에서 하나님의 진리를 바르게 전하는 선교적 사명을 성취하도록 구비하는 데 있다. 신학 교육은 본질적으로 선교적이기 때문에 의도적으로 선교적인 교육이 되게 할 필요가 있다. 왜냐하면 신학은 교회의 선교에 봉사하기 위한 것이기 때문이다. 이를 위해 교육기관들의 커

---

224 로잔운동, 같은 책, 112-120.

리큘럼, 조직, 정신에 대한 '선교적 검증'을 촉구한다.[225]

    CTC는 교회의 선교가 하나님의 선교(Missio Dei)를 섬긴다는 분명한 선교 신학을 정립하고, 신학교육 역시 선교적 교육으로 이해하는 폭넓은 하나님의 선교를 지향함으로써 교회 일치에 기여할 수 있는 신학적 기반을 마련했다.

---

225 로잔운동, 같은 책, 121-128.

# 7. 제4차 로잔대회의 의의와
## 선교학적 주제 — 최형근

## Ⅰ. 들어가는 말

로잔운동 50주년을 맞아 제4차 서울-인천 로잔대회가 2024년 9월 22-28일 인천 송도컨벤시아에서 개최되었다. 대회 현장에는 전 세계 200여 개국에서 5,400여 명이 참여했고, 온라인(virtual participants)으로도 100개국 2천 명이 넘게 참여했다. 국제로잔 운영팀과 해외 자원봉사자 494명, 한국준비위원회 실무팀 그리고 국내 자원봉사자 1,600명 이상이 대회 운영을 위해 섬겼다. 특히, 한국 개신교 선교 140년을 맞은 해에 미국 선교사들이 첫발을 내디딘 인천에서 로잔대회가 개최된 것은 한국 개신교 역사에서 중요한 의미를 지닌다. 대한민국 정부의 재정 지원과 인천 광역시의 긴밀한 협조 그리고 한국 교회를 대표하는 한국교회총연합회의 협력으로 대회가 성공적으로 마무리되었다.

제4차 로잔대회가 한국에서 개최된 배경은 로잔운동이 지닌 운동으로서의 독특성과 급속하게 변화하는 세계적 상황에 기인한 바가 크다. 이 글은 지난 50년간 발전한 로잔운동의 정신, 역사, 신학의 연장선에서 제4차 로잔대회의 의의와 대회 문서들이 제시하는 선교학적 주제들을 다룬다. 특히, 제4차 로잔대회의 주제, 신학 문서 작성 배경 그리고 신학 문서들이 내포하는 선교적 함의를 다루고 로잔운동의 미래를 전망할 것이다.

## Ⅱ. 제4차 로잔대회 한국 개최의 의의

로잔운동 역사에서 이번 제4차 로잔대회가 대한민국에서 열린 것은 국가적, 역사적, 조직적, 교회적 그리고 선교적으로 다양한 의미를 지닌다. 첫째, 70년이 넘는 남북분단으로 인한 민족의 아픔이 서려 있으며 여전히 갈등과 분쟁 상태에 놓여 있는 한반도의 인천에서 제4차 로잔대회가 열린 것은, 무엇보다 국가적으로 중요한 의미를 지닌다.

둘째, 로잔대회가 한국에서 열린 것은 한국 교회와 세계 교회가 복음의 능력을 통한 화해와 통일을 기도하고 염원하는 협력의 장으로서 의미가 있으며, 또한 전 세계에 남북한의 갈등과 고통의 역사를 상기시키는 기회이기도 하다. 서울 선언(6장 86항)은 남북으로 분단된 한반도에 그리스도의 평화의 빛이 임하고 한민족으로 하나가 될 것을 기도하며, 북한의 인권 침해와 기독교 박해가 종식되고 자유롭게 복음이 전파되는 날이 오게 되기를 세계 교회가 기도할 것을 요청한다.

셋째, 로잔대회의 준비 과정은 이전 세 차례의 대회들과는 다른 특징을 갖고 있다. 한국준비위원회의 구성은 이전의 한국 교회가 대규모 연합집회나 국제적인 대회를 유치할 때 취하던 방식과는 달랐다. 기존의 방식은 주요 교단과 교회들을 중심으로 임원과 위원을 선정하여 홍보하고 필요한 기금을 모금하는 방식이었다. 그렇다 보니 교단과 교회 혹은 선교단체를 안배하는 과정에서 필요 이상의 인적 자원이 넘쳐 나고 경쟁을 유발하며 갈등을 겪는 경향이 있었다. 그러나 한국로잔위원회는 겸손과 정직과 단순함(Humility, Integrity, Simplicity, HIS)이라는 로잔 정신에 따라 준비위원회를 단순하게 구성하고 성경적인 모금 원리(기쁘게, 즐겁게, 자원하여)에 따라모금 계획을 세웠다. 정부 지원금과 준비위원회 모금은 인천 송도컨벤시아 전관 대여, 참가자를 위한 식사와 교통편 그리고 방송 장비 등을 위해 사용했다. 국제로잔위원회는 참가자 등록비와 국제로잔 자체 모금을 통해 지난 4년 동안 한국준비위원회와 함께 대회를 준비했다. 국제로잔과 한국준비위원회의 긴밀한 협업은 음식, 교통편, 미디어 등에서 참가자들로부터 높은 평가를 받았다. 또한 대회 프로그램의 찬양을 담당한 미국의 게티 밴드(Getty Band)와 한국의 아이자야 씩스티원(Isaiah 6tyone)의 협업은 참가자들에게 깊은 인상을 주었다.

넷째, 이번 대회는 한국 단독으로 대회를 유치한 것이 아니라, 한국 교회와 아시아 교회가 공동초청위원회를 구성하여 함께 대회를 준비했다. 세계 선교의 중심이 서구에서 비서구 다수 세계(Majority World)로 이동한 가운데 치러진 이번 대회는 이전 대회와는 달리 다수 세계 지도자 중심으로 프로그램위원회와 신학위원회가 구성되었으며, 대회 여러 분야의 발표자 구성에서도 아시아, 아프리카, 남미가 다수를 이루었다. 한국로잔위원회는 국내외 참가자들을 위해 장학금을 모금하여 참가비 일부를 지원했을 뿐 아니라, 경제적으로 어려운 아시아 지역의 참가자들을 위한 지원금을 후원했다. 이러한 한국로잔위원회와 한국준비위원회의 협력 정신은 아시아 교회와의 연대와 협력을 촉진했고, 미래의 선교 협력에 중대한 영향을 미칠 것이다.

다섯째, 한국 교회는 현재 한국 교회가 겪고 있는 침체와 대사회적 공신력 약화에 대해 로잔대회를 통렬한 자기반성의 기회로 삼았고 세계 교회와 함께 우리가 직면한 이슈들을 나누었다. 대회 기간 중 26일(목) 저녁에 올린 총체극(영상, 상황극, 내레이션 등) '한국 교회의 열두 돌'(The Twelve Stones of the Korean Church)은 한국 교회의 선교 역사를 알리며 참가자들에게 깊은 감동을 주었다. 총체극은 성경(여호수아 4장)의 '길갈의 열두 돌'이 주제로서 후손들에게 선조들의 과거 신앙의 행적을 교훈하기 위한 역사적 사건이나 인물(1907년 평양 장대현교회 부흥 운동과 길선주, 서상륜, 유관순, 주기철, 손양원, 문준경, 한경직 등)을 상징하는 열두 개의 물건을 통해 한국 선교 140년의 역사를 장대하게 펼쳐 냈다. 600여 명의 한국 교회 참가자와 관람자 그리고 시청자들은 이 총체극을 통해 140년을 맞이하는 한국 개신교 선교 역사를 기억하고 돌아봤을 뿐 아니라 감사하는 동시에 현재를 반성했고, 더불어 미래의 소망을 위해 세계 교회의 참가자들과 함께 기도했다.

여섯째, 제4차 로잔대회 공식 문서인 서울 선언(Seoul Statement)은 3년간의 준비 과정을 통해 작성되었다. 서울 선언은 로잔신학위원회(Lausanne Theology Working Group) 공동위원장인 남아공의 빅터 나가(Victor Nakah)와 스리랑카의 아이보 푸발란(Ivor Poobalan) 박사를 중심으로 33명의 신학자가 공동으로 참여해서 작성했다. 서울 선언을 작성할 때 가장 기본적인 원칙은 역사적인 로잔 언약(Lausanne Covenant)과 마닐라 선언(Manila Manifesto) 그리고 케이프타운 서약(Cape Town Commitment)의 핵심 주장을 반영한다는 것이었다. 로잔 신학을 가장 설득력 있게 설명하는 원리는 '경계 내에서 폭/넓이'(breadth within boundaries)다. 경계는 로잔 신학 문서가 강조하는 '성경의 권위와 능력'과 '예수 그리스도의 유일성과 보편성', 즉 불변하는 복음의 본질(essence of the gospel)이다. 이 범위 내에서 복음의 본질을 문화적 형식에 담아내려는 시도가 지난 50년 동안 실현되었고, 이러한 노력이 세계 선교의 전략과 실천을 가능하게 만들었다.

일곱째, 제4차 로잔대회를 준비하는 과정은 한국 교회의 영적 갱신과 개혁을 위한 교두보를 제공했다. 한국준비위원회는 2023년부터 714(대하 7:14) 기도 운동을 전국적으로 확산했다. 아론과 훌 프로젝트로 불리는 중보기도 연합운동은 로잔대회에 참가하는 200개 나라를 품고 기도하는 '한 나라 품는 기도 운동'과 '한국 교회와 로잔대회를 위한 매일 기도'로 진행되었다. 2023년 7월 14일 대회 장소인 컨벤시아에서 개최된 714 중보기도 집회에는 1만여 명의 성도가 참여하여 대회를 위해 뜨겁게 기도했으며, 2024년 7월 14일(주일), 전국의 100개 지역 교회가 참여하는 중보기도 집회는 CGN을 통해 생방송으로 중계되어 한국 교회에 로잔대회를 알리는 계기가 되었다. 대회 기간 중에도 중보기도가 계속되었는데, 4,888명(33개 교회 참여)이 대회 장소와 인천 온누리교회에 모여 오전 9시에서 오후 9시까지 12시간 릴레이 연합 중보기도회를 가졌다. 이와 함께 목회자들을 중심으로 대회의 오전 성경 강해 주제인 사도행전을 읽고 설교로 연결하는 사도행전 공동체 성경 읽기와 공동 설교 프로젝트를 진행했다. 이는 초대교회와 종교개혁 전통에 근거한 성경 참여(Bible engagement)로서 오로지 기도와 말씀에 집중하고 복음을 전한 초대교회의 모습을 닮으려는 노력의 일환이었다. 2023년 말에 시작된 '사도행전 공동설교를 위한 말씀 네트워크' 운동은 '액츠나우'(ACTS NOW) 앱이 제공하는 사도행전 주해와 적용, 사례 등의 콘텐츠를 통해 500개 교회 목회자와 평신도가 참여하여 2024년 한 해 동안 사도행전으로 강단을 풍성하게 했다.

여덟째, 현재 지역 교회들은 청년 세대의 탈교회화 현상으로 인해 미래의 희망을 잃어 가고 있다. 이런 상황에서, 제4차 로잔대회는 청년 세대를 위한 선교적 디지털 플랫폼과 복음적 신학 콘텐츠를 제공하는 중대한 계기가 되었다. 세 번(1987, 2006, 2016년)에 걸쳐 개최된 청년 세대 모임(Younger Leaders Gathering, YLG)은 미래의 세계 복음주의 선교를 위한 중요한 교두보를 제공했다. 2026년 12월 제4회 청년 세대 모임(브라질 상파울루 근교)을 앞두고 이번 대회의 모든 참가자가 협업 행동 헌신서약(Collaborate Action Commitment)을 하고 2050년까지 세계 선교를 위해 청년 세대를 동원하는 운동을 시작했다. 이는 아프리카와 남미, 아시아의 기독교 인구가 증가하는 상황에서 중요한 의미를 지닌다. 저출산 초고령 사회의 한국 교회가 직면한 성장 침체와 기독교의 대사회적 공신력 약화 그리고 교회를 떠나는 청년 세대의 문제와 탈종교 현상의 심화 등에 대한 해결의 실마리를 로잔 청년 선교 운동을 통해 찾을 수 있을 것이다.

지난 50년 동안 세 번의 로잔대회를 통해 나온 신학 문서의 작성 과정은 상황에 따라 약간의 차이가 있다. 서울 선언의 핵심 자료는 글로벌 차원의 공청회 자료와 대위임령 현황 보고서를 통해 준비되었다. 2021년부터 로잔운동의 12개 지역에서 예수 그리스도의 대위임령 성취를 위한 도전(gaps)과 기회(opportunities)에 관한 광범위한 공청회(listening call)가 진행되었다. 공청회 과정은 광범위한 리서치와 데이터 분석을 통해 세계 교회가 복음의 선교적 돌파를 위해 당면한 주제들을 확인하고 복음 증거를 위한 기회를 포착하기 위한 선교 전략을 제시했다(로잔주제연구보고서, LOP 71-73).[226] 국제로잔공청회 연구팀은 근거이론(ground theory)에 기반한 연구조사를 수행하여 핵심 주제들을 도출했다. 공청회 분석 자료를 근거로 제4차 로잔대회를 위한 대위임령 현황 보고서(The State of the Great Commission Report)가 작성되었다.[227]

지금부터 2050년(From Today to 2050)을 전망하는 이 보고서는 교회의 선교에 영향을 미칠 10가지 주요 질문을 제시한다. 150명의 전 세계 선교 전문가들이 저자로 참여하여 작성된 이 보고서는 40개의 주제를 다루고 있으며, 세계 기독교 선교의 현재 상태(제1부), 상황 변화(제2부) 그리고 12개 지역의 고려 사항(제3부)으로 구성되었다. 또한 선교학자, 선교 실천가, 일터의 그리스도인이 제기하는 신학적 성찰과 실천적 견해가 통합된 신학적이고 선교의 전략적 내용을 담고 있다. 이 보고서는 대회 전에 로

---

226 제4차 로잔대회를 위한 공청회(listening call) 문서는 다음과 같다. 로잔주제연구보고서(LOP) 71 복음주의 교회의 글로벌과 로컬 간의 상호작용, LOP 72 세계 선교의 현실 참여, LOP 73 글로벌 복음주의 선교를 위한 7가지 도전, https://lausanne.org/occasional-papers 참조.

227 대위임령 현황 보고서 한글 번역본은 로잔 웹사이트를 참조하라. https://lausanne.org/ko/report.

잔 웹사이트에 공개되어 제4차 로잔대회에서 25개 그룹 주제를 위한 핵심 자료로 활용되었다. 로잔운동의 비전을 신학적으로 제시한 서울 선언문, 대위임령 현황 보고서 그리고 대회 기간 오후에 다룬 25개의 주제(25 Collaborate Session Gaps)는 다수 세계에서 선교 운동을 촉진하기 위한 다중심적 선교와 다중심적 선교 자원의 동원과 밀접하게 연관된다.

### 1. 로잔운동의 비전과 주제

2024년 제4차 로잔대회를 앞두고 로잔운동의 네 가지 비전이 제시되었다. 그 내용은 로잔운동의 정신과 로잔 신학의 총체적 성격을 담고 있다. 1) 모든 사람을 위한 복음(The Gospel for every person) 2) 모든 사람과 지역을 위한 제자 삼는 교회(Disciple-making churches for every people and place) 3) 모든 교회와 사회 영역을 위한 그리스도를 닮은 지도자(Christlike leaders for every church and sector) 4) 사회문화의 모든 영역에 미치는 하나님 나라의 영향력(Kingdom impact in every sphere of society)이 그것이다.

지난 50년간 로잔운동의 순례 여정을 신학적 언어로 표현한다면, 복음의 본질에 근거하여 교회의 본질적 성격을 규정한 성경적 교회론(혹은 선교적 교회론)이라고 평가할 수 있다. 이러한 로잔 신학의 특성을 담아내기 위한 노력이 제4차 로잔대회의 주제에 잘 나타난다. '교회여, 함께 그리스도를 선포하고 나타내자!'(Let the Church Declare and Display Christ Together!)라는 대회의 표어를 가장 명료하게 보여 주는 성경은 사도행전이다. 구약의 하나님 백성과의 역사적인 연계성 가운데 신약 교회의 정체성은 성육신하시고 십자가에 달리시며 부활하셔서 인류의 소망이 되신 예수 그리스도를 열방 가운데 밝히 드러내고 높이며 예배하는 초대교회의 기독론적 정체성(Christological identity)이다. 하나님의 선교에서 그 중심은 예수 그리스도의 십자가와 부활이며 이는 교회가 하나님의 선교에 참여해야 할 당위성을 제시하고 교회의 정체성을 규정한다. 기독론에 근거한 선교는, 선교의 삼위일체적 성격을 분명하게 확증한다.

제4차 로잔대회의 주제를 선정하는 과정은 로잔 신학이 주장하는 복음과 구원의 총체적 성격을 담아내려는 세계 복음화를 위한 과업과 관련된다. 대회 주제에 관한 논의는 2023년 초에 시작되었다. 처음 제시된 주제는 '교회여, 함께 그의 나라를 선포하자'(Let the Church Declare His Kingdom Together!)였다. 그러나 12개 지역에서 문제 제기가 있었다. 특히 다수 세계 지도자들은 '왕국'(Kingdom)이라는 단어가 서구의 기독교 왕국의 뉘앙스를 풍기고 제국주의와 식민주의 선교를 상기한다는 점을 지적했다. 가장 큰 문제는 '선포'다. 이 단어는 말로 하는 선포와 복음 전도만을 강조한다는 점을 내포하고 있다. 로잔운동의 정신과 신학이 주창하는 말과 행위(word and deed)를 통합하는 총체적 선교를 표현하기 위해서는 행위와 삶을 내포하는 단어를 추가해야 한다는 다수의 의견이 제기되었다. 또한 로잔운동에서 여성 리더십의 역할 증가와 여성 참가자 수가 증가하는 상황에서, His라는 남성 대명사의 사용이 적절하지 않다는 주장도 제기되었다. 따라서 지난 50년간 로잔운동이 복음 전도와 그리스도인의 사회적 책임 간의 우선순위(priority 혹은 primacy) 논쟁을 해소하고 복음의 총체적 차원(holistic dimension of the Gospel)을 재차 강조하기 위해 복음의 선포와 복음의 행함을 통합하는 용어를 주제에 담았다.[228]

이러한 관점에서, 대회 주제에 나타난, 그리스도의 탁월성과 궁극성

---

[228] 로잔 신학 문서에 나타난 복음의 총체성에 관하여는, 로잔 언약 제4장(복음 전도의 본질)과 제5장(그리스도인의 사회적 책임)을 참조하라. 또한 케이프타운 서약 1부 7장(우리는 하나님의 세상을 사랑한다)과 제10장(우리는 하나님의 선교를 사랑한다)을 참조하라. 로잔운동, 《케이프타운 서약: 하나님의 선교를 위한 복음주의 헌장》, 최형근 역 (서울: IVP, 2014).

은, "하늘과 땅의 모든 권세를 주신"(마 28:18) 하나님 아버지의 구속적 경륜에 드러난다. 교회의 모든 선교적 행위는 '그리스도의 주 되심'(Lordship of Christ)으로 수렴되어야 한다. 그렇지 않을 때, 교회는 자신의 행위로 구원을 저울질하는 자기 중심성의 함정에 빠지며, 소위 '공로 신앙'이라는 덫에 걸리게 된다. '교회여'라는 부름은 로잔운동이 '선교를 위한 교회의 일치와 연합'을 추구하는 선교 운동임을 보여 준다. 로잔대회 프로그램위원장인 패트릭 펑(Partick Fung)은 그 의미를 다음과 같이 기술한다. "우리는 제 4차 로잔대회를 통해 세계 교회가 모든 국가, 사회의 모든 영역과 사상의 영역에서 예수 그리스도와 그분의 모든 가르침을 증언하기 위해 더 깊고 풍부한 협력과 협업이 필요하다는 긴박감을 느껴야 한다. 이번 대회를 통해 우리는 세계 교회의 목소리를 듣게 될 것이다. 우리는 하나님이 오늘날 전 세계 교회가 함께 협력하여 우리 세대에 하나님의 목적에 부합하는 현명한 행동을 형성하도록 초대하고 있다고 믿는다."[229]

'그리스도를 선포하고 나타내자'(declare and display)라는 요청은, 기독론에 근거한 교회의 선교적 정체성과 복음의 총체성을 명료하게 보여 준다. 특히 교회가 선포하고(proclaim) 나타내야 할(display and demonstrate) 대상을 예수 그리스도로 규정한 것은, 성경의 주인이며 복음 자체이신 예수 그리스도 중심성과 궁극성을 보여 준다. 이 요청은, 케이프타운 서약 2부 1장의 논조와 유사하다(우리는 다원주의적이며 세계화된 세상 속에서 그리스도의 진리를 증거하기). 우리가 선포하고 살아 내야 할 예수 그리스도와 그분의 복음은 깨어진 분열된 세상 한복판에서 수행된다. 그래서 대위임령은 "내가 세상 끝날까지 너희와 항상 함께 있으리라"는 주님의 약속을 통해 교회에 견고한 믿음을 강화한다. '한마음으로' 또는 '함께'라는 뜻의 헬라어 호모투마

---

229 https://lausanne.org/ko/featured-ko/교회여-함께-그리스도를 선포하고-나타내자.

돈(*homothumadon*)은 신약성경에 12회 나오는데, 그중 10회가 사도행전에서 발견된다. 이 단어는 기독교 공동체의 독특함과 단합을 가리킨다. 바울은 그리스도인의 일치는 하나님과 화해, 이웃과 화해 그리고 자연과 화해에 기초한다고 말한다. 이러한 삼중적 화해는 십자가를 통해 이루어졌다.

## 2. 제4차 로잔대회를 위한 글로벌 공청회(Global Listening Call)

로잔운동의 12개 지역을 아우르는 글로벌 경청 과정은 전 세계 교회가 매주 공동체 성경 읽기를 통해 하나님의 말씀을 함께 듣는 시간을 갖고 로잔 중보기도위원회 주도로 기도를 통해 하나님의 음성을 듣는 것이었다. 제4차 로잔대회를 준비하는 글로벌 경청 과정에서 다섯 가지 핵심 리서치 질문을 통해 정보를 수집했다. 1) 가장 중요한 선교적 격차와 남은 기회는 무엇인가? 2) 세계 선교를 가속화할 수 있는 강력한 돌파구와 혁신은 무엇인가? 3) 어떤 영역에서 더 큰 선교적 협업이 가장 중요한가? 4) 추가적인 연구가 필요한 주제는 무엇인가? 5) 경청의 과정으로, 우리가 추가로 의견을 들어야 할 대상은 누구인가?[230] 공청회는 2021-2023년까지 12개 지역, 33개 이슈 그룹 그리고 국가별 공청회(listening call)를 거쳐 진행되었다. 공청회 리서치 결과는 대위임령의 성취를 위해 복음주의 교회가 다루어야 할 도전과 기회(gaps and opportunities)를 분석하고 주요 주제들을 분류했다. 대위임령의 성취를 위해 긴박하게 다루어야 할 주요 이슈는 제자 훈련, 청년 세대, 연합과 협업, 리더십, 미전도 종족 집단, 창조 세계 돌봄, 타 문화 선교사역, 선교의 상황화, 일터 사역 등이었다.[231] LOP 73번(글로

---

230 https://lausanne.org/ko/%eb%93%a3%ea%b8%b0.

231 제4차 로잔대회를 위한 글로벌 공청회에 관하여는 로잔주제연구보고서(LOP) 71번(The Evangelical Church Interacting between the Global and the Local Analysis of Lausanne 4 Listening Calls), 72번(Engaging in the Realities of Global Missions Listening through Focus Group Interviews) 그리고 73번(Seven Challenges for the Global Evangelical Outreach Results of the Third Listening Project)을 참조하라.

벌 복음주의 선교를 위한 7가지 도전)은 제자도, 청년 세대, 세계 복음화를 위한 남은 과업 완수, 상황화, 다양한 목소리 경청, 고통받는 사람 돌봄(특히 정신 건강) 그리고 십자가에 나타난 하나님의 사랑이다.[232] 이러한 제4차 로잔대회 준비를 위한 글로벌 공청회의 리서치 결과는 전 세계에서 선별된 150명의 신학자, 전문가, 선교사 등이 문서 작성에 참여하고 7개 언어로 번역된 대위임령 현황 보고서와 대회 공식 문서인 서울 선언 작성을 위한 기초 자료를 제공했다.

### 3. 대위임령 현황 보고서 (State of the Great Commission Report)

대위임령 현황보고서 1부는 현재 복음주의 교회가 직면한 선교 상황을 최신 통계 자료로 제시한다. 로잔신학위원회 공동위원장인 빅터 나가(Victor Nakah)와 아이보 푸발란(Ivor Poobalan) 박사가 작성한 1부 서론 '대위임령의 신학적 근거'는 마태복음(28:18-20)을 중심으로 그 권위와 범위와 목적을 기술하고 요한복음(20:19-23)을 중심으로 대위임령의 삼위일체적 패러다임을 기술한다.[233] 또한 이들은 대위임령을 수행하는 대리인의 자세로서 성육신을 기술하므로 교회가 예수 그리스도의 생애와 사역, 십자가와 부활에 근거하여 복음의 증언인 선포와 실천 그리고 현존을 통합하는 총체적 선교를 수행할 수 있다고 주장한다. 1부 대위임령의 과제 성취를 위한 현재의 상태는 13개의 주제를 최신 통계로 제시하므로, 오늘날 글로벌 복음주의 교회와 선교단체가 직면한 도전 양상과 과제를 이해하는 데 도움을 준다. 대위임령의 현재 상태에 관한 주제는 다음과 같다. 1) 세계 기독교 2) 기독교 전통 3) 개신교와 독립교회 4) 복음주의자 및 오순절주의자 5) 선교사

---

232 https://lausanne.org/occasional-paper/seven-challenges-for-the-global-evangelical-outreach(LOP 73).

233 https://lausanne.org/report/the-great-commission-a-theological-basis.

역자 6) 복음화된 사람 7) 미전도 종족 8) 제자화 운동 9) 디지털 성경 참여 10) 언어 11) 성경 번역 12) 재정적 기부 13) 대위임령 제자도.[234]

대위임령 현황 보고서의 2부는 '지금부터 2050년까지' 글로벌 복음주의 교회와 선교단체가 다루어야 할 주요 과제를 10개의 범주로 분류하여 40개의 글(7-10페이지 논문 형태)로 제시한다. 앞에서 언급했듯이, 이 글들은 전 세계 선교학자, 선교 실천가, 일터의 그리스도인이 제기하는 신학적 성찰과 실천적 견해가 통합된 이론적이고 전략적 차원의 내용을 담고 있다.[235] 이 40개의 주제 가운데 25개 주제는 제4차 로잔대회 오후 세션에서 25개 그룹에서 논의되었다.[236]

### 4. 서울 선언(Seoul Statement)[237]

서문은 로잔운동의 전통적 표제인 '온전한 복음, 온 교회, 온 세상'을 언급하며 로잔 신학의 총체적 성격을 재차 확인한다. 로잔신학위원회가 마태복음의 대위임령에 나타난 복음 전도적 과업과 목회적 과업을 언급하며 사도적 우선순위(apostolic priority)라는 새로운 용어를 사용한 것은, 복음 전도와 그리스도인의 사회적 책임 간의 우선순위 논쟁을 재점화하려는

---

234 https://lausanne.org/report.

235 https://lausanne.org/report/the-great-commission. 40개의 논문 1번(서론)은 로잔신학위원회 공동위원장인 빅터 나가와 아이보 푸발란 박사의 "대위임령의 신학적 근거"다.

236 25개 과업에 대한 협업 세션에 관하여는, https://congress.lausanne.org/ko/협업collaborate-세션-25개의-과업/ 참조.

237 로잔신학위원회에 속한 33명의 신학자가 작성한 서울 선언의 초안은 다음과 같이 구성되었다. I. 전문(Preamble), II. 서론: 하나님의 성경 이야기에서 교회의 위치, III. 하나님의 계획 안에 있는 교회의 소명, IV. 본론: 21세기 선교를 위한 교회의 신념 강화(A. 복음주의 해석학 B. 신학적 인간학 C. 선교와 제자도(선교적 영성) D. 기독교 신앙과 과학기술), V. '함께 그리스도를 선포하고 나타내기' 위한 교회의 우선순위 갱신, VI. 결론. 이 구성을 조정하여 서울 선언 최종 원고는 7장 97항으로 재구성되었다. 그 가운데 서론은 1장(복음)과 3장(교회)으로 통합되고, 본론은 2장(성경), 4장(인간), 5장(제자도) 그리고 7장(기술)으로 재구성되었다. 6장(열방의 가족)은 전 세계적인 분쟁과 갈등 상황과 한반도의 분단 상황을 고려하여 화해와 평화를 위한 로잔운동의 입장으로 추가된 항목이다.

의도가 아니라, 세상으로 보냄 받은 하나님 백성의 정체성(복음의 전함과 복음에 합당한 삶)을 규명하는 '사도성'(apostolicity)을 강조하려는 의도라고 볼 수 있다.[238] 하나님의 선교 관점에서, 마태복음의 대위임령은 '예수 그리스도의 주 되심'(28:18)이 전체 맥락의 핵심이기에 십자가를 지고 부활하신 그리스도의 통치에 근거하여 제자 삼고 세례를 주고 가르치고 지켜 행하게 하는 하나님 백성의 선교적 과업과 통합된다. 이 점에서, 서문에서 서울 선언이 로잔대회 문서들에 근거하여 작성되었음을 확실하게 천명한다.

서울 선언 제1장(복음: 우리가 살고 전하는 이야기)은 로잔대회의 주제와 연관된 로잔운동의 총체적 성격을 분명하게 드러낸다. 즉 서문은 케이프타운 서약 제1부 6장(우리는 하나님의 말씀을 사랑한다)을 인용하여 성경에 나타난 하나님의 선교와 하나님 백성의 선교 그리고 교회의 정체성의 목적을 규명한다.[239] 복음의 중심성을 성경의 거대 서사(grand narrative)로 기술하는 서울 선언은 창조, 타락, 구속, 새 창조라는 성경적 세계관을 이야기로 풀어내며 그 중심에 예수 그리스도의 십자가와 부활을 통해 이루어지는 하나님 나라를 강조한다. 신구약 성경을 이야기로 서술하면서도, 종말론적 공동체로서 예수 그리스도를 믿고 선포하고 따르는 교회는 하나님의 영광을 위해 열방을 예배로 이끄는 종말론적 공동체로 규정된다. 복음에 관한 서울 선언의 중요한 특징은 창조, 구속, 교회의 형성 그리고 새 창조의 역사를 이루는 성령의 역할을 강조한다는 것이다. 16개 항으로 구성된 1장

---

238 사도적 우선순위는 '총체적 선교'의 다른 표현이라고 볼 수 있다. 왜냐하면, 요한복음의 대위임령 본문(20:19-21)은 삼위일체 하나님이 하나님의 백성인 교회를 세상으로 보내시는 하나님의 선교를 위한 핵심 자료이기 때문이다. 서울 선언 1-2장이 복음과 성경을 강조하며, 예수 그리스도의 십자가와 부활을 언급하고 복음의 궁극성을 명시하며 교회가 직면한 도전들을 다루는 것은, 서울 선언이 로잔 언약, 마닐라 선언 그리고 케이프타운 서약과 역사적 연장선상에서 기술되었다는 사실을 보여 준다.

239 로잔운동, 《케이프타운 서약: 하나님의 선교를 위한 복음주의 헌장》, 40.

은 성경 이야기를 포괄적으로 담아내는 데는 한계가 있다.[240]

서울 선언 2장(성경: 우리가 읽고 순종하는 성경)은 1장과 마찬가지로 로잔 운동의 총체적 성격을 드러낸다. 로잔 언약(2항)은 성경을 교회와 그리스도인의 "실천의 유일하고도 정확 무오한 척도"라고 주장하며,[241] 케이프타운 서약(1부 8장)은 성경은 우리가 읽고 듣는 이야기일 뿐 아니라 믿음의 순종을 일으키는 확신과 삶의 변화를 가져온다고 확언한다.[242] 이러한 역사적 로잔 문서들이 확언하는 높은 성경관이 급속하게 변화하는 세속적 문화의 도전에 직면하여 항상 복음을 옹호하고 교회의 선교를 강화하는 신실한 성경 해석을 낳은 것은 아니다. 따라서 서울 선언은 교회의 선교적 정체성을 회복하기 위해 "성경의 역사적, 문학적 그리고 정경적 맥락에 주의를 기울이고 성령의 조명을 받으며 교회의 해석 전통에 따라 성경을 읽는 방식이 필요하다"라고 주장한다.[243] 서울 선언의 높은 성경관(2장 17항)은 역사적 로잔 문서를 반영하며, 변화하는 사회문화적 상황에서 성경을 듣고 읽으며 순종하는 교회가 다루어야 할 다양한 도전적 이슈들의 근거를 제공한다. 서울 선언의 성경관은 예수 그리스도의 주 되심과 하나님 나라를 중심으로 성령의 영감(행 8장)과 성령의 조명[244]으로 기록된 성경을 읽고 순종하는 해석학적 방식과 관련된다. 성경의 목적을 제자를 형성하고

---

240 복음에 관한 성경의 거대 서사에 관해서는 케이프타운 서약에 더 명료하게 서술되었으며, 복음과 성경에 관한 복음주의 해석학에 관해서는 로잔주제연구보고서(LOP) 74번을 참조하라. https://lausanne.org/occasional-paper/do-you-understand-what-you-are-reading-toward-a-faithful-evangelical-hermeneutic-of-scripture.

241 로잔운동, 《케이프타운 서약: 하나님의 선교를 위한 복음주의 헌장》, 216.

242 로잔운동, 《케이프타운 서약: 하나님의 선교를 위한 복음주의 헌장》, 50-54.

243 서울 선언 2장.

244 성경의 계시적 성격과 해석에 있어서 '성령의 조명'에 관하여는, 존 스토트의 로잔 언약 해설서를 참조하라. John Stott, *For the Lord We Love: Your Study Guide to the Lausanne Covenant* (London: Didasko Files, 2009), 18.

교회(그리스도의 몸)를 세우는 것으로 기술하는 서울 선언은 하나님의 선교에 참여하는 하나님 백성의 존재 목적을 분명하게 확언한다. 성경을 역사적, 문학적 그리고 정경적 맥락에서 읽어야 한다는 것은, 성경 저자의 본래 의도가 담긴 신구약 성경 전체를 거대 서사로 읽는 것을 의미한다. 이러한 성경 읽기는 '그리스도 중심의 성경 읽기'라고 볼 수 있다. 또한 전통과 오늘날 교회 공동체가 처한 문화적 상황에서 성경을 읽는 작업은, 선교적 해석학의 주요 특징인 성경과 문화 사이에 존재하는 교회가 자신의 전통과의 대화뿐 아니라, 성경과 문화의 양방향 대화를 통해 저자의 본래 의도를 발견하는 해석학적 과제와 부합한다.[245] 교회가 열방을 향한 선교적 과업을 신실하게 수행하기 위해 공동체적으로 성경을 읽는 문화를 형성하는 것은, 복음적 세계관 형성의 핵심 요소다. 서울 선언의 기초인 복음과 성경에 관한 진술은 삼위일체적 관점에서 밀접하게 연결된다.

로잔 언약 1항(하나님의 목적)은 "우리는 세상의 창조주이시며 주 되신 영원한 한 분 하나님, 곧 성부, 성자, 성령에 대한 우리의 신앙을 확신한다"라는 고백으로 시작한다. 존 스토트(John Stott)는 로잔 언약 해설서에서 삼위일체는 복음 전도의 기초이며, 그 증거는 대위임령에서 "아버지와 아들과 성령의 이름으로 세례를 베풀고"(마 28:19)에서 찾을 수 있다고 주장한다.[246]

서울 선언 제1-2장이 로잔 신학의 핵심이라면, 제3장(교회: 우리가 사랑

---

245 로잔주제연구보고서(LOP) 74번(지금 읽고 있는 내용을 이해하고 있는가?: 성경에 충실한 복음주의 해석학을 향하여)은 케빈 밴후저(Kevin J. Vanhoozer)의 닻 세트 유비(Anchor Set Analogy)를 사용하여 "성경을 잘 읽는 것은, 복음주의자로서 우리의 정체성과 선교와 관련이 있기 때문에, 신실함이 목표라고 제안한다. 우리는 성경(닻), 우리의 전통(체인), 우리의 상황(배)을 이해하는 방식에서 신실함이 분명해야 한다고 믿는다"라고 주장한다. https://lausanne.org/occasional-paper/do-you-understand-what-you-are-reading-toward-a-faithful-evangelical-hermeneutic-of-scripture

246 John Stott, For the Lord We Love: Your Study Guide to the Lausanne Covenant (London: Didasko Files, 2009), 13.

하고 세우는 하나님 백성)은 성경을 읽고 따르는 해석학적 공동체로서 교회의 본질과 목적을 서술하며, 제4장(인간: 하나님의 형상으로 창조되고 회복되는 존재) 과 제5장(제자도: 거룩함과 선교에 대한 우리의 소명)은 하나님의 백성 공동체가 깨어지고 분열된 세상에서 하나님의 형상을 온전히 회복하고 제자 삼는 과업을 수행하는 제자로 형성되기 위해 갖추어야 할 거룩한 삶의 방식을 제시한다. 선교 운동으로서 로잔운동의 교회론은 선교적 교회론으로 로잔 언약과 마닐라 선언 그리고 케이프타운 서약에서 '온 교회'를 상세하게 서술한다. 또한 제4차 로잔대회의 주제에서 '교회여'라는 부르심은 삼위일체 하나님에 의해 부름받고 보냄 받은 교회의 선교적 정체성을 재확인한다.

서울 선언은 교회론의 약화가 초래한 비정상적이고 혼합주의적인 교회의 형태를 지적하며, 전통적인 교회론(공교회)에 근거하여 변화하는 세상 가운데 지역 교회의 본질적 성격을 설명한다. 삼위일체 하나님의 관계적 속성을 반영하여 교회를 "예수 그리스도의 구원 사역을 통해 성령으로 그의 백성을 하나의 성도의 교제(communion of saints)"로 규정하는 서울 선언의 교회론은 니케아 신조에 따라 하나이며 거룩하고 보편적이며 사도적인 교회의 네 가지 표지를 확언한다. 그리스도의 몸으로서 교회는 그리스도의 성품을 닮으며 모든 인종과 문화를 초월하는 보편적 속성을 지닌다. 교회는 오순절 이후 '복음을 공적으로 증언하는' 사도적 공동체로서 그 정체성을 지닌다.

이러한 의미에서 역사적으로 교회가 내부의 우상숭배와 외부의 세속적 인본주의의 도전에 굴복한 실패를 인정하고 고백하며 담대함과 겸손함으로 복음의 증인이 될 것을 촉구한다. 세상에서 대항 문화적 공동체로 존재하는 교회의 정체성은 지역 교회의 예배를 통해 가시적으로 드러난다. 열방을 향한 복음 선포와 그리스도를 닮은 실천은 예배라는 종말론적 목표를 지향한다. 케이프타운 서약(1부 10장)은 "교회는 영원토록 하나님을 예배하고 영화롭게 하며 역사 속에서 하나님의 변혁하시는 선교에 동참하기 위해 존재한다"라고 진술한다.[247] 하나님의 선교에 참여하는 교회의 궁극적 목표는 열방을 예배로 초대하는 것이다. 서울 선언은 이러한 목표를 그리스도를 닮음이라는 제자도에 기반한 선포와 실천을 통합하여 다음과 같이 확언한다. "하나님은 말씀과 성령의 능력으로 우리를 거룩한 백성으로 세상에 보내셔서 우리를 지켜보는 세상 앞에서 복음을 증거하게 하신다. 우리는 그리스도로 충만한 임재(Christ-filled presence), 그리스도 중심의 선포(Christ-centred proclamation) 그리고 그리스도를 닮은 실천(Christlike practice)을 통해 이를 수행한다(마 28:18-20)."[248]

케이프타운 서약 2부 5장(그리스도의 교회가 겸손과 정직과 단순성을 회복하기)은 하나님의 새로운 인류로서 예수 그리스도의 길을 따라 걸어가는 '신학적 인간론'을 제시했다. 서울 선언은 하나님의 형상을 따라 창조된 인간됨의 의미를 논의하는 이유를 다음과 같이 주장한다. 오늘날 글로벌 사회 문화에 만연한 인본주의적이고 상대주의적인 이념에 굴복하고 타협하는 교회에 대해 성경적 기독교의 재발견을 추구하고 세계 선교 운동의 활력을 촉구하기 위함이라는 것이다. 3장에서 언급했듯이, 하나님의 형상은 인간의 본질이며 삼위일체 하나님의 관계적 속성은 모든 인간관계에 반영된다.[249] 인간의 타락으로 인한 하나님 형상의 상실은 비인간화와 소외를 낳았으며, 궁극적으로 그리스도 안에서 회복된다. 하나님의 형상과 인

---

247  로잔운동, 《케이프타운 서약: 하나님의 선교를 위한 복음주의 헌장》, 60.

248  서울 선언 3장 43항. 이 진술은 기독교 교리의 본질적 특성인 정통 교리(orthodoxy), 정통 실천(orthopraxy), 정통 감정(orthopathy)을 총체적으로 보여 준다.

249  서울 선언 4장의 근거인 신학적 인간론에 관한 로잔신학위원회(TWG)의 문서는 로잔대회가 열리기 전에 로잔주제연구보고서(LOP) 77번(A Theology of Human Person)으로 공개되었다. https://lausanne.org/occasional-paper/a-theology-of-the-human-person.

간의 섹슈얼리티(56-70항)는 성 정체성, 결혼과 독신 그리고 동성 성관계에 관한 성경적 이해를 진술한다. 이 부분은 서울 선언 가운데 가장 첨예한 이슈로 논의되고 있다.[250] 서울 선언은 생물학적 특징으로 남성과 여성을 구별하는 성(sex)과 서구 사상(심리적, 사회적, 문화적)의 산물인 '젠더'(gender)는 구별되지만 분리되지 않는다고 말한다. 그러면서 1960-1970년대 서구 성 혁명(sexual revolution)의 결과인 동성애(LGBTQ++)의 급속한 전 세계적 확산에 대해 '섹슈얼리티'의 왜곡을 통탄한다. 또한 상황과 경험에 따라 성 정체성이나 성별 표현이 유동적이라는 성별 유동성(gender fluidity) 개념도 거부한다.[251] 결혼과 독신에 관한 서울 선언의 주장은 케이프타운 서약과 논조를 같이한다. 특히 오늘날 성적 자유의 급진적 추구는 결혼을 통해 생육하고 번성하라는 하나님의 창조 명령을 거부하고 무분별한 낙태를 통해 태아의 생명을 경시하고 결혼의 의미를 퇴색시키며, 더 나아가 생명과 성의 결정권을 개인이 소유한다는 '자기 결정권'에 근거해 인간이 신이 되는(homo Deus) 시대를 열었다. 동성애는 인간의 성적 정체성을 스스로 결정함으로 하나님의 자리를 찬탈하려는 인간의 원초적인 권력에의 의지의 발현이다.[252]

서울 선언(67항)은 신구약 성경의 예를 중심으로 동성애의 심각성을 지적한다. 특히 68항은 동성애에 관한 분명한 성경적 원리를 다음과 같이

---

250 로잔대회 기간 중, 차별금지법을 반대하는 진영에서 서울 선언에 동성애와 연관하여 "포괄적 차별금지법 반대"를 명확하게 삽입할 것을 요구했으나, 서울 선언이 동성애를 죄로 규정했기에 한국적 상황에서 정치적인 개입은 허용하지 않았다. 또한 이 이슈는 전 세계적으로 통용되는 복음주의 선교 문서인 서울 선언에서 한국의 정치적 상황에 대한 언급은 타당하지 않다는 결론에 따른 것이다.

251 '섹슈얼리티와 젠더'(Sexuality and Gender)에 관한 제4차 로잔대회의 논의는 대위임령 현황보고서를 참조하라. lausanne.org/ko/report/인간이-된다는-것은-무엇을-의미하는가/섹슈얼리티와-젠더. 이 보고서의 핵심 논지는, "성적인 온전함에 대한 성경적이고 기독교적 태도에 대한 확신은 복음에 대한 확신을 강화한다"라는 주장에 담겨 있다.

252 이에 대한 서울 선언의 결론은 "하나님이 우리의 인간성을 결정하신다"(God determines our humanness)이다.

확언한다. "동성 간의 성관계에 대한 성경의 모든 언급은, 하나님이 그러한 행위를 성에 대한 자신의 의도를 위반하고 창조주의 선한 설계를 왜곡하는 것으로 간주하므로 그것이 죄악이라는 피할 수 없는 결론에 이르게 한다. 그러나 복음은 우리에게, 무지로든 의식적으로든 유혹에 넘어가 죄를 범한 자들도 고백하고 회개하며 그리스도를 신뢰하므로 용서받고 하나님과의 교제를 회복할 수 있음을 확신시켜 준다." 따라서 동성애자와 이성애자를 포함하여 그리스도인은 만연한 욕망(desire)과 행위(behavior) 모두에서 성적 거룩함을 유지해야 한다. 또한 교회 내에도 동성애에 끌리는 사람들(same-sex attracted people)이 존재한다는 것을 인식하고, 그들을 위한 목회적 돌봄과 멘토링을 제공하여 성경적 성 정체성의 회복을 위해 노력해야 한다.[253]

서울 선언 제5장(제자도: 거룩함과 선교에 대한 우리의 소명)은 선교와 제자도(영성)의 관계를 기술한다. 이 장은 겸손과 정직과 단순/검소함으로 형성되는 선교적 제자도와 선교적 영성을 교회의 삶에 구현하려는 로잔의 의도를 담고 있다. 필자도 참여한 선교와 제자도 작성 그룹의 초기 논의에서 제시된 제목은 '영성과 선교'였다. 그러나 논의 과정 중에 '영성'이라는 용어보다는 '그리스도인 형성의 수단으로서 제자도'와 선교의 관계를 규명하기 위해 선교와 제자도로 변경되었다. 서울 선언 5장의 확장된 내용은 로잔주제연구보고서(LOP) 77번(선교를 위한 제자 형성과 선교로서 제자 형성)에 더 자세하게 기술되었다.[254] 5장은 로잔운동이 추구해 온 그리스도인의 말(word)과 행위(deed) 그리고 복음 전도와 그리스도인의 사회적 책임을 통합하는 제자로 형성되지 못한 리더십의 문제와 그로 인해 제자 삼는 선교의

---

253 서울 선언 4장 68-70항을 참조하라.

254 https://lausanne.org/occasional-paper/the-formation-of-disciples-for-mission-and-the-formation-of-disciples-as-mission을 참조하라.

실패를 회개한다. 앞에서 언급했듯이, 제자도는 그리스도를 닮고 따르는 성품과 실천과 관련된 이슈다. 따라서 제자도는 복음으로 삶이 형성되고 거룩함을 향해 나아가는 성화의 과정이다. 제자 됨과 제자 삼음의 불가분의 관계를 서울 선언(72항)은 다음과 같이 진술한다. "모든 민족에게 하나님의 좋은 소식을 전하는 과업을 맡은 사람들은 그 자신이 제자로 살아야 하며, 우리의 선교의 올바른 목표는 좋은 소식을 듣고 믿는 사람들이 주님이 가르친 모든 것에 순종하는 제자로 살기 위한 변화라는 것을 이해해야 한다. 이러한 개인의 변화를 통해 하나님은 복음을 통해 인류를 그리스도의 형상으로 회복시키고, 이를 통해 모든 피조물을 새롭게 하고 회복시키려는 하나님의 선교를 성취하신다."[255] 하나님의 백성이 구현하는 제자도는 좋은 소식의 선포와 깨어지고 분열된 세상(공적 영역)에 복음으로 관여하는 성육신적 참여를 요구한다(73항). 또한 지역 교회는 공적 영역으로 보냄 받은 하나님 백성의 공동체이므로, 지역사회 안에서 공동선을 위해 노력해야 한다(75-76항 참조). 선교와 제자도를 위한 그리스도인 형성은 오늘날 교회가 직면한 중요한 선교적 과제다. 하나님의 선교는 하나님 백성의 거룩함(윤리)을 요구하며, 교회의 겸손함과 정직함(청렴성)과 단순한 삶의 방식(simple lifestyle)이 없이는 하나님의 선교는 이루어질 수 없다.[256]

서울 선언 6장(열방의 가족: 우리가 인식하고 평화를 위해 섬기는 분쟁 중인 민족들)에는 제4차 로잔대회를 앞두고 일어난 러시아-우크라이나 전쟁과 팔레

---

255 서울 선언 5장 72항을 참조하라.

256 선교적 형성과 제자도에 관하여는 다음 자료를 참조하라. 존 스토트, 《제자도》, 김명희 역 (서울: IVP, 2010); 크리스토퍼 라이트, 《하나님 백성의 선교》, 한화룡 역 (서울: IVP, 2012); 마이클 프로스트, 《성육신적 교회: 탈육신 시대에 교회의 역사성과 공공성 회복하기》, 최형근 역 (서울: 새물결플러스, 2016); 제임스 스미스, 《하나님 나라를 욕망하라: 예배·세계관·문화적 형성》, 박세혁 역 (서울: IVP, 2016); 제임스 스미스, 《습관이 영성이다: 영성 형성에 미치는 습관의 힘》, 박세혁 역 (서울: 비아토르, 2018); 마이클 고먼, 《삶으로 담아내는 복음: 바울과 하나님의 선교》, 홍승민 역 (서울: 새물결플러스, 2019).

스타인 가자지구 전쟁 그리고 지구촌 곳곳에서 벌어지고 있는 분쟁과 대립과 갈등에 대한 로잔신학위원회의 고민을 담았다. 특히 로잔대회가 분단 상황에 있는 대한민국에서 열리는 것을 고려하여 제3차 로잔대회의 주제인 그리스도 안에서의 화해(고후 5:19)를 제시한 것은 시의적절한 시도라고 볼 수 있다. 6장의 논조는 명시적이거나 암묵적으로 전쟁과 폭력을 조장하므로 교회가 선포하는 복음의 본질적 가치를 훼손하는 교회의 태도를 회개하고 평화를 조성하는 화해의 사신으로 교회의 정체성을 재발견할 것을 요청한다. 6장의 논지는 케이프타운 대회의 주제와 같이 "그리스도 안에서 복음을 통해 모든 민족을 화해시키려는 하나님의 목적"(77-79항)을 선교적 관점에서 기술한다. 민족주의와 자민족 중심주의 그리고 인종적 우월주의의 위험성에 대해 경고한다. 6장의 결론은 남북한 분단의 역사와 "잊혀진 전쟁"인 한국전쟁을 언급하며, 전 세계 분쟁 중인 국가와 민족을 위한 기도를 요청한다.

서울 선언 7장(기술: 우리가 분별하고 관리하는 가속하는 혁신)[257]은 창조주 하나님의 형상으로 창조된 인간은 기술 혁신을 통해 하나님께 영광을 돌리고 인류의 공동선을 위해 공헌해야 한다. 그러나 인간의 타락과 죄악 된 본성은 기술의 발전과 사용에 악영향을 미친다. 앞에서도 언급했듯이, 급속한 과학기술의 발전이 초래한 잘못된 기술 사용은 우상숭배의 형태로 나타나며 인간의 자기 결정권을 강화하고 생명을 경시하며 윤리적 상대주의와 종교 다원주의를 부추긴다. 따라서 급속하게 발전하는 과학기술(소셜 미디어, 디지털 미디어, 인공지능과 생명·유전공학 등) 시대에 교회는 예언자적인 분

---

257 기술에 관한 서울 선언의 기초 문서는 로잔주제연구보고서(LOP) 76번(기독교 신앙과 기술)을 참조하라. https://lausanne.org/occasional-paper/christian-faith-and-technology. 또한, 대위임령 현황 보고서(인공지능, 트랜스휴머니즘, 디지털 공동체, 가상 업무, 탈중앙화와 웹3, 디지털 시대의 사역)를 참조하라. https://lausanne.org/ko/report.

별력과 비판적 능력을 발휘하여 과학기술 영역에서 복음의 능력을 드러내는 대항 문화적 공동체가 되어야 한다. 예언자적 분별력과 비판적 능력은 하나님의 창조 세계를 돌보고 인간 됨에 관한 성경적 원리인 청지기직에 근거한다.[258]

결론적으로 서울 선언은 하나님의 선교를 중심으로 예수 그리스도의 십자가와 부활을 강조한다. 또한 성경이 계시하는 복음의 이야기를 선포하고 또 살아 내야 하는 교회의 선교적 과업을 제시한다. 더불어 선교적 제자도와 하나님의 형상을 회복하는 새로운 인류의 의미를 사도적 신앙고백에 근거하여 기술하고 화해의 중보자이신 예수 그리스도의 통치를 고대한다. 예수 그리스도의 대위임령에 나타난 열방을 향한 교회의 선교적 과업은 종말론적으로 열방의 예배로 귀결되며 이를 위한 교회의 선교는 세상 끝까지, 땅끝까지 계속된다.

### 5. 협업 행동팀 헌신 서약(Collaborative Action Team Commitment)

로잔운동 50주년을 맞이하여 제4차 로잔대회는 '오늘부터 2050년까지'라는 대위임령 성취를 위한 목표와 과정을 제시했다. 이 헌신 서약의 주제는 '2050년까지 세상에 영향을 미치기 위해 성경적으로 사고하고 세계적으로 협력'하는 것이며, 세 부분으로 구성하여 이를 위한 요청을 정리하고 있다.

첫째, 예수님이 마태복음 28장에서 교회에 주신 대위임령을 완수하고 수행하기 위해 주님의 부르심을 정확하게 이해하고 의도적으로 응답하며, 부족한 부분을 채우고 기회를 포착한다. 둘째, 이 헌신 서약을 성취하는 방법은 요한복음 17장에 나오는 예수님의 기도를 따라서 함께 연합

---

258 서울 선언 7장 88-97항을 참조하라.

하고(better together) 중복 투자를 지양하며(remove duplication), 소통과 협업을 촉진할 수 있는 디지털 플랫폼을 포용하는(embrace digital platform) 것이다. 셋째, 헌신 서약의 내용은 다음과 같다. 1) 이 운동을 대대로 이어 갈 다음 세대 지도자를 양성하는 데 중점을 두고 이를 실천한다. 2) 대위임령에 응답하기 위해 교회, 일터, 비영리 단체 및 정부 지도자들과 협력을 창출하고 촉진한다. 3) 기존 활동을 파악한다. 4) 우리 주변의 격차를 해소할 기회를 포착하기 위해 네트워크와 공동체의 동원을 적극적으로 촉진한다. 5) 팀들 간의 시너지와 협업을 증진하기 위해 다른 협업 행동 팀들과 관계를 발전시키고 증진한다.

약 2페이지로 구성된 이 헌신 서약서는 로잔대회 기간 중 참가자들에게 배포해 상호 간에 서약을 했다. 이 서약서는 2026년 12월에 브라질 상파울루에서 열릴 로잔 청년 세대 콘퍼런스(Lausanne Younger Leaders Generation Conference, YLGen)를 위한 헌신의 기초가 될 것이며, 2050년을 향해 나가는 로잔운동의 비전과 활력에 기폭제가 될 것이다.

## IV. 나가는 말

지난 50년 동안 로잔운동은 선교 문서를 중심으로 '신학적 돌파'(theological breakthrough)를 통해 세계 선교 운동에 지대한 영향을 미쳤다. 예루살렘 회의(행 15장)의 선교적 돌파를 재현하는 로잔 언약, 마닐라 선언, 케이프타운 서약과 더불어 서울 선언은 로잔운동의 신학적 특징으로서 복음과 교회와 세상의 상관관계에 대한 성경적이고 복음적 탐구를 담아내며 로잔운동의 미래를 위한 로드맵으로 그 역할을 할 것이다. 서울 선언과 함께 제4차 로잔대회의 문서들은 세계 선교를 위한 전략적 근거를 제시할 것이며, 교회의 선교에 풍성한 성경적 함의와 도전을 제시할 것이다.

제4차 로잔대회를 앞두고, 2050년까지 디지털 플랫폼을 구축하고 다음 세대를 일으키는 운동이 시작되었다. 다만, 로잔운동이 과도한 '과제 지향적'(task-oriented)이며 효율성과 크기와 숫자를 중시하는 실수를 반복하지 말아야 할 것이다. 이를 위해 로잔운동은 서구 선교의 '경영적 선교'(managerial mission)의 한계를 극복하고 다중심적 선교(polycentric mission)의 확산을 주도하며, 다수 세계에서 부상하는 선교 인력과 자원을 동원하는 새로운 선교 패러다임을 민감하게 인식해야 할 것이다. 제4차 로잔대회의 한국 개최가 남긴 신학적 유산을 한국 교회의 갱신과 개혁을 위한 밑거름으로 사용하기 위하여, 한국 교회는 예수 그리스도의 본을 따라 하나님의 선교에 참여하는 선교적 백성의 정체성을 잊지 말아야 할 것이다.

# 8. 한국 로잔운동의 역사와 의의

## — 전석재

# Ⅰ. 들어가는 말

로잔 4차 서울-인천대회가 2024년 9월 28일 끝이 났다. 202개국 5,400명의 선교 지도자, 목회자. 선교사 그리고 평신도 리더들이 참석하였다. 한국 교회는 500여 명의 목회자, 선교 지도자, 선교사들이 4차 로잔 대회에 참석하였다. 한국 교회는 세계 선교 지도자들과 함께 세계 복음화 운동을 완성하기 위해 기도하며 논의하였다. 로잔 4차 대회가 한국 서울-인천에서 개최되었다는 사실은 매우 의미가 있다. 1974년 스위스 로잔, 1989년 필리핀 마닐라, 2010년 남아공 케이프타운에 이어서 50주년을 맞이한 로잔대회가 한국에서 개최되어, 새로운 50년을 설계하고, 100년의 로잔운동의 미래를 논의한 것은 뜻깊은 일이다. 로잔운동은 세계 복음화를 이루기 위해 주님 오시는 그날까지 멈출 수 없는 세계 모든 교회와 크리스천들의 사명이다.

로잔운동의 슬로건은 '온 세상에 온 교회가 온전한 복음을 전하자'이다. 이것이 로잔의 정신이며, 복음 전도의 사명이다. 로잔운동의 역사와 신학을 해석하고 분석하는 것은 복음주의 선교에서 매우 중요한 의미를 가진다.[259] 또한 로잔운동의 정신을 바탕으로 한국 교회의 로잔운동의 역사를 이해하고 해석하며 그 의미를 찾는 것은 매우 중요하다.

따라서 로잔운동이 한국 교회에 주는 의미가 무엇인지를 발견하기 위해서 지금까지 한국 로잔운동의 흐름과 역사를 이해하는 것은 매우 중요하다. 그리고 1차에서 4차 로잔대회에 이르기까지 한국 로잔운동을 위해 헌신한 분들의 노고를 잊어서는 안 된다. 여기서는 한국 로잔운동의 역

---

[259] Hyung Keun Choi, "The Korean Church and Lausanne Movement", *The Lausanne Congress and the Future of the Lausanne Movement* (Seoul: Korea Lausanne Commitee, 2024), 49.

사와 의의가 무엇인지 밝히고자 한다.

## II. 로잔운동의 태동과 역사

로잔운동의 역사적 배경을 우선 알아보는 것이 중요하다. 20세기 들어 18-19세기의 대부흥운동에서 보여 준 영적 각성과 부흥의 열기가 식어 갔다. 또한 복음주의자들의 자기방어 의식으로 인해 그 생명력도 잃게 되었다. 1910년 에든버러 대회에서 시작된 세계 선교운동의 조직체인 국제선교협의회(IMC)가 1961년 세계교회협의회(WCC)의 한 부분으로 흡수되면서 전도의 비전과 열정을 잃어 갔다. 이러한 가운데 빌리 그레이엄 목사를 중심으로 전도의 열심을 찾으려는 복음주의 운동이 일어났다. 하지만 그 열기는 매우 미미했다.[260]

이러한 상황에 대해 위기의식을 갖게 되면서 〈크리스천투데이〉(Chrisitan Today) 발행과 함께 새로운 복음주의 운동이 일어나게 되었다. 빌리 그레이엄이 이 운동을 주도하였다.[261] 빌리 그레이엄 전도협회의 그레이엄 박사와 〈크리스천투데이〉의 헨리 박사의 주최로 1966년 독일 베를린에서 '한 인종, 한 복음, 한 사명'이라는 주제로 세계전도대회(The World Congress on Evangelism)가 개최되었다.[262] 100여 개 나라 1,200명의 복음주의자들이 참여하였으며,[263] 한국에서는 한경직 목사, 김활란 박사, 조종남 박사 등 7명이 참석하였다. 베를린 대회의 주제는 '변화하는 세계 가운데 불

---

260 조종남, 《로잔운동의 역사와 신학》 (서울: 선교햇불, 2013), 22-23.

261 Hyung Keun Choi, "The Korean Church and Lausanne Movement", 같은 책, 53.

262 조종남, 《로잔운동의 역사와 신학》, 22.

263 Hyung Keun Choi, "The Korean Church and Lausanne Movement", 같은 책, 57.

변의 복음'으로 현대 신학의 자유주의를 비판하고 복음적인 입장을 논의하고 제시하였다.[264] 빌리 그레이엄은 '왜 베를린인가?'라는 제목의 연설에서 복음주의에 대한 정확한 이해와 함께 전도가 사람을 구원하는 일임을 강조하였다. 베를린 대회는 신학적 기초를 성경의 권위에 두고 교회의 우선적 사명은 인류의 복음화임을 분명히 했다.[265] 베를린 대회의 가장 큰 의미는 세계에 흩어져 있던 복음주의자들이 한자리에 모였다는 것이다. 이는 아프리카, 아시아, 남미에서 온 지도자들이 주도적인 위치에서 서구에서 온 지도자들과 그 관계를 발전시키는 계기가 되었다.[266]

한국에서 7명의 목회자와 신학자들이 참석했다는 것은 시사하는 바가 크다. 실제로 한국 복음주의 운동이 베를린 대회에서부터 시작됐다고 할 수 있기 때문이다. 베를린 대회는 세계 복음 운동으로 전도의 열기를 회복하는 동시에 세계 곳곳에서 전도대회가 열리는 계기가 되었다. 한국에서도 김활란 박사가 위원장, 조종남 박사가 총무로서 한국 복음화 운동을 전개해 나갔으며, 이것이 한국 복음주의 운동과 로잔운동의 초석이 되었다고 생각한다.

다른 중요한 선교대회가 1966년 시카고 휘튼대학에서 열렸다. 휘튼 대회에는 938명이 참석하였는데 특히 복음주의 선교기관의 대표자 258명이 참여하였다. CCC(The Campus Crusade for Christ)는 댈러스에서 1972년 엑스포를 개최하였다. 1973년 한국 여의도에서 빌리 그레이엄이 주도한 복음적 전도대회에는 8만 명이 참석하여 그 뜨거운 열기를 입증했다. 이 같은 복음주의 운동을 기반으로 한국 교회는 성장하게 되었다.[267] 1974년에는 한

---

264 조종남, 《로잔운동의 역사와 신학》, 22
265 김은수, 《현대 선교의 흐름과 주제》 (서울: 대한기독교서회, 2010), 210-211.
266 김은수, 같은 책, 215.
267 Hyung Keun Choi, "The Korean Church and Lausanne Movement", 58.

국에서 엑스포가 열렸고 30만 명이 참석하였다.

　이러한 역사적인 흐름은 에큐메니컬과 복음주의 운동이 복음, 구원, 선교라는 주제를 두고 갈등하는 중요한 요인이 되기도 했다.[268]

　1966년 베를린 대회 이후 WCC 계통에서 '오늘의 구원'(Salvation Today) 이라는 주제로 방콕 대회를 열었다. 이 자리에서 그들은 '구원의 개념'을 축소시켰을 뿐 아니라 심지어 선교의 모라토리엄(Moratorium) 즉 해외 선교를 보낼 필요도 없고, 현재의 선교사들을 철수하라는 의견까지 나왔다.[269]

　이러한 거센 도전에 복음주의자들은 1966년 베를린 대회의 연속선상으로 1974년 로잔에 모였다. 1974년 로잔대회는 빌리 그레이엄 박사의 요청에 의해 전 세계 100여 명의 복음주의자들과 함께 복음 전도가 우리의 선교적 과제임을 발견하고 세계 복음화를 위한 강력한 복음 전도 운동을 펼치고자 했다.


## III. 제1차 로잔대회와 로잔운동의 성격

　한국의 복음주의 운동은 1966년 베를린 대회에 조종남, 한경직, 김활란 등 7명이 참석하면서 시작되었다. 베를린 선교대회 이후 아시아 복음주의 콘퍼런스가 1968년 싱가포르에서 개최되었다. 한국의 복음주의 운동은 이화여대 총장을 역임한 김활란 박사가 주도했으며,[270] 1973년 빌리 그레이엄의 전도 집회와 1974년 엑스포로 이어지며 1974년 로잔운동에 참여하게 되었다.

---

268 Hyung Keun Choi, 같은 책, 58.

269 조종남, 《로잔운동의 역사와 신학》, 23.

270 Hyung Keun Choi, "The Korean Church and Lausanne Movement", 62.

1차 로잔대회에서 빌리 그레이엄은 이 대회의 목적을 복음주의 기독교인들로 하여금 "예수 그리스도의 마지막 명령을 가능한 빨리 그리고 근본적으로 완성"할 수 있는 "길을 찾기 위함"[271]이라고 하였다. 이렇듯 1차 로잔대회는 복음의 긴박성을 강조하고 모든 기독교인이 복음 전도라는 과제에 절대적으로 순종해야 함을 주지하고 있다.

세계 복음화를 위한 제1차 국제대회(The International Congress on World Evangelization)는 1974년 7월 16일부터 10일간 스위스 로잔에서 열렸다. 150여 국가 2,700여 명의 복음주의 교회 지도자들이 모였으며, 한국은 조종남 박사가 대표로서 65명의 교회 지도자들과 함께 참석했다.[272] 2,700여 명의 목회자, 신학자, 선교사, 평신도 지도자들은 성령 안에서 하나 된 성도로서 함께 기도하고 연구하였으며 하나님의 놀라운 구원과 역사를 찬양하는 동시에 '세계 선교'에 헌신할 것을 다짐했다.[273] 1차 로잔운동은 한국 선교기관의 학생들에게 커다란 영향을 끼쳤다.

조종남 박사는 로잔대회에 대해서 다음과 같이 설명했다.

> 성경에 근거한 복음적 세계 선교의 이정표를 제시하고 있다. 로잔대회에 모인 지도자들은 성경의 권위를 재확인하였고, 성경에 근거하여 그리스도의 복음의 유일성과 전도의 필요성과 긴박성을 재확인하며 전도하여야 할 큰 세계를 주목하게 되었다. 그리고 로잔은 선교에서 모라토리엄의 물결을 역류시키면서 온 세계의 교회, 특히 제3세계의 교회들을 세계 선교로 불렀다.[274]

---

271 김은수, 《현대선교의 흐름과 주제》, 270.

272 김은수, 같은 책, 64. 한국에서는 조종남, 조동진, 한철하, 김옥길, 박조준, 노봉린, 유강식 등 여러 곳의 장로교단과 목사들이 65명 참여하였다.

273 조종남, 《로잔운동의 역사와 신학》, 26.

274 조종남, 같은 책, 28.

1차 로잔운동의 의의는 무엇인가? 첫째로 한국의 복음주의 지도자와 단체 그리고 목회자 65명이 참석하여 세계 복음화 운동를 위해 기도하고, 함께 미완성의 과제를 논의했다는 데 의의가 있다. 한국 교회가 세계 선교대회에 동참한 것이다.

둘째로 한국 교회가 1973년 빌리 그레이엄의 전도 집회, 1974년의 엑스포에 이어 로잔대회에 참석함으로써 한국 복음주의 운동의 중요한 흐름을 만들 수 있었다. 무엇보다 복음주의 운동이 캠퍼스로 확산되어 많은 대학생이 선교훈련을 받고 선교에 헌신하게 되었다.

셋째로 1차 로잔대회는 서구가 선교의 모라토리엄을 제창하여 등한시하던 해외 선교, 특히 당시 복음을 듣지 못한 27억 명의 사람들을 주목해 선교의 중요한 과제로 인식하는 데 공헌했다.[275] 1차 로잔대회 후 한국 교회가 해외에 많은 선교사를 파송하여 세계 복음화에 집중할 수 있었던 것도 그 성과 중 하나다.

넷째로 1차 로잔대회는 World Evangelization 기관지를 우편과 통신으로 세계로 확산하여 '기도운동'을 일으킴으로써 세계 복음화를 촉진시켰다.[276] 다섯째로 세계 복음화에 대한 신학적인 근거를 마련하였다. 1차 로잔대회에서 로잔운동의 신학적인 기반과 기초를 정리하였으며, 이는 1974년 로잔 언약(The Lausanne Covenant)에 나타났다.[277] 여섯째는 빌리 그레이엄의 복음 전도의 우선성과 긴박성, 존 스토트의 사회적인 책임과 사회봉사를 아울러 이해하는 계기가 되었다.[278]

---

275 조종남, 같은 책, 29-30.
276 조종남, 같은 책, 31.
277 조종남, 같은 책, 31.
278 김은수,《현대 선교의 흐름과 주제》, 271.

## IV. 2차 로잔대회(1989년)

1차 로잔대회 이후 로잔 언약의 실제적인 적용으로서 LCWE(로잔세계복음화위원회)와 같은 크고 작은 포럼과 콘퍼런스가 열렸다. 특별히 풀러신학대학원과 랄프 윈터 박사를 중심으로 미전도 종족에 관심이 집중되었고, UPGs(전세계미전도종족)와 여호수아 프로젝트 등의 선교단체에 의해서 미전도 종족에 선교를 적용하고 실천해 나갔다. 싱가포르에서 아시아 로잔 리더십 콘퍼런스(1978, 1988년)가 열리는가 하면 중국에서 세계복음화대회(CCOWE, 1976, 1981, 1986년)가 열렸고, 1987년에는 싱가포르에서 청년 리더의 선교 콘퍼런스가 열렸다.[279] 이렇듯 제1차 로잔운동은 교회, 선교단체, 선교사, 특별히 젊은 청년과 학생들이 선교에 헌신하는 데 기여하였다.

2차 로잔대회는 1989년 7월 필리핀 마닐라에서 173개국 4,300여 명이 '그리스도께서 다시 오실 때까지 그를 선포하라: 온 교회가 온 세상에 온전한 복음을 전하라는 부름'(Proclaim Christ Until He Come: Calling the Whole Church to Take the Whole Gospel to the Whole World)이라는 주제로 개최되었다.[280] 2차 로잔대회는 1차 로잔대회보다 소련연합, 동유럽 국가, 많은 여성과 젊은 청년 리더들이 참석하였고, 오순절과 은사운동 그룹도 참석하였다. '온 교회가 온전한 복음을 세상 가운데 선포하자'라는 비전과 슬로건을 내걸고 온전한 복음(4개 분야), 온전한 교회(5개 분야), 온전한 세상(3개 분야)의 분야별로 21개의 논문이 발표되었다.[281]

한국은 2차 로잔대회에 조종남, 한철하, 김선도, 이종윤을 비롯한

---

279 Hyung Keun Choi, "The Korean Church and Lausanne Movement", 70-71.

280 김승호, "복음주의 로잔운동이 나아가야 할 방향", 《로잔운동의 현재와 미래 선교》(서울: 한국로잔위원회, 2023), 117.

281 Hyung Keun Choi, "The Korean Church and Lausanne Movement", 71.

100여 명이 참석하였다. 조종남 박사에 따르면, 2차 로잔대회 이후 한국을 대표해서 참석한 복음주의자들은 국제복음운동를 위한 창(window)을 한국 내에 세우기를 바라고 한국복음주의협회를 조직하였다. 그러나 한국복음주의협회는 아시아복음주의협회, 세계복음주의협회(WEF)의 멤버가 됨으로써 사실상 로잔위원회는 유명무실해졌다.[282]

이후 1989년 광림교회에서 한국로잔위원회가 조직되어 1995년 2차 회의를 통해 이종윤 박사를 의장으로 선출했다. 한국로잔위원회는 1999년까지 아시아로잔위원회의 중심이 되어 국제로잔위원회 기금을 마련하는가 하면 매달 토론과 발표를 가졌다. 2002년에는 서울에서 5차 아시아로잔위원회(ALCOE V: 제5차 전도를 위한 아시아 교회 지도자 회의)를 열었다. 한국은 이 대회에 120명이 참석하였다.[283]

2004년 9월, 파타야 포럼이 태국 파타야에서 열렸다. 한국로잔위원회에서 20명이 참석했고, 그 해 11월 25일 서울교회에서 보고대회를 가졌다. 보고대회의 발표자는 조종남, 이종윤, 한철호, 최형근, 윤용섭, 김태연, 유승관, 한정국, 야마모리(국제총무) 등이었다.[284]

2006년 5월 22-26일 6차 아시아로잔위원회가 필리핀에서 열렸다. 한국로잔위원회는 6월 25일을 북한 구원을 위한 세계기도일로 정해 줄 것을 로잔국제위원회 의장 버드솔(Birdsall)에게 제안했고 이 안건은 채택되었다.[285]

2007년 11월 30일, 로잔국제위원회 의장 버드솔이 내한해 3차 로잔 케이프타운 대회를 위한 준비 상황을 전달하였고, 2008년 3월 14일에는

---

282 Hyung Keun Choi, 같은 책, 73.
283 Hyung Keun Choi, 같은 책, 74.
284 조종남, 《로잔운동의 역사와 신학》, 67.
285 조종남, 같은 책, 68.

케이프타운 2010를 위한 준비 모임인 'Lausanne International Leadership Meeting'을 서울에서 열어 줄 것을 요청했다. 이에 한국위원회는 2008년 10월 13일 각 교단 총무와 선교부장을 서울교회에 초청하여 조종남 박사가 '로잔의 역사와 한국 교회'를, 이종윤 박사가 '제3차 로잔대회'를 발제했다. 2008년 11월 17일 한국로잔위원회는 총회를 열고 의장에 이종윤, 명예의장에 조종남, 김선도, 부의장에 이수영, 강승삼, 서기에 한철호, 황병구, 회계에 이광순, 변창욱, 감사에 옥일환, 총무에 김태연, 협동총무에 한정국, 최형근을 선출했다.[286]

2009년 3월 26일 한국 로잔위원회 4월 월례 모임에서 최형근 박사가 '온 교회(the whole church)에 대한 로잔신학위원회의 입장'을 주제로 발제했다. 6월 월례 모임에는 이광순 박사가 발제자로 나섰고 'Lausanne International Leadership Meeting'에 대한 경과보고가 있었다. 10월 22일 10월 월례 모임에서는 남아공의 기독교 및 한국 선교사 현황에 대한 토의가 있었다. 2010년 3월 25일 3월 모임에서는 이종윤 박사가 '에베소서 2장 연구'를 주제로 발제하였으며, 그 해 월례 모임에선 이종윤 박사의 에베소서 연구가 집중되었다.[287]

로잔 파타야 포럼의 중요성은 2000년대 가장 많은 수의 32LOPs (Lausanne Occasional Papers, 로잔 비정기 논문)가 발간되었다는 것이다. 2004년 파타야 포럼은 미국을 중심으로 로잔운동의 리더십을 새롭게 세워 가게 되었다. 흥미로운 것은, 로잔 언약과 마닐라 선언문의 중요한 설계가는 존 스토트였다. 영국의 신학자이자 목사인 존 스토트의 신학적이고 선교적인 영향은 전 세계 복음주의에 지대하게 미쳤으며, 그가 설계한 로잔 언약

286 조종남, 같은 책, 68-69.
287 조종남, 같은 책, 69-70.

과 마닐라 선언문은 3차 케이프타운 대회의 공식적인 문서가 되었다.[288]

1989년 한국로잔위원회(KLC)가 세워지고 2010년 케이프타운 대회가 있기까지 한국에서 로잔운동은 널리 확산되지 못했다. 한국로잔위원회가 인적, 재정적으로 많은 한계를 갖고 있었기 때문인데, 특히 주로 활동한 이들이 선교 지도자, 나이 든 목사, 신학자로서 인적 자원에서 한계가 많았다. 뿐만 아니라 젊은 세대와 지역 교회에 영향을 끼치는 플랫폼을 갖지 못했다는 것이 또 다른 이유로 지적되었다.[289]

## V. 제3차 로잔대회 (2010년)

3차 로잔대회는 2010년 10월 16-25일에 남아공 케이프타운(Cape Town)에서 198개국 4,200여 명이 참석한 가운데 열렸다. 여기에 온라인 참여도 있었는데 과학기술의 진보로 세계 여러 나라에서 수십만 명이 참여하였다.[290] 한국은 88명이 참석하였다.[291]

케이프타운 서약 1부 '우리가 사랑하는 주님을 위하여' 제하 10개 조항은 신앙고백을, 2부 '우리가 살아 섬기는 세상을 위하여' 제하 6개 조항은 행동 요청을 담고 있다.[292] 특히 행동 요청은 구체적으로 "다원주의적이며 세계화된 세상 속에서 그리스도의 진리를 증거하기, 그리스도의 평화

---

288 Hyung Keun Choi, "The Korean Church and Lausanne Movement", 74-75.

289 Hyung Keun Choi, 같은 책, 76.

290 Hyung Keun Choi, 같은 책, 77. 참석자 중 1,200명은 선교 지도자, 1,200명은 목회자, 1,200명은 학자들이었고, 한국에서는 이종윤, 조종남, 최형근, 김은수 등 120여 명이 참석했다. 김은수, "2010년 케이프타운 로잔 3차 대회의 의미와 과제", 한국선교신학회 편, 〈선교 신학〉 26/2011, 37.

291 조종남, 《로잔운동의 역사와 신학》, 70.

292 최형근, 《케이프타운 서약》 (서울: IVP, 2014), 6-7.

를 이루기, 타 종교인들 속에서 그리스도의 사랑을 실천하기, 세계 복음화를 위한 그리스도의 뜻을 분별하기, 교회가 겸손과 정직과 단순성을 회복하기, 선교의 하나 됨을 위해 그리스도의 몸 안에서 동역하기"였다.[293]

로잔 3차 대회의 전체 주제는 고린도후서 5장 19절에 근거한 '그리스도 안에서 세상과 화해하시는 하나님'(God in Christ, Reconciling the World to Himself)으로, 화해의 복음을 어떻게 증거할 것인가를 집중 토론하였다.[294] 3차 대회의 성과는 '케이프타운 서약'(The Cape Town Commitment: 약자 CTC)으로 *Cape Town 2010, The Third Lausanne Congress on World*로 발간되었다. 케이프타운 서약은 앞선 로잔대회의 문서들을 계승하는 동시에 시대적 요청에 따라 토론하여 발전시킨 내용을 담고 있다. 케이프타운 서약은 '선교에서의 화해와 일치를 위하여 예수 그리스도의 몸 안에서 협력하자'(CTC II, F)는 주제를 중요하게 다루었다. 이를 위해 케이프타운 로잔대회는 실천적이고 구체적으로 협력할 수 있는 방법을 제시하였다.[295]

2010년 케이프타운 대회는 복음 전도와 함께 사회적 책임과 봉사를 강조했다. 김은수는 "1974년 제1차 로잔대회를 개최하게 된 가장 큰 동기는 1973년 방콕 CWME 대회가 전도보다는 사회적 책임을 우선하는 것에 도전하기 위한 것이었다. 케이프타운 CLC는 방콕 대회에서 강조된 사회적 책임을 상당히 수용하였다. 케이프타운 CLC 제5항은 '인간 사회 어느 곳에서나 정의와 화해를 구현하고 인간을 모든 종류의 압박으로부터 해방시키려는 하나님의 관심에 동참'한다고 규정하였다. 구원의 메시지는 모든 소외와 억압과 차별에 대한 심판의 메시지를 내포한다. 그러므로 우

---

293 최형근, 같은 책.

294 *Evangelization*, 16-25 October 2010, Cape Town International Convention Centre, 30-33. 핸드북과 중요 문서들은 7개 언어로 번역되어 배포되었다.

295 조종남, 《로잔운동의 역사와 신학》, 122.

리는 악과 불의가 있는 곳 어디든지 이것을 고발하는 일을 두려워해서는 안 된다. 따라서 우리가 선포하는 구원은 우리로 하여금 개인적 책임과 사회적 책임을 총체적으로 수행하도록 우리를 변화시켜야 한다."[296] 이렇듯 3차 대회는 1차, 2차 로잔대회보다 사회적 관심과 책임을 확장시켰다.

한국로잔위원회 120명이 케이프타운 대회에 참석하였다. 첫 번째 저녁 세션에서는 아시아의 '박해받는 그리스도인과 교회'와 '종교적 자유'를 집중 조명하였다. 한국로잔위원회는 탈북한 고등학생이 연설자로 나서 그녀의 북한 생활을 발표했다. 그녀는 북한의 핍박과 박해로 인해 고통 받았던 지난 시간과 그럼에도 신앙을 지킨 것 그리고 기독교인을 처형하는 북한의 상황을 간증했다. 한편, 비디오를 통하여 한국 선교사들의 활동과 한국 교회의 활발한 선교운동이 소개되었다.[297]

한국로잔위원회는 2010년 11월 25일 케이프타운 보고대회를 가졌다. 이동주, 성기호 박사가 각각 선교적 입장과 신학적 입장을 보고하고 이종윤, 조종남 박사가 총평을 했다. 12월 9일에는 서울교회에서 5차 총회를 갖고 회장 이수영, 부의장 오정현, 성기호, 이광순, 김정석, 서기 한철호, 회계 박재언, 총무 김태연, 협동총무 한정국, 최형근을 선출하였다.

케이프타운 대회 이후 한국로잔위원회는 선교운동을 촉진하고 발전시켰다. 2011년 6월 제7차 아시아로잔대회를 가졌고, 2013년 6월에는 아시아로잔위원회와 한국로잔위원회가 '아시아 교회 지도자 포럼'을 서울에서 개최하였다. 이 대회에는 중국 정부의 금지 명령에도 중국에서 120명이 참석하였다.[298]

3차 로잔대회 이후 한국 교회 신학생들에게 로잔운동을 적극 알렸

296 김은수, "케이프타운 서약과 로잔문서의 선교적 성찰", 한국선교신학회, 〈선교 신학〉 50집 37-68 (2018).

297 Hyung Keun Choi, "The Korean Church and Lausanne Movement", 77-78.

298 Hyung Keun Choi, 같은 책, 79.

다. 2011년 서울신학대학교에서 조종남 박사가 '로잔운동 역사와 로잔 선교 신학의 특징'이라는 주제로 발표하였고, 최형근 박사가 '케이프타운 2010'을 발표하였다. 그 결과 여러 신학대학과 기독교 대학 13곳에서 교수들의 지도하에 로잔신학생 동아리가 설립되었다. 2012년 5월 4일에 1차 로잔 동아리 교수들의 모임이 있었다. 이수영, 김광성, 장훈태, 김성욱, 정흥호, 이동주, 박보경, 박영환, 이성숙, 김태연 등이 참석하였다. 2012년 11월 23-24일에는 1회 로잔캠프가 광림세미나하우스에서 한국로잔위원회 주최로 열렸고 로잔연구교수회가 참석하였다.[299] 이후로 매년 로잔교수회 모임과 동아리 모임이 열리고 있다. 2020년 10월 COVID-19 상황임에도 2024년 4차 로잔대회 준비를 위한 모임이 열렸다. 이 자리에서 로잔 목회자 모임은 한국 목회자들에게 로잔운동의 역사, 신학, 비전을 소개하였다.

2015년 이후 한국로잔위원회는 로잔의 정신과 신학, 로잔운동을 널리 알리고, 국제로잔위원회의 다양한 포럼과 콘퍼런스 등에 대표단을 파견했으며, 복음적 선교운동을 펼쳤다.[300] 그 결과 3차 로잔대회 이후 한국 교회가 로잔운동에 관심을 갖기 시작하였다. 특별히 신학대학의 학생들이 동아리를 구성하여 로잔 정신과 운동에 활발하게 참여하였다. 그리고 한국을 중심으로 아시아로잔위원회가 연대하여 포럼과 콘퍼런스를 갖는 일이 많아졌다. 또한 코로나 이후의 상황에서 4차 서울-인천 로잔대회를 준비하면서 한국 교회 목회자들에게 로잔운동의 역사와 신학을 널리 알리며 운동을 확산시켜 나갔다.

299 조종남,《로잔운동의 역사와 신학》, 72-73.

300 Hyung Keun Choi, "The Korean Church and Lausanne Movement", 81-82.

# VI. 제4차 로잔대회 (2024년)

2024년 50주년을 맞은 로잔대회는 9월 22-28일 인천 송도컨벤시아에서 4차 대회를 가졌다. '교회여, 함께 그리스도를 선포하고 나타내자'(Let the Church declare and Display Christ Together)를 주제로 200여 개국 5,400명의 복음주의 지도자들이 모였다. 이 대회 주제의 핵심은 첫째, 'Let the Church, Together: 온 교회(하나님의 백성), 하나 됨, 함께함'이고 둘째는 'Declare and Display: 복음을 선포하고, 행동으로 영향을 주며 드러냄'이며, 셋째는 'Christ: 예수 그리스도의 통치, 세상을 향한 하나님의 목적 성취'다.

'온 교회가 온전한 복음을 온 세상에 전하자'라는 슬로건으로 세계 복음화 운동을 펼치는 로잔대회는 특별히 4차 대회에서 사도행전을 통해 하나님께서 그분의 교회를 만드시고, 그분의 목적을 드러내신 과정을 함께 살펴보며, 온 세상에 드러날 그리스도의 통치를 위해 함께 나아갈 것을 선언하였다.

4차 로잔대회는 주제 강연과 25개의 이슈 트랙으로 구성되었다. 25개 트랙은 '복음 전파'(Reaching People)에 6개 트랙, '디지털 시대의 사역'(Ministry in a Digital Age)에 4개 트랙, '인간 됨에 대한 이해'(Understanding Humannes)에 3개 트랙, '다중심적 선교사역'(Polycentric Missions)에 2개 트랙, '선교와 거룩함'(Mission & Holiness)에 3개 트랙, '공동체에서 증인 되기'(Bearing Witness within Communities) 4개 트랙, '사회적 상호교류'(Societal Interaction) 3개 트랙으로 구성되었다.

이제 4차 로잔대회의 선교학적 의의와 평가를 살펴보자. 우선 4차 로잔대회는 디지털 시대의 '세계 복음화 운동'을 위해 202개국 5,400명이 모여 세계 선교를 고민하고, 구체적 행동, 협력 그리고 연합을 이루어 낸 대회다. 개회식에서 한국로잔위원회 의장인 이재훈 목사는 "4차 대회는 글로벌 다세대 디지털 선교 시대에 열리는 대회이며, 이제 협력적 선교운동이 일어나야 한다"고 강조하였다.

둘째는 여성, 청년 그리고 비서구권(중남미, 아프리카, 아시아)의 리더들이 '리더십'을 드러낸 대회였다. 주제 강연과 25개 트랙은 물론 저녁 강의에서 비서구권 리더들이 발표하고 주도함으로써 서구 중심에서 비서구 중심 그리고 여성, 청년 중심으로 패러다임이 전환된 대회였다.

셋째는 세계 복음화에서 미완성 과제(미전도종족)를 이루기 위해 복음 전도에 더욱 매진할 것을 다짐했다. 마이클 오 목사는 개막식에서 "실패를 통해 아직 미완성으로 남아 있는 복음화에 매진해야 한다…. 복음을 들어 보지 못한 숫자가 매년 늘어나고 나고 있다"고 진단한 데 이어 폐회사에서는 "교회가 일어나 집단적 책임감을 갖고 모든 민족과 열방, 사회의 모든 영역에서 그리스도의 몸을 나타내고 선포하자"고 강조하면서 "이번 4차 로잔대회가 그 시작"이 될 것이라고 했다. 복음운동은 박해와 고난 속에서도 꾸준히 확산되어 왔다. 로잔운동은 마태복음 24장 14절을 이루기까지 온 세상에 예수 그리스도의 복음을 전하고 선포해야 할 것이다.

넷째는 500여 명의 한국의 선교학 교수, 지도자, 목회자, 선교사, 신학생, 청년들과 1,600여 명의 봉사자들이 협업으로 이뤄 낸 대회였다. 한국로잔위원회 의장인 이재훈 목사, 준비위원장 유기성 목사, 총무 문대원 목사, 부위원장으로 신학적 작업을 위해 수고한 최형근 교수, 로잔교수회 회장 구성모 교수를 비롯해 여러 목회자, 선교사, 교수, 신학생, 청년들이 로잔의 정신을 잇고, 로잔운동을 선교지와 지역 교회에서 실천하기로 다짐했다.

마지막으로 가장 중요한 것은 '서울 선언'[301]을 통해 로잔 신학과 정신을 분명히 밝힌 것이다. 서울 선언은 첫째 복음은 우리가 살고 전하는 이야기이며, 둘째 성경은 우리가 읽고 순종하는 하나님의 말씀이며, 셋째 교회는 우리가 사랑하고 세우는 하나님의 백성이며, 넷째 인간은 하나님의 형상으로 창조되고 회복되는 존재이며, 다섯째 제자도는 거룩함과 선교를 위한 우리의 소명이며, 여섯째 열방의 가족은 우리가 인식하고 그들의 평화를 위해 섬기는 분쟁 중인 민족들이며, 일곱째 기술은 우리가 분별하고 관리하는 가속적 혁신 주제로 97개가 있다고 정의했다.

특별히 서울 선언은 최근 서구와 한국 사회, 교계에서 논란이 되고 있는 '동성애와 동성 결혼'에 대해 분명한 의견을 제시했다. 59-70항 '결혼과 독신에 대한 기독교적 이해와 동성 성관계에 대한 기독교적 이해'에서 동성애와 동성 결혼은 성경적인 근거를 들어 죄악이라고 선언했다. 창조 질서 안에서 한 남자와 한 여자의 결혼이 어떠해야 하는지를 분명히 밝히고 있다.

4차 로잔대회가 한국 교회에 주는 메시지는 매우 크다고 볼 수 있다. 그것은 '십자가에 못 박히시고 부활하신 생명 되신 예수 그리스도의 복음'을 전파하고 그리스도의 통치를 드러내는 선교에 한국 교회가 집중하자는 것이며, 세계 81억 인구 중 25억 명의 기독교인(Christian)을 제외한 56억 비기독교인들을 향해 복음 전도에 매진하자는 것이다.

---

[301] 로잔위원회, "서울 선언" 2024년 9월 26일 발표.

## VII. 나가는 말

1974년에 시작된 로잔운동은 세계 선교에서 긍정적인 성취를 가져왔다. 로잔대회는 2024년 4차 대회에 이르기까지 '예수 그리스도의 유일성'(Finality of Jesus Christ)에 대한 신앙을 붙잡고 예수 그리스도의 복음만이 시대를 초월한 유일한 진리임을 천명했다(로잔 언약 3항, 마닐라 선언 2부 3항, 케이프타운 서약 1부 4항, 서울 선언 43-47). 복음 전도의 우선순위를 강조한 것도 로잔의 공헌이며(로잔 언약 7항, 마닐라 선언 2부 4항, 케이프타운 서약 2부 8항, 서울 선언 43항), 복음주의 진영이 소홀히 한 교회의 사회적 책임을 강조한 것도 긍정적인 기여다(로잔 언약 5항, 마닐라 선언 8·9·18·21항, 케이프타운 서약 1부 10항, 서울 선언 80-85항, 서울 선언 77-80). 4차에 걸친 대회를 통해 선언한 로잔 언약, 마닐라 선언, 케이프타운 서약, 서울 선언은 복음주의 신학과 선교의 핵심을 잘 정리하고 있다. 그것은 세계 복음화를 위해 헌신하려는 복음주의자들을 결집하는 하나의 '푯대, 방향'(direction)이 되었다.[302]

한국 로잔운동은 1-4차 로잔대회를 통해 영혼 구원을 향한 세계 복음화 운동, 미전도 종족을 향한 복음 전도, 선교, 성령의 능력 사역, 미완성 과업을 향한 교회들의 협력과 연대를 강조해 왔다. 교회가 박해와 고난 중에도 최우선으로 놓치지 않고 해야 할 일은 전도다. 한국 로잔운동은 지역 교회에 로잔 정신을 알리고 아시아로잔위원회와 연대해 아시아 지역에 복음을 전하며, 특별히 국제로잔위원회와 파트너십을 가지고 로잔운동을 확산시켰다는 점에서 매우 중요한 역할을 해왔다.

세계 복음화는 온 교회가 온전한 복음을 온 세계에 전파할 것을 요구

---

302 김승호, "복음주의 로잔운동이 나아가야 할 방향", 《로잔운동의 현재와 미래 선교》(서울: 로잔교수회, 2023), 132-133.

한다. 교회는 하나님의 우주적인 목적에서 중심에 서 있다. 하나님은 복음 전도를 위해 교회와 크리스천들을 사용하신다. 이제 50주년을 맞은 로잔대회가 서울에서 개최된 것을 계기로 한국 교회가 세계 선교에 더욱 매진하고, 미전도 종족의 영혼 구원을 위해 세계와 연대하고 협력하며, 지역 교회에서 선교운동이 활발하게 일어나기를 기대한다.

# 9. 로잔운동과 선교적 영성 — 구성모

# I. 들어가는 말

로잔운동은 온 교회가 온전한 복음을 온 세상에 전파하려는 선교적 의도로 시작되었다. 1974년 스위스에서 1차 대회, 1989년 마닐라에서 2차 대회, 2010년 케이프타운에서 3차 대회를 가졌다. 로잔운동이 시작된 이래 계속된 로잔대회는 복음주의 교회들에게 성경에 기초한 선교의 방향과 내용을 제시해 주는 길잡이 역할을 하였다. 또한 로잔대회는 '복음 전도의 우선성'을 중시하면서도 동시에 '사회적 책임'도 외면하지 않는 '온전한' 전파를 바탕으로 하여 확장해 나가고 있다. 로잔대회의 총재인 마이클 오(Michael Oh)는 "…2024년은 로잔운동이 50주년이 되는 해로, 우리는 세계 속에서 하나님의 선교에 대한 진지한 재헌신에 대해 교회가 도전하고 결집하도록 부름을 받은 전략적인 해라고 믿는다. 세계 교회는 모든 사람에게 복음이 전해지며, 모든 민족과 장소에서 제자 삼는 교회들이 세워지고, 모든 교회와 사회 영역에서 그리스도를 닮은 리더와 사회 모든 영역에서 하나님 나라의 영향을 보기 위한 비전을 성취해야 한다"고 강조하였다.[303] 이러한 비전의 토대는 영성을 기초로 한다. 그 이유는 로잔운동은 선교운동이며 선교운동은 곧 건강한 영성을 토대로 그 성취가 가능하기 때문이다.

찰스 쿡(Charles Cook)도 선교가 중단되는 가장 중요한 요인은 영적인 힘의 고갈 때문이라고 강조하였다.[304] 곧 선교는 그 사역의 특수성과 선교 현장의 상황으로 인해 영적 탈진을 경험하기가 쉽다. 또한 건강한 선교사역을 마지막까지 진행하는 것도 외부적 요인보다는 선교하는 자신의 내

---

303 http://www.kidok.com (2023년 5월 1일 접속).

304 신상목, "찰스 쿡 교수, 한국선교연구원 설립 20주년 세미나에서 '고군분투 선교사 영적 돌봄 시급'", http://missionlife.kukinews.com/artcle/view.asp?page=2&gCode=mis&arcid=0003385883&code=23111311 (2023년 5월 1일 접속).

부적 상황이 더 많은 영향을 미친다. 그러한 내부 요인 중에서도 선교적 영성으로 파생된 문제가 가장 큰 영향을 미친다고 볼 수 있다. 선교가 영성 있는 사람들에 의해 행해지는 '지상 대위임'(the Great Commission)의 과업이지만[305] 선교운동체인 로잔에서 선교적 영성과 관련하여 연구한 국내외 결과물은 쉽게 발견되지 않는다. 이러한 현실에서 그동안 로잔이 생산한 여러 문서들에 담긴 내용을 중심으로 로잔의 선교적 영성을 살펴보자.


## II. 선교적 영성의 개념

선교적 영성을 정의하는 것은 간단한 문제가 아니다. 선교적 영성을 정의하려면 먼저 '선교적'(missional)의 의미를 살펴보아야 한다. 성경적으로 '선교적'이라는 용어의 개념은 하나님 나라와 모든 피조물의 완전한 회복을 위한 하나님의 계획을 포함한 하나님의 선교 전체를 말한다.[306] 크리스토퍼 라이트(Christopher Wright)는 이 용어를 "선교와 관련되거나 선교에 의해 규정되는, 혹은 선교의 특성, 속성, 혹은 역할을 가진 어떤 것을 나타내는 형용사"라고 풀이한다.[307] 미셸(Michael)과 가린 밴 리넨(Gailyn Van Rheenen), 더글러스 매코넬(Douglas McConnell)도 '선교적'을 "생각과 행동과 삶의 방식이 선교 지향적인 것"으로 요약하여 정의하였다.[308] 더 나아가 최

---

305  마 28:18-20; 막 16:15; 행 1:8.

306  권오훈, "하워드 스나이더(Howard A. Snyder)의 선교적 교회론", 〈선교신학〉 36집 (2014), 52.

307  Tom Steffen·Lois M. Douglas, *Encountering Missionary Life and Work*, 김만태 역, 《선교사의 생활과 사역》(서울: 기독교문서선교회, 2010), 69; Christopher Wright, *The Mission of God*, 정옥배·한화룡 역, 《하나님의 선교》(서울: IVP, 2010), 27.

308  Michael·Gailyn Van Rheenen·Douglas McConnell, *Change Face of World Missions*, 박영환 외 역, 《변화하는 내일의 세계 선교》(인천: 바울, 2008), 17.

동규는 '선교적'이라는 단어는 교회와 복음을 들어야 할 세상의 관계성을 가리킨다고 보았다.[309] 본래 이 용어는 '선교적 교회'[310] 논의가 본격화되면서 부각되었다. 이러한 '선교적 교회'라는 용어의 개념은 곧 교회의 본질적인 구조를 '선교 지향적'(mission-oriented) 혹은 '선교 중심적'(mission-minded)으로 추구하는 교회를 말한다.[311] 이러한 관점에서 '선교적'이라는 용어는 직업, 재정, 자산, 계획, 신학, 설교, 성경 66권의 성격, 저자, 성경의 초점, 일상적인 삶 등 어떤 주제든, 하나님의 선교와 연관된 핵심적인 가치를 지향한다고 볼 수 있다.

그러면 '선교적 영성'은 무엇인가? 일반적으로 선교는 복음 증거를 위해 복음을 알지 못하는 사람들에게 전하는 것이다. 하나님의 사람들과 복음을 모르는 사람들의 다리로 전도자가 존재하는 것이다. 그러한 전도자는 가능한 모든 방법을 통하여 주변인들을 선교의 대상으로 생각하기 이전에 먼저 타자 중심성으로 그들을 더불어 살아가는 이웃으로 여기고, 또한 그들과 더불어 살아가면서 그들의 필요를 열심히 채우는 진정성을 다양한 방법으로 드러내는 선교적인 존재다. 다른 말로 표현하면, 그러한 전도자는 예수 그리스도를 상징하는 자이며 곧 그리스도를 알지 못하는 자들에게 그리스도를 전하고 보여 주고 나누어 주는 자로서 독특한 면을 가질 수밖에 없다. 선교사로서 그 특수한 직무를 감당하고 있는 박상배는 일상성과 연관 지어 "선교적 영성은 선교하는 자가 일상의 삶에서 하나님의 음성을 듣고 응답해 가는 삶 그 자체"라고 하였다.[312] 예수께서는 히

---

309 최동규, "선교적 교회의 관점에서 본 교회", 〈선교신학〉 36집 (2014), 340.

310 문상철, "Craig Van Gelder의 선교적 교회론", 〈제34회 한국 선교학 포럼 강의안〉 (서울: 한국 선교연구원, 2009), 1.

311 레슬리 뉴비긴(Lesslie Newbigin)의 선교 신학에서 영향을 받은 북미 신학자들을 중심으로 '복음과 네트워크'(Gospel and Our Culture Network)가 형성됨으로 구체화되었다.

312 박상배, "선교사와 영성", 〈KMQ〉 제3호 (2002. 봄), 82-85.

브리 율법사나 랍비와는 다른 스승이었다. 그는 새로운 유형의 '제자 형성'(discipleship)에 집중하였다. 그래서 자신과 같은 온전한 사람이 되는 것을 요구하셨다. 그리고 "가서 모든 족속으로 제자를 삼아… 내가 너희에게 분부한 모든 것을 가르쳐 지키게 하라"(마 28:19-20, 개역한글)고 명령하셨다. 선교를 위한 지상 대명령으로 이해되는 마태복음 28장 19-20절 말씀은 그 자체가 한 인격을 담고 있다고 할 수 있다. 또한 선교는 사람들을 예수 그리스도의 사람으로 만드는 일체의 작업을 뜻한다. 그 일을 위해서 하나님은 위대한 사상이나 교리를 보내는 게 아니라 사람들을 보내신다.

## III. 로잔의 선교적 영성

마이크 바넷(Mike Barnett)은 "로잔의 슬로건은 '온 교회'(Whole Church)가 '온전한 복음'(Whole Gospel)을 '온 세상'(Whole World)에 전하자"이지만 "로잔이 '세상의 잃어버린 자들을 찾아 예수를 전하는 일'을 잃는다면 로잔은 길을 잃은 것이다"라고 언급하면서 로잔운동의 본질을 지적하였다.[313] '로잔 언약'과 '마닐라 선언'도 로잔운동의 우선순위가 어디에 있는지를 분명히 보여 준다.

세계 복음화는 온 교회가 온전한 복음을 온 세계에 전파할 것을 요구한다. 교회는 하나님의 우주적인 목적의 바로 중심에 서 있으며, 복음을 전파할 목적으로 하나님이 지정하신 수단이다. (로잔 언약 6항)

---

313 Mike Barnett, "Where is the Lausanne Movement Headed?", ttps://www.ciu.edu/ content/ where-lausanne-movement-headed (2023년 5월 14일 접속).

교회가 희생적으로 해야 할 일 중에서 전도가 최우선이다. (로잔 언약 7항) 우리의 주된 관심은 복음에 있으며, 모든 사람이 예수 그리스도를 구주로 영접할 기회를 갖도록 하는 데 있기 때문에 복음 전도가 우선이다. (마닐라 선언 2부 4항)

케이프타운 서약은 크게 두 가지(The Cape Town Commitment)로 이루어져 있다. 곧 '우리가 사랑하는 주님을 위하여: 케이프타운 신앙고백'과 '우리가 섬기는 세상을 향하여: 케이프타운 행동지침'이다.[314] 최형근은 케이프타운 서약이 로잔 언약에 기초하며 그 연속선상에 있기 때문에 로잔운동의 기본적인 특성은 선교적이라고 강조하였다.[315] 이러한 그의 언급은 케이프타운 서약에 아래와 같이 명시되어 있다.

우리는 온전한 교회가 되는 일에, 온전한 복음을 믿고 순종하고 나누는 일에, 그리고 온 세상으로 나아가 모든 나라를 제자 삼는 일에 우리 자신을 새롭게 헌신한다. (케이프타운 서약 서문)

예수님의 제자인 우리는 복음의 사람들이다. 우리의 정체성의 중심에는 예수 그리스도를 통한 하나님의 구원 사역이라는 성경의 좋은 소식에 대한 열정이 자리 잡고 있다. 우리는 복음 안에서 하나님의 은혜를 누린 경험과 모든 가능한 수단을 동원해 땅끝까지 그 은혜의 복음을 전하려는 동기로 하나가 된다. (케이프타운 서약 1부 8항)

이와 같이 로잔운동 선교대회가 1차에 이어 3차까지 진행되어 왔다.

---

314 로잔운동, 《케이프타운 서약: 하나님의 선교를 위한 복음주의 헌장》(서울: IVP, 2014).
315 최형근, "케이프타운 서약에 나타난 선교적 교회론", 《로잔운동과 선교 신학》, 한국로잔연구교수회 (서울: 케노시스, 2015), 21.

그 결과로 채택된 로잔 언약과 마닐라 선언 그리고 케이프타운 서약 등의 세 강에는 선교가 중심되는 선교적 영성이라는 생명의 물이 공통적으로 흐르고 있다. 이제 로잔운동의 선교적 영성이 어떻게 나타나고 있는지 살펴보자.

### 1. 로잔의 타자 중심의 영성

예수의 삶의 모든 원리는 한마디로 '타자 중심성'(other-centeredness)이라 볼 수 있다. 타자 중심성은 반대 개념인 자기중심성(self-centeredness)을 통하여 그 의미가 분명해진다. 브락(R. N. Brock)은 자기중심성은 정도의 차이는 있지만, 모든 사람 속에 뿌리박힌 '원죄'(The Original Sin)가 핵심이라고 지적하였다.[316] 원래 인간은 하나님 중심적인 삶을 영위했으나 선악과를 먹음으로 자기중심적인 삶으로 전락하였다. 스메데스(L. B. Smedes)가 주장하는 것처럼 예수의 삶은 타인을 섬기는 삶으로 엮여 있다.[317] 포드(I. Ford)도 예수 리더십의 중심에는 타자 중심이 있다고 하였다. 자신을 성육하시고 지상의 사역과 십자가에서 죽으심은 모두가 하나님의 뜻을 이루려는 하나님 중심적인 삶을 보여 준다. 또한 예수의 삶은 사람들을 구원하기 위한 타자 중심적 삶이었다.[318] 따라서 선교적 영성은 예수 그리스도의 삶의 모습에 기초해야 한다. 곧 예수를 통하여 드러난 타자 중심성에서 선교적 영성은 시작된다고 볼 수 있다. 그러면 로잔문서에는 타자 중심의 영성이 어떻게 나타나고 있는가?

로잔운동은 철저하게 타자 중심성을 가진 운동이다. 곧 로잔운동은

---

316  R. N. Brock, *Journeys by Heart: A Christology of Erotic Power* (New York: The Cross Road Publishing Company, 1988), 2.

317  L. B. Smedes, Mere Morality (Grand Rapids: Wm. B. Eerdmans Publishing Company, 1983), 59.

318  L. Ford, *Transforming Leadership* (Downer Grove: IVP, 1991), 148.

그리스도인의 책임이 교회만이 아닌 교회 밖 세상의 모든 나라, 모든 지역, 모든 영역에 있음을 강조하여 선교운동의 지평을 훨씬 크게 열어 놓았다. 타자 중심의 사회적 행동은 전도의 다리가 된다. 타자 중심의 활동은 다양한 편견과 의심의 벽을 무너뜨리고 닫힌 마음의 문을 열게 하며 복음에 대한 긍정적인 마음을 가지게 한다. 타자 중심의 섬김은 선교 대상이 되는 사람들로 하여금 현실적 필요 가운데서 영적 필요가 우선됨을 깨닫도록 해준다. 이러한 섬김은 세상을 향한 타자 중심의 사랑이 건너가는 다리다.[319] 마닐라 선언 8장에도 타자 중심의 복음 전도와 사회적 책임이 간접적으로 언급되고 있다. 곧 "그리스도인의 책임 있는 삶으로의 요청(call to a responsible life-style)은 책임 있는 증거에로의 요청(call to responsible witness)과 분리될 수 없다"고 언급함으로써 그 둘의 긴밀한 관계성에 대해 지적한다.[320] '책임 있는 삶에로의 요청'과 '책임 있는 증거에로의 요청'은 분리될 수 없는 동전의 양면과 같다. 그 이유는 그리스도인의 메시지가 자신들의 삶과 충돌될 때 그 신뢰성은 기반을 잃고 훼손될 수밖에 없기 때문이다. 마닐라 선언 16항에서는 "우리는 모든 교회와 성도들이 자신이 속한 지역사회에서 복음 증거와 사랑의 봉사로 눈을 돌려야 함을 단언한다"[321] 고 구체적으로 명시하고 있다.

3차 로잔대회에서는 "단순히 복음 전도와 사회참여가 나란히 이루어져야 한다는 뜻이 아니라 사람들을 삶의 모든 영역에서 사랑과 회개를 행하도록 요청하기 때문에, 우리의 선포가 사회적인 모습을 지니게 된다"[322]

---

319 Lausanne Occasional Paper 21: "Evangelism and Social Responsibility: Evangelical Commitment", www.lausanne.org/all-documents/lop-21.html.

320 이 표현은 마닐라 선언 8장에서 2회 동일한 문장으로 나타난다. 그 이유는 마닐라 선언이 전도를 약화시키려는 것이 아니라는 점을 강조하려는 의도로 보인다.

321 로잔운동, 《케이프타운 서약: 하나님의 선교를 위한 복음주의 헌장》, 223.

322 로잔운동, 《케이프타운 서약: 하나님의 선교를 위한 복음주의 헌장》, 61.

고 선언하였다. 이는 선교와 사회에 대한 봉사를 따로 한다는 것이 아니라 사회참여와 사회봉사를 선교 프로그램의 일환으로 종속시킨다는 것이다. 케이프타운 서약 1부 10항을 보면 이러한 사실이 더욱 분명하고도 구체적으로 드러난다.

> …우리의 모든 선교가 이루어지는 장소는 우리가 살아가는 세상, 곧 죄와 고통과 불의와 창조 질서가 왜곡으로 가득한 세상이며, 이런 세상으로 하나님은 그리스도를 대신해 사랑하고 섬기도록 우리를 보내신다. 그러므로 우리의 모든 선교에서 복음 전도와 세상에서의 헌신적인 참여가 통합되어야 하며…. 이 둘은 모두 하나님의 복음에 관한 성경 전체의 계시가 명령하고 주도하는 일이다…. 총체적 선교는 복음을 선포하는 것이며 드러내는 것이다…. 하나님은 선교의 모든 차원을 총체적이고 역동적으로 실천하도록 그분의 교회를 부르셨으며, 우리는 이에 헌신한다.

또한 케이프타운 서약 1부 7항에서는 사회적 약자들을 향한 자세를 새롭게 하도록 촉구한다.

> 우리는 이 세상의 가난한 자들과 고통받는 자들을 사랑한다…. 하나님의 모든 백성은 가난한 자들을 위해 실제적인 사랑과 정의를 행함으로써 하나님의 사랑과 정의를 드러내라고 명령을 받았다. 가난한 자들에 대한 이러한 사랑은, 우리가 자비와 긍휼을 베푸는 것만이 아니라, 가난한 자들을 억압하고 착취하는 모든 것을 폭로하고 반대하는 행위를 통해 정의를 실천할 것을 요구한다. 우리는 악과 불의가 있는 어디든지 그리고 언제든지 이것을 고발하는 일을 두려워해서는 안 된다. 이 문제에 관해 우리는 하나님의 열정을 공유하고, 하나님의 사랑을 구현하며, 하나님의

성품을 반영하고, 하나님의 뜻을 행하는 데 실패했음을 부끄러운 마음으로 고백한다. 우리는 소외되고 억압받는 자들과 연대하고 그들을 지지하는 행위를 포함하여 정의를 증진하는 일에 새롭게 헌신한다.

존 스토트도 제3세계 국가들 곧 남미, 아시아, 아프리카의 가난을 목격한 후 기독교 선교에서 타자 중심의 행위는 결코 부차적인 것이 될 수 없다고 강조하였다.[323] 그는 복음 전도와 사회적 책임이 서로 분리될 수는 없지만, 언제나 함께 두 가지가 동시에 병행적으로 수행되어야 한다는 의미는 아니라고 하였다.[324] 무엇을 먼저 할 것인가는 상황에 따라 다르지만 "배고픈 사람에게는 들을 귀가 없다"[325]는 점을 거듭하여 강조한다. 이러한 사회적 행동의 강조가 바람직한 변화인지는 오늘까지도 로잔 안에서 논란의 숙제라는 사실은 분명하다.[326] 왜냐하면 선교의 궁극적 지향은 동일하지만 방법의 우선순위에서는 서로 다른 관점이 공존하기 때문이다. 그럼에도 불구하고 로잔운동의 기본정신은 "온전한 복음을 모든 교회가 온 세계에"로 요약된다는 점에는 다른 의견이 없다고 본다. 여기서 '온 세계'라는 개념은 로잔이 추구하는 그리스도인으로서 타자 중심의 사회적 책임감을 내포한다. 비록 타자 중심의 사회적 책임은 로잔 안에서 비중을 두지 않은 영역이지만 1차 대회부터 언급된 주제였다. 이 주제는 로잔대회가 거듭되면서 점차 구체화되어 갔다. 이와 같이 로잔운동은 예수 그리

---

323 Tim Stafford, "A Plain, Ordinary Christian: John Stott Made Extraordinary Contribution to the Global Evangelical Movement", *Christianity Today*, Vol. 55, No. 9 (Summer, 2011), 46.

324 John Stott, *Christian Mission in the Modern World* (Downers Grove, IVP, 1975), 28.

325 John Stott, 같은 책.

326 로잔운동 안에서 신학적 변화는 과거에 대한 반성에서 비롯되었다고 본다. 구체적인 자료는 홍기영, "로잔 세계 복음화 운동의 선교 신학적 고찰: 로잔 언약, 마닐라 선언, 케이프타운 서약을 중심으로", 《로잔자료집》, 115-140을 참고하라.

스도 중심의 복음 전도를 우선하면서도 그리스도인의 타자 중심의 사회적 책임을 외면하지 않는다. 이는 2차 로잔대회의 마닐라 선언문 21개 항 중에서 8항, 9항, 18항, 21항이 사회적 책임에 대해 대표적으로 언급하고 있음을 보아서도 잘 알 수 있다. 따라서 로잔운동의 선교적 영성은 타자 중심의 영성이 아닐 수가 없다.

### 2. 로잔의 일상생활의 영성

일상생활의 영성이란 무엇인가? 폴 스티븐슨(Paul Stevens)는 "…일상적인 삶을 통해 하나님과 사귀려는 신앙인의 갈망"이라고 말하면서 일상생활의 영성을 "영성이라는 것은 근본에 관한 문제이며, 깊이 뿌리박힌 피상성을 탈피한 삶에 관한 문제이며, 평범한 그리스도인이 생활의 현장에서 거룩해지는 것이 과연 가능한지에 대한 문제다…. 영성은 한마디로 하나님과 나누는 접촉이나 혹은 교제다. 그러므로 성경적인 그리스도인이라면 이 교제를 매일의 삶, 현실의 삶으로 구체화하고 구현하고 엮어 내야 할 것"[327]이라고 암시한다. 일상생활의 영성은 개인적인 삶과 공동체적인 삶을 서로 분리하기보다는 자신의 삶에서 하나님과 하나되어 타자 중심의 이웃 사랑을 실천하는 삶으로 확장하는 것이라 할 수 있다. 이와 같이 일상생활의 영성은 일상을 통하여 하나님의 임재를 경험하는 삶이다. 하나님과의 교제는 매일의 일상성을 통해 가능하다는 점을 제시한다. 그리스도인에게 일상생활의 영성은 하나님을 증거하는 생활 선교를 가능하게 한다. 하나님은 족장들 모두가 일상생활의 영성으로 선교하게 하셨

---

327 Paul Stevens, *Disciplines of the Hungry Heart: Christian Living Seven Days a Week*, 박영민 역, 《현대인을 위한 생활영성》(서울: IVP, 1996). 11-14. 폴은 일상생활의 영성을 다른 저서에서도 강조한다. Paul Stevens·Michael Green, *Living the Story*, 윤종석 역, 《그분의 말씀 우리의 삶이 되어》(서울: 복있는사람, 2006).

다. 아브라함은 가나안 땅, 애굽 그랄 땅에서 살면서 삶의 선교를 하게 하셨고, 이삭은 그랄 땅에 살면서 삶의 선교를 하게 하셨다. 야곱은 밧단아람에서 살면서 사람의 선교를 하게 하셨고, 요셉은 애굽에 살면서 삶의 선교를 하게 하셨으며, 그의 가족 70여 명을 애굽에 이주시켜 살게 하면서 세계를 선교하는 민족으로 번창하게 하셨다. 이처럼 하나님은 네 명의 족장을 이방 땅인 열방으로 파송시켜서 선교적 삶을 살게 하셨다.

예수께서도 자신의 일상성에서 섬김의 삶으로 선교하셨다. 그분은 소외계층은 물론 죄인들까지도 찾아다니면서 섬기는 생활을 하셨다. 이러한 예수의 삶을 마이클 프로스트(Michael Frost)는 그의 저서 《바보예수》(Jesus the Fool)[328]에서 변혁적인 삶으로 표현하였다.

> 예수께서 당시에 보여 주신 본보기는 2천 년이 지난 지금도 우리의 신경을 곤두세운다. 그분은 그런 행동을 함으로써 당시 종교 지도자들의 비웃음을 사곤 했다. 대적들로부터 술 취한 자요 탐식가이자, 죄인들의 친구라는 비난을 받았던 그분은 전형적인 종교인의 범주에서 벗어나 계셨다. 그분은 하나님 나라의 창조적인 면모를 사방에서 보았고 의외의 방식으로 그것을 포용하셨다.[329]

진정한 선교적 영성은 예수 그리스도처럼 일상적인 삶에서 누구에게나 어디서나 섬김의 삶, 사랑의 삶, 오래 참음의 삶으로 선교하는 것이라 할 수 있다. 이처럼 하나님의 백성의 삶은 선교와 불가결하게 연결된다(창 18:19). 이를 크리스토퍼 라이트는 기독교인의 삶과 선교를 통합하여 하나님의 선교와 교회의 선교, 곧 그리스도인들의 삶의 방식의 순환 관계로 규

---

328 Michael Frost, *Jesus the Fool*, 신철희 역, 《바보예수》(서울: IVP, 2005).
329 Michael Frost, 같은 책, 35-36.

정한다.[330] 신약성서에는 이를 일관성 있게 제시하고 있다. 하나님 나라의 백성들은 세상을 위해 존재하는 백성으로서 그들의 일상적인 생활에서 정체성이 드러나야 한다. 언제든지 복음은 순종의 행위로써 일상생활의 변화를 수반한다.

로잔운동에서 일상생활은 일터로 나타난다. 이는 로잔운동의 초기에는 일터는 강조되지 않았다. 그러나 일상생활의 기초를 제공하는 단초들이 이후 로잔대회에서 등장하기 시작하였다. 마닐라 선언에서 평신도 역할의 중요성을 강조하면서 일터 사역의 기초를 마련하였다. 로잔 언약 1항에서는 "하나님은 당신 자신을 위해 세상으로부터 한 백성을 불러내시고 다시 그들을 세상으로 내보내시어 당신의 나라를 확장하시고, 그리스도의 몸을 세우시고, 당신의 이름의 영광을 위해 당신의 부르심을 받은 백성을 당신의 종과 증인이 되게 하신다"고 강조한다. 마닐라 선언 15항과 16항에서도 분명하게 확인된다.[331]

우리는, 복음을 선포하는 사람들은 거룩함과 사랑을 생활 속에서 드러내야 함을 단언한다. 그렇지 않으면 우리의 증거는 그 신빙성을 잃게 될 것이다. (15항)

우리는, 모든 교회의 성도들이 자신이 속한 지역사회에서 복음 증거와 사랑의 봉사에로 눈을 돌려야 함을 확언한다. (16항)

마닐라 선언 7항에서도 이에 대해 거듭하여 강조하고 있다.[332]

---

330 Michael Frost, 같은 책.

331 로잔운동, 《케이프타운 서약: 하나님의 선교를 위한 복음주의 헌장》, 232-233.

332 로잔운동, 《케이프타운 서약: 하나님의 선교를 위한 복음주의 헌장》, 247.

변화된 삶보다 복음을 설득력 있게 전하는 것은 아무것도 없으며, 삶이 복음과 불일치하는 것만큼 복음을 비난받게 만드는 것도 없다. 우리는 그리스도의 복음에 합당하게 행동하고, 거룩한 삶으로써 복음의 아름다움을 선양하며 복음을 '빛나게' 해야 한다. 우리를 주시하는 세상 사람들은 그리스도의 제자들이 입으로 고백하는 바를 뒷받침할 만한 증거가 있는지 찾고 있는데 이는 너무도 당연하다. 우리의 성실성이 가장 강한 증거가 된다.

이러한 일상생활에 대한 본격적인 논의는 2004년 제2차 파타야 대회에서 비롯되었다. 와일리 코티우가(Willy Kotiuga)는 "교회로 하여금 일터에서 살아나서 일터를 거룩하게 해야 한다. 우리의 일터는 생존을 위해 존재하는 것이 아니라, 하나님의 생명을 일터 현장으로 불어넣기 위해 존재한다"고 강조하였다.[333] 케이프타운 서약 2부 행동요청 3항은 "노동하는 삶 전체가 사역의 영역에 속하는 것으로 여긴다"면서 "하나님은 삶의 모든 것의 주님이시다"라고 선언한다. 더 나아가 다음과 같이 도전한다.[334]

우리는 모든 신자에게, 하나님이 일하시도록 부르신 곳이면 어디든 그곳이 바로 일상의 사역과 선교를 수행하는 장소임을 받아들이며 확신하라고 권면한다. 우리는 목회자들과 교회 지도자들에게, 사회와 일터에서 그러한 사역을 수행하는 이들을 지원하며 '섬김의 일을 위해 성도들을 구비시키라'고 촉구한다.

이와 같이 로잔운동은 복음 선포를 지속적으로 강조하면서 동시에

---

333 Willy Kotiuga, "People at Work: Preparing to be the Whole Church", https://www. lausanne.org/content/people-at-work-preparing-to-be-the-whole-church (2023년 5월 1일 접속)
334 로잔운동, 《케이프타운 서약: 하나님의 선교를 위한 복음주의 헌장》, 70-71.

진리를 실천하는 연속성이 일상생활 전반으로 확장되도록 강조하고 도전한다. 케이프타운 서약은 일관되게 "성경적 삶이 없다면 성경적 선교도 없다"[335]고 강조하며 "…일상생활의 모든 장소와 상황에서 성경적 세계관으로 살고, 생각하고, 일하고, 말하는 영향력을 미치라…"[336]고 촉구한다. 따라서 로잔운동의 선교적 영성은 일상생활의 영성이다.

### 3. 로잔의 성육신적 영성

'성육신'은 하나님의 아들이 '예수 안에서' 인간의 형상을 취하신 방식을 의미한다.[337] 이는 성서에 나오지는 않는다. 그러나 신약성서를 통하여 쉽게 발견되는 것이 성육신이다. 가장 대표적인 것은 요한복음 1장 14절, "말씀이 육신이 되어 우리 가운데 거하시매"이다. 여기서 '말씀'은 태초부터 존재했다. 역설적으로 보이지만, "하나님이 함께 계셨으며" 동시에 "하나님이셨던" 본체를 가리키는 말이다(요 1:1-2). 그 말씀이 육신이 되었다. 여기서 '육신'은 사람의 몸을 이루고 있는 물리적이고 살아 있는 구성 요소를 말한다.[338]

마샬(I. H. Marshall)은 성육신을 통하여 "하나님이 어떤 존재이며, 그분이 어떻게 행동하시는지를 보여 줌으로써, 보이지 않는 하나님을 '보이게' 하는 것이라고 볼 수 있다"고 하였다. 또한 "말씀이 육신이 되는"(요 1:14) 성육신을 통하여 예수는 유대인으로, 갈릴리인으로, 1세기의 인물로, 그레코로만형(Greco-Roman form)의 인간으로 상황화하신 것이다. 따라

---

335 로잔운동, 같은 책. 42; Christopher Wright, *The Mission of God*, 464.

336 로잔운동, 《케이프타운 서약: 하나님의 선교를 위한 복음주의 헌장》, 72.

337 I. H. Marshall, "Incarnation", eds., T. Desmand Alexander·Brain S. Rosner, *New Dictionary of Biblical Theology*, IVP번역위원회 역, 《성서신학사전》(서울: IVP, 2004), 762.

338 T. Desmand Alexander·Brain S. Rosner, *New Dictionary of Biblical Theology*, 762-763.

서 성육신의 개념은 선교적 영성의 토대가 된다. 예수께서 성육신하신 것을 삶의 양식으로 적용해 가는 것이 선교다.[339] 곧 선교는 "성육신을 내면화하는 과정"이다. 이는 선교적 영성의 형성에 결정적으로 영향을 미치는 지향점이며 모델이다.[340] 선교하는 삶은 이웃들과 함께하며(with), 이웃들 속에서(in), 이웃들을 위해서(for) 존재하는 성육신의 영성을 통해서 이루어진다. 이와 같이 성육신하는 자세가 선교의 성패에 중요한 역할을 한다고 할 수 있다. 티모시 텐넌트(Timothy C. Tennent)는 "놀랍게도 예수는 구체적인 상황 가운데서 성육신을 통하여 좋은 소식을 나타내셨다"고 하면서, 선교는 "새로운 '사회적 실재의 구석구석에서' 어떻게 그리스도를 재현할 것인가를 이해할 필요성"을 가진다고 하였다.[341] 이와 같이 선교적 영성은 예수 그리스도가 보여 준 것과 유사한 과정으로 하나님을 보여 주는 성육신하는 영성이라 볼 수 있다. 마닐라 선언 4항에서 이와 같은 성육신하는 선교적 영성이 발견된다.[342]

> 참된 선교는 언제나 성육신적이어야 한다. 참된 선교를 위해서는 겸허하게 그 사람들의 세계에 들어가서 그들의 사회적 현실, 비애와 고통 그리고 압제 세력에 항거하며 정의를 위해 투쟁하는 그들의 노력에 동참할 필요가 있는 것이다.

마닐라 선언 고백 8항에서는 하나님의 사랑을 예수께서 보여 주신 대

---

339 Sherwood G. Lingenfelter· Marvin K. Mayers, *Ministering Cross-Culturally: An Incaranational Model for Personal Relationalships* (Baker Book House, MI: 1991), 25.

340 Marxi Dunnam, *Alive in Christ: The Dynamic Process of Spiritual Formation* (Nashville, TN: Abingdon Press, n.d.), 43.

341 Timothy C. Tennent, *Invitation to World Missions*, 홍용표 외 11인 역, 《세계선교학개론》(서울: 서로사랑, 2013), 329.

342 로잔운동, 《케이프타운 서약: 하나님의 선교를 위한 복음주의 헌장》, 247.

로 실천할 것을 강조하고 있다.[343]

우리는, 하나님의 사랑을 구체적으로 표현하되 정의와 인간의 존엄성 그리고 의식주의 문제로 어려움을 당하고 있는 사람들을 돌아봄으로써 그 사랑을 실천적으로 입증해야 함을 단언한다.

이러한 마닐라 선언은 영혼 구원을 얻은 각각의 사람들이 사회 속에서 성육신으로 사랑의 삶을 실천해야 함을 의미한다. 이는 그리스도인에게 복음 증거와 함께 요구되는 사회적 책임이다. 케이프타운 서약 10항의 '우리의 선교가 지녀야 할 총체성'은 그것과는 다르게 표현하여 강조하고 있다.[344]

우리의 모든 선교의 근원은 성경에 계시된 것처럼 하나님이 온 세상의 구속을 위해 그리스도 안에서 행하신 일이다. 우리의 복음 전도의 과제는 그 좋은 소식을 모든 나라에 알리는 것이다. 우리의 모든 선교가 이루어지는 장소는 우리가 살아가는 세상, 곧 죄와 고통과 불의와 창조 질서의 왜곡으로 가득한 세상이며, 하나님이 그리스도를 대신해서 사랑하고 섬기도록 우리를 이런 세상으로 보내신다. 그러므로 우리의 모든 선교에서 복음 전도와 세상에서의 헌신적인 참여가 통합되어야 하며, 이 둘은 모두 하나님의 복음에 관한 성경 전체의 계시가 명령하고 주도하는 일이다.

로잔문서들이 일관되게 강조하는 것은 그리스도인에게 있어서 복음

---

343 로잔운동, 《케이프타운 서약: 하나님의 선교를 위한 복음주의 헌장》, 232.
344 로잔운동, 《케이프타운 서약: 하나님의 선교를 위한 복음주의 헌장》, 60-61.

증거가 우선순위를 차지하기는 하지만 확장된 선교 개념도 무시할 수 없다는 점이다. 곧 선교의 실천 영역이 일상성으로 확장되어 총체적인 성육신적 선교사역을 등한시해서는 안 될 것이라고 선언하고 있는 것이다. 즉 예수께서 성육신으로 헌신하여 세상을 구원하신 것처럼 우리도 헌신하여 세상을 구원할 뿐만 아니라 세상을 위해서도 봉사해야 한다는 것이다. 따라서 로잔운동의 선교적 영성은 성육신의 영성이다.

### 4. 로잔의 사랑의 영성

예수께서 강조하신 마가복음 12장 28-34절은 신명기 6장 4-5절과 신명기 11장 13-21절, 민수기 15장 37-41절과 맥락을 같이한다.[345] 이스라엘 백성의 율법 준수를 명하는 모든 성경 말씀들 가운데서 가장 잘 알려진 구절들이다. 예수께서 말씀하신 마가복음 12장 30절은 새 계명으로서 사랑의 방법을 사중적으로 표현한 것인데 이는 다음의 그림과 같이 묘사될 수 있다.[346]

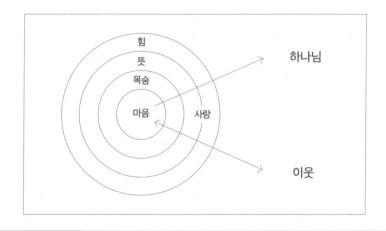

---

345 Dune Christensen, *World Biblical Commentary*, 김철 역, 《WBC 성경주석 마가복음 하》, vol. 6A (서울: 솔로몬, 2003), 363.

346 Roger Helland·Leonard Hjalmarson, *Missional Spirituality* (Downers Grove, IL: IVP, 2011), 71.

"네 마음을 다하고"에서 '마음'은 보편적으로 육체와 정신과 생명의 중심을 뜻한다.[347] 곧 모든 육체적 감각과 감정적 감성과 의지를 동원하여 하나님을 사랑하라는 말씀이다. "목숨을 다하고 뜻을 다하여"에서 '목숨'은 흔히 느낌, 감정, 욕구와 관련되는 생명 자체를 가리킨다.[348] 곧 생명과 연관되는 사랑을 하라는 것이다. 또한 "뜻을 다하고"는 단순한 육체적인 힘을 다하는 것이 아니다. 그것은 살아 있는 생명체의 육체와 정신과 영적인 총체적 힘을 의미한다.[349] 결국 예수의 새 계명은 마음과 목숨, 뜻과 힘을 다하여 "주 너희 하나님을 사랑하라"는 사중적 표현으로서 인간이라면 이러한 새 계명을 최우선적으로 실행해야 함을 강조한다.[350] 예수께서는 첫째가는 계명인 하나님에 대한 사랑의 자연적인 결과로 드러나는 둘째 계명 곧 이웃 사랑에 대해 말씀하신다. 이는 곧 인간의 사랑이 하나님의 사랑을 보완하는 것을 의미한다. 사람을 사랑하거나 하나님을 사랑하는 자들이 하나님과 사람을 동시에 사랑하지 않는다면, 이는 오직 사랑의 덕목의 절반만을 실천하는 것이다.[351] 두 사랑은 서로 분리될 수 없는 관계성 속에 놓여 있다고 볼 수 있다. 이웃을 사랑하지 않고서는 하나님을 사랑한다고 말할 수 없다(요일 4:20, 21). 십계명에서도 이와 동일한 의미를 보여 준다. 곧 1계명에서 4계명까지는 하나님 사랑이며, 5계명에서 10계명까지는 인간 사랑이다.

바울 서신과 요한 서신에서도 예수 그리스도의 '새 계명'를 구체적으로 적용하는 신앙생활을 강조하여 '새 계명'이 의도한 것을 구체적으로

---

347 마음은 특히 다른 어느 것보다 영적 삶의 본거지이자 내적 존재다.

348 Robert Guelich, *World Biblical Commentary*, 김철 역, 《WBC 성경주석 마가복음 하》, vol. 34B (서울: 솔로몬 2002), 475-476.

349 뜻은 오성(悟性)과 지성(知性)을 가리킨다.

350 제자원 편집, 《옥스퍼드 원어 성경대전, 마태복음》(서울: 제자원, 2006), 260.

351 Robert Guelich, *World Biblical Commentary*, 476.

드러낸다(요일 4:20-21). 이는 선교적 영성 안에 담긴 관계의 영성이요 신비의 영성이다.[352] 따라서 영성 훈련은 하나님과 사람을 사랑하는 훈련이다. 특히 선교적 영성은 사랑의 관계에서 이루어지는 것이라 볼 수 있다.[353]

마닐라 선언 8항은 사랑의 구체적 대상을 명시하며 실천을 강조한다. "우리는 하나님의 사랑을 구체적으로 표현하되, 정의와 인간의 존엄성 그리고 의식주의 문제로 어려움을 당하고 있는 사람들을 돌아봄으로써 그 사랑을 실천적으로 입증해야 한다." 케이프타운 서약의 신앙고백에서는 '사랑한다'를 두 부류로 구분하였다. 하나는 하나님께 대한 사랑의 고백이다. 다른 하나는 세상과 이웃에 대한 사랑이다. 제1부 신앙고백 '우리가 사랑하는 주님을 위하여'에서는 10가지 사랑을 고백하고 있다.[354]

> (1) 우리는 하나님이 먼저 우리를 사랑하셨기에 하나님을 사랑한다.
> (2) 우리는 살아 계신 하나님을 사랑한다.
> (3) 우리는 성부 하나님을 사랑한다.
> (4) 우리는 성자 하나님을 사랑한다.
> (5) 우리는 성령 하나님을 사랑한다.
> (6) 우리는 하나님의 말씀을 사랑한다.
> (7) 우리는 하나님의 세상을 사랑한다.
> (8) 우리는 하나님의 복음을 사랑한다.
> (9) 우리는 하나님의 백성을 사랑한다.
> (10) 우리는 하나님의 선교를 사랑한다.

이와 같이 케이프타운 서약의 신앙고백은 하나님의 자녀로서 하나님

---

352 Leonard Sweet, *Out of Question ... Into the Mystery*, 윤종석 역, 《관계의 영성》(서울: IVP, 2011), 198-207.

353 Roger Helland·Leonard, *Missional Spirituality*, 72-73.

354 로잔운동, 《케이프타운 서약: 하나님의 선교를 위한 복음주의 헌장》, 19.

께 대한 그리스도인의 사랑과 헌신의 고백을 다음과 같이 담고 있다. "하나님 백성의 선교는 하나님을 향한 사랑과 그리고 하나님이 사랑하시는 모든 이를 향한 사랑에서 흘러나온다." 이는 하나님의 사랑과 이웃의 사랑을 분명히 하는 신앙고백이다. 또한 케이프타운 신앙고백은 사랑의 의미를 강조한다.

하나님 사랑과 이웃 사랑은 모든 율법과 예언서를 지탱하는 처음이자 가장 위대한 계명이다. 사랑은 율법의 완성이자 성령의 첫 열매다. 사랑은 우리가 거듭난 표지요 우리가 하나님을 아는 것을 확신하게 해주며 하나님이 우리 안에 거하신다는 증거다. 사랑은 그리스도의 새 계명으로서 그리스도께서는 제자들에게 오직 이 계명에 순종함으로써만 그들의 선교가 가시화되고 신뢰할 만한 것이 될 것이라고 말씀하셨다. 그리스도인이 서로 사랑하는 것은 성육신한 아들을 통해 자신을 드러내신 보이지 않는 하나님이 계속해서 세상에 자신을 드러내는 방식과 같다고 할 것이다.

이 신앙고백은 더 나아가 가장 기본적이면서도 어려운 성경의 도전을 다음과 같이 분명하게 들추어내어 강조한다.

⑴ 마음과 목숨과 뜻과 힘을 다해 주 우리 하나님을 사랑하라.
⑵ 외국인과 원수를 포함해 이웃을 우리 자신처럼 사랑하라.
⑶ 하나님이 그리스도 안에서 우리를 사랑하셨듯이 서로 사랑하라.
⑷ 독생자를 주시고 그를 통하여 세상을 구원하시는 하나님의 사랑으로 세상을 사랑하라.

이는 이러한 성경적 사랑이 우리의 정체성이자 특징이 되어야 함을 확언하고 있다. 복음 전도는 하나님을 아직 알지 못하는 사람들을 향한 하나님의 사랑이 복음을 전하는 자의 마음 안에 가득하여 흘러넘치는 일이다. 이는 우리가 선교적 사명을 완수하는 일에 있어서 사랑이 얼마나 중요한 것인가를 깊이 각인시킨다. 서로 사랑함은 선교의 주요한 표식이다. 그러므로 우리가 서로 사랑의 계명을 순종하도록 새롭게 헌신하는 것은, 바로 하나님의 선교를 위한 필연적인 과정이다(요일 3:11).[355] 이것이 케이프타운 서약에서 행동 요령의 결론이다. 이와 같이 예수께서 서로 사랑하라고 말씀하신 새 계명은 선교의 기반이다. 그리스도를 닮는 사랑의 혁명이 사람들을 복음으로 안내하여 구원하기에 이른다. 따라서 로잔운동의 선교적 영성은 사랑의 영성임에는 한 치의 틀림도 없다.

## IV. 나가는 말

지금까지 살펴본 바와 같이 로잔의 선교적 영성은 세 개의 관계 즉 하나님과 인간, 인간과 인간, 인간과 세상의 관계 속에서 이해되어야 한다. 곧 하나님과의 관계에서 비롯되지만, 그것은 삶을 통해서 다른 사람들을 사랑하기 위해 타자 중심적인 삶을 살아가는 일상생활의 영성으로 드러난다.[356] 달리 말하자면, 로잔의 선교 영성은 하나님과의 교제를 통해 예수를 닮아 갈 뿐만 아니라 매일의 삶을 통하여 그분처럼 사랑을 체득하는 것이라고 할 수 있다.

케이프타운 서약은 로잔 언약(Lausanne Covenant)과 마닐라 선언에 기초한다. 이러한 연속선상에서 서약의 근본은 선교적 영성에 있다고 볼 수 있

---

355 로잔운동, 《케이프타운 서약: 하나님의 선교를 위한 복음주의 헌장》, 131.

356 임마누엘 라티(Emmanuel Y. Lartey)는 영성에 대한 유용한 정의를 제공한다. 자세한 내용은 Emmanuel Y. Lartey, *In Living Colour: An Intercultural Approach to Pastoral Care and Counselling* (London: Cassell, 1997)을 참조하라.

다. 그리고 로잔의 선교적 영성은 여러 가지로 구분되어 표현할 수 있으나 '타자 중심의 영성', '일상생활의 영성', '성육신의 영성', '사랑의 영성'으로 요약된다. 문제는 '이러한 영성을 지속적으로 실천할 수 있는 동력은 어떻게 가능할까?'이다. 그것은 '신앙의 순기능 회복'에 있다고 본다. 신앙의 순기능이 회복되면 로잔의 선교적 영성은 실천적으로 강화되어 간다. 신앙의 순기능을 회복하는 것은 로잔문서들에서 찾을 수 있다. 첫째로 "성경을 매일 규칙적으로 읽어야 한다". 로잔 언약은 성경은 전도의 지침이며, "온전한 교회, 온 복음, 온 세상"이라는 성경적 선교관을 강력하게 표방한다.[357] 따라서 성서를 규칙적으로 읽고 실천하려는 운동이 일어나면 신앙의 순기능이 회복되면서 로잔의 선교적 영성은 자연스럽게 강화된다고 본다.

둘째로 "기도생활을 규칙적으로 실천해야 한다". 예수의 삶은 기도의 삶이었다. 기도하는 시간이 부족하면 신앙은 약화된다. 주를 향한 열정도 식게 되고 이웃을 향한 마음도 좁아진다. 기도가 자연스럽게 일상성에서 실천되지 않으면 그 영혼은 병들거나 죽고 만다.

마지막으로 선교적 영성의 삶은 가정에서 전도로 시작되어야 한다. 그리스도인이 매일 복음을 전하는 일은 일상성이 되어야 한다. 그것은 자신의 가족으로부터 전도(선교)가 이루어질 때 밖으로 향할 수 있는 힘을 얻는다. 가장 가까운 가족이 건강한 신앙인으로 성장하면 사회 속으로 신앙의 영향력이 확장되어 간다.

---

357 최형근, "제3차 로잔대회 케이프타운 서약의 특징과 의의", 《제1회 로잔캠프 로잔자료집》 (2012. 11.), 95-101.

# 10. 로잔운동과 복음 전도 — 황병배

# Ⅰ. 들어가는 말

　　복음 전도는 하나님이 우리에게 주신 가장 큰 위임(Great Commission)이다. 예수님은 승천하시기 직전에 이 사명을 우리에게 맡기셨다. "그러므로 너희는 가서 모든 민족을 제자로 삼아 아버지와 아들과 성령의 이름으로 세례를 베풀고 내가 너희에게 분부한 모든 것을 가르쳐 지키게 하라 볼지어다 내가 세상 끝날까지 너희와 항상 함께 있으리라"(마 28:19-20). 따라서 복음 전도는 예수를 영접하고 하나님의 백성으로 살아가는 성도라면 반드시 감당해야 할 사명이다.

　　로잔운동의 핵심은 복음 전도에 있다. 이것은 로잔운동의 전체 슬로건인 '온 교회가 온 세상에 온전한 복음을 전파하자'(The whole Church to take the whole gospel to the whole world)에서 명확하게 드러나 있고, 지금까지 네 차례의 로잔대회 주제에도 분명하게 나타나 있다. 1974년 스위스 로잔에서 열린 제1차 로잔대회(The International Congress on World Evangelization)의 주제는 '온 땅이 주님의 음성을 듣게 하라'(Let the Earth Hear His Voice)이고, 1989년 마닐라에서 열린 제2차 로잔대회의 주제는 '재림의 날까지 그리스도를 선포하라: 온 교회가 전 세계에 온전한 복음을 전하라고 부르신다'(Proclaim Christ until He Comes: Calling the Whole Church to Take the Whole Gospel to the Whole World)이다. 2010년 케이프타운(Capetown)에서 열린 제3차 로잔대회의 주제는 '하나님께서 그리스도 안에서 우리를 자기와 화목하게 하신다'(God, in Christ, reconciling the world to himself, 고후 5:19)이고, 2024년 한국에서 열린 제4차 로잔대회 주제는 '교회여, 함께 그리스도를 선포하고 나타내자'(Let the Church Declare and Display Christ Together)이다. 따라서 로잔운동의 핵심은 '복음 전도'이고, 이 땅의 온 교회가 함께 협력해서 온전한 복음을 온 세상에 효과적으로 전하기 위한 정책과 전략을 세우는 세계 선교를 위한 연합 운동이라고 할 수 있다. 필자는 본 소고에서 로잔문서를 중심으로 로잔운동이 추구하는 복음 전도의 특징을 서술하고자 한다.[358]

## II. 로잔운동의 복음 전도 특징

로잔운동이 추구하는 복음 전도의 특징은 무엇인가? 다음 7가지로 정리할 수 있다.

### 1. 복음 전도의 긴박성

로잔운동은 임박한 종말 앞에서 최대한 많은 사람들에게 가능한 빨리 복음을 전해야 함을 강조한다. 로잔 언약은 '(15) 그리스도의 재림'에서 "우리는 예수 그리스도가 친히 권능과 영광 중에 인격적으로 또 눈으로 볼 수 있게 재림하셔서 그의 구원과 심판을 완성하실 것을 믿는다. 이 재림의 약속은 우리의 전도에 박차를 가한다. 이는 먼저 복음이 모든 민족에게 전파되어야 한다고 하신 그의 말씀을 우리가 기억하기 때문이다. 그리스도의 승천과 재림 사이의 중간 기간은 하나님 백성의 선교사역으로 채워져야 한다. 그러므로 종말이 오기 전까지 우리에게는 이 일을 멈출 자유가 없다"[359](LC,15)고 선포한다. '마닐라 선언'도 "우리의 주된 관심은 복음에 있으며, 모든 사람이 예수 그리스도를 구주로 영접할 기회를 갖도록

---

358 본 논문에서 인용한 자료는 지금까지 네 번의 로잔대회에서 발표한 공식 문서인 로잔 언약(The Lausanne Covenant, LC, 1974), 마닐라 선언(The Manila Manifesto, MM, 1989), 케이프타운 서약(The Cape Town Commitment, CTC, 2010), 서울 선언(The Seoul Statement, SS, 2024)에 국한하였고, 한국어 번역은 로잔 공식 홈페이지(https://lausanne.org/statement)의 한국어 번역문을 사용하였다.

359 https://lausanne.org/statement/ctcommitment.

하는 데 있기 때문에 복음 전도가 우선이다"[360](MM,4)라고 선포하고, "그분의 약속대로 어느 날 그의 나라를 완성하기 위해 상상할 수 없는 영광 속에 다시 오실 것이다. 우리는 깨어 준비하고 있으라는 명령을 받았다. 이 초림과 재림 사이의 간격은 기독교 선교 활동으로 채워져야 한다. 우리는 복음을 가지고 땅끝까지 가라는 명령을 받았으며, 주님은 그렇게 할 때 이 시대의 종말이 올 것이라고 약속하셨다…. 그러므로 기독교 선교는 긴급한 과업이다. 우리는 선교를 위한 시간이 얼마나 남아 있는지 모른다. 분명 허비할 시간은 없다…. 우리는 온 교회가 온 세상에 온전한 복음을 가지고 나아가 하나가 되어 희생적으로 주님이 재림하실 때까지 긴급하게 그리스도를 선포할 것을 선언하는 바이다"[361](MM,결론)라고 맺는다. 복음 전파의 긴박성을 강조하고 있는 것이다. '케이프타운 서약'과 '서울 선언'도 '복음 전도의 긴박성'을 다음과 같이 진술한다.

> B) 아직 복음을 듣지 못한 사람들에게 찾아가서 그들의 언어와 문화에 깊이 참여하고 성육신적 사랑과 희생적 봉사 정신으로 그들 가운데서 복음으로 살아가며, 성령의 능력을 통해 하나님의 놀라운 은혜에 대해 그들을 일깨우면서 주 예수 그리스도의 빛과 진리를 말씀과 행위로 전하려는 우리의 헌신을 새롭게 다짐한다.[362](CTC, II부 D)

> 우리는 죄 가운데 잃어버린 사람들에게 구원을 가져오기 위해 예수 그리스도의 좋은 소식을 선포하는 위대한 사도적 우선순위에 대한 교회의 헌신을 통해 하나님이 행하신 일을 기뻐한다. 그럼에도 불구하고 여전

---

360 https://lausanne.org/statement/the-manila-manifesto.

361 같은 글.

362 https://lausanne.org/statement/ctcommitment.

히 수십억 명의 사람들이 그리스도 안에서 하나님의 사랑과 은혜의 메시지를 접하지 못하고 있기 때문에 세계 복음화는 여전히 시급한 과제다.[363](SS, 서문)

이렇듯 로잔운동은 임박한 종말 앞에서 온 교회가 온전한 복음을 온 세상에 긴급히 전할 것을 촉구하고 있다. 사람이 복음을 듣지 않고는 구원을 얻을 기회가 없기 때문이다. 따라서 복음 전도는 예수 재림 때까지 이 땅의 모든 성도와 교회들이 긴급하게 수행해야 할 절대 사명이다.

### 2. 복음 전도의 통전성

로잔운동은 복음 전도에 있어서 선포와 삶의 통전성을 강조한다. 즉 복음 선포와 사회적 책임 간의 관계를 통전적으로 이해하는 것이다.

먼저 로잔 언약(Lausanne Covenant)은 지금까지 우리가 사회적 책임을 등한시한 것에 대해서 반성하고 온전한 복음을 증거하기 위해 개인의 영혼 구원과 사회적 책임을 병행할 것을 다음과 같이 선포하고 있다.

> 사람은 하나님의 형상으로 창조되었기 때문에 인종, 종교, 피부 색깔, 문화, 계급, 성 또는 연령의 구별 없이 모든 사람이 타고난 존엄성을 지니고 있으며, 따라서 사람은 서로 존경받고 섬김 받아야 하며 누구나 착취 당해서는 안 된다. 이 점을 우리는 등한시해 왔고, 또는 종종 전도와 사회참여가 서로 성반된 것으로 잘못 생각한 데 대하여 참회한다…. 구원의 메시지는 모든 종류의 소외와 압박과 차별에 대한 심판의 메시지를 내포한다. 그러므로 우리는 악과 부정이 있는 곳에서는 어디서나 이것을 공박하는 일을 무서워해서는 안 된다…. 우리가 선포하는 구원은 우

---

363 같은 글.

리의 개인적, 사회적 책임을 총체적으로 수행하도록 우리를 변화시키는 것이어야 한다. 행함이 없는 믿음은 죽은 것이다.[364] (LC, 5)

마닐라 선언(Manila Manifesto)도 '통전적 복음 전도'를 다음과 같이 강조한다.

> 신빙성 있는 복음은 변화된 성도들의 삶 속에서 뚜렷이 나타나야 한다. 우리가 하나님의 사랑을 선포할 때 우리는 사랑과 봉사에 참여해야 하며, 우리가 하나님의 나라를 선포할 때 우리는 정의와 평화에 대한 그 나라의 요청에 헌신적으로 응답해야 한다…. 예수님도 하나님 나라를 선포하셨을 뿐만 아니라 하나님 나라의 도래를 자비와 능력의 역사로 보여 주셨다. 오늘 우리 역시 이와 같이 겸손한 마음으로 말씀을 전파하고 가르치며, 병자를 돌보며 굶주린 자에게 먹을 것을 주고, 갇힌 자들을 살피며, 억울한 자와 장애가 있는 이들을 도와주며, 억압당하는 자들을 구하는 일을 해야 한다. 영적인 은사가 다양하고 소명과 상황이 다르더라도, 복된 소식과 선한 행위는 분리할 수 없음을 단언한다.[365] (MM, 4)

케이프타운 서약(Capetown Commitment)도 '복음 전도의 통전성'을 다음과 같이 선언한다.

> 통합적(Integral) 선교란 복음이 예수 그리스도의 십자가와 부활을 통해 개개인과 사회, 창조 세계에 하나님의 기쁜 소식이 된다는 성경적 진리를 분별하고 선포하고 실천하는 것을 의미한다. (CTC, I부 7A)

---

364 https://lausanne.org/statement/lausanne-covenant.
365 https://lausanne.org/statement/the-manila-manifesto .

우리의 복음 전도 과업은 모든 열방에 이 기쁜 소식을 전하고 알게 하는 것이다. 우리의 모든 선교적 상황은 우리가 살아가는 세상, 곧 죄와 고통과 불의와 창조 질서의 파괴로 가득 차 있는 세상이다. 하나님은 그리스도를 위해 그런 세상을 사랑하고 섬기도록 우리를 보내신다. 그렇기 때문에 우리의 선교는 복음 전도와 사회참여가 통합된 형태여야 한다. 복음 전도와 세상에의 참여는 하나님의 복음의 온전한 성경적 계시에 의해 질서 잡히고 주도된다.[366] (CTC, I부10B)

'서울 선언'에서도 이러한 통전적 복음 전도의 기조는 계속된다.

우리는 좋은 소식을 전하지 않고서 제자 삼을 수 없으며, 깨어진 세상에 깊이 관여하지 않고서 제자가 될 수 없다. 우리는 개인적으로나 공동체적으로 제자로 형성된 사람들이 가족, 이웃, 학교, 일터 그리고 사회에서 불의와 죄로 인해 깨어진 세상에 깊이 관여하게 될 것을 확언한다. 그러므로 선교에서 우리의 과업은 단순히 기독교 신앙고백을 확보하기 위해 메시지를 선포하는 것이 아니다. 오히려 우리의 복음 전도 과업은 십자가에 못 박히신 메시아의 메시지에 부합하는 삶을 살면서 다른 사람들도 이와 같은 삶의 모습으로 형성되는 것을 목표로 그 메시지를 선포하는 것이다. 제자가 되는 것이 제자 삼는 것에서 분리될 수 없듯이, 개인 생활, 가정, 교회 그리고 우리가 사는 사회에서 의를 추구하는 것은 결코 복음 선포와 분리될 수 없다.[367] (SS, V)

이렇듯 로잔운동은 로잔 언약(1974), 마닐라 선언(1989), 케이프타운 서약(2010), 서울 선언(2024)을 통해 개인 구원과 사회적 책임을 함께 강조하

---

366 https://lausanne.org/statement/ctcommitment.

367 https://lausanne.org/statement/the-seoul-statement.

면서 복음 전도의 통전성을 지향하고 있다.

### 3. 복음 전도의 우선성

로잔운동은 복음 전도의 통전성과 함께 복음 전도의 우선성을 강조한다. 복음 전도와 사회적 책임, 둘 다 중요하지만, 둘 중 어느 것이 우선하느냐에 대해서는 '복음 전도의 우선순위'를 지지하는 것이다. 로잔 언약은 "하나님 아버지가 그리스도를 세상에 보내신 것같이, 그리스도 역시 그의 구속받은 백성을 세상으로 보내신다는 것을 우리는 믿는다. 이 소명은 그리스도가 하신 것같이 세상 깊숙이 파고드는 희생적인 침투를 요구한다. 우리는 우리 교회의 울타리를 헐고 비그리스도인 사회에 스며들어 가야 한다. 교회가 희생적으로 해야 할 일 중에서 전도가 최우선이다."[368](LC, 6)라고 하였다.

마닐라 선언도 로잔 언약과 결을 같이한다. '복음과 사회적 책임'에서 "우리의 주된 관심은 복음에 있으며, 모든 사람이 예수 그리스도를 구주로 영접할 기회를 갖도록 하는 데 있기 때문에 복음 전도가 우선이다."[369](MM, A4)라고 하였다.

케이프타운 서약도 "우리는 온 세상에 예수 그리스도와 그분의 모든 가르침을 전 세계에 증거해야 할 사명을 여전히 갖고 있다"고 전제한 후, 마닐라에서 열린 제2차 로잔대회 이후 세계 복음화를 위한 300개 이상의 전략적인 동반자적 협력 관계를 탄생시켰다고 자평하고 있다.[370](CTC, 서문)

서울 선언은 어떤가? 서울 선언도 복음 전도의 우선성을 같은 맥락에서 다음과 같이 강조하고 있다.

---

368 https://lausanne.org/statement/lausanne-covenant.
369 https://lausanne.org/statement/the-manila-manifesto.
370 https://lausanne.org/statement/ctccommitment .

우리는 죄 가운데 잃어버린 사람들에게 구원을 가져오기 위해 예수 그리스도의 좋은 소식을 선포하는 위대한 사도적 우선순위에 대한 교회의 헌신을 통해 하나님이 행하신 일을 기뻐한다…. 사도행전과 여러 서신서에 나오는 사도 바울의 선교 전략에서 이 두 가지 우선순위가 분명하게 드러난다. 그는 잃어버린 사람들에게 구원의 메시지를 전하는 데 열정적이었으며, 신자들의 믿음을 강화하여 복음에 합당한 삶을 살도록 하고 복음의 진리를 훼손하려는 거짓 가르침에 대항할 수 있도록 하는 데도 똑같이 열정적이었다. 바울은 이렇게 요약한다. "우리가 그를 전파하여 각 사람을 권하고 모든 지혜로 각 사람을 가르침은 각 사람을 그리스도 안에서 완전한 자로 세우려 함이니"(골 1:28).[371](SS, 서문)

복음의 우선성을 오늘 선교 현장에 어떻게 적용할 것인가에 대해서는 깊이 생각해 볼 필요가 있다. 복음 전도와 사회적 책임은 결코 분리할 수 없는 새의 양 날개와도 같은 것이다. 물론 복음 전도를 부차적인 것으로 여기다 정말 중요한 것을 잃어버린 WCC의 전철을 밟지 말아야 한다는 점에서 우선순위의 문제를 생각할 수 있지만, 새의 어느 한 날개가 작거나 보조적인 역할밖에 하지 못한다면, 이미 그 새는 건강하지 못할 뿐 아니라 추락할 수밖에 없을 것이다. 따라서 복음 전도와 사회적 책임을 결코 분리할 수 없는 동시적인 것으로 보되, 선교 상황에 따라 복음 전도를 먼저 할 수도, 사회참여를 먼저 할 수도 있는 것으로 보는 것이 오늘 선교 현장에 적용할 때 더 적합할 것이다. 모든 선교 정책과 전략은 신학자의 책상이 아니라 선교 현장의 요청으로부터 나와야 하며, 동시에 그것은 성서에 기초해야 한다. 즉 성서에 충실하고 상황에 적합한(biblically faithful, culturally relevant) 선교 정책과 전략이 가장 바람직한 것이다. 그러므로 로잔운동이 복음 전도가

---

371 https://lausanne.org/statement/the-seoul-statement.

우선순위를 갖는다고 '복음 전도의 우선성'을 명시했지만, 이것을 선교 현장에 적용할 때는 선교지의 상황을 고려해서 적용하는 것이 더 바람직할 것이다. 우리나라 선교 초기에 선교사들이 직접적으로 복음을 전하지 못했기 때문에 교육과 의료 사역을 먼저 시작한 것도 좋은 예다.

### 4. 복음 전도를 위한 선교 공동체로서의 교회

로잔운동은 교회를 복음 전도를 위한 선교 공동체로 본다. 교회는 하나님이 하나님의 선교를 위해 사용하시는 중요한 선교적 도구라는 것이다. '로잔 언약'의 (6) '교회와 전도'는 "교회는 하나님의 우주적인 목적의 바로 중심에 서 있으며, 복음을 전파할 목적으로 하나님이 지정하신 수단이다"[372](LC, 6)라고 전제하고 교회가 이러한 사명을 감당하지 못할 때, 오히려 복음 전도의 장애가 될 수 있음을 다음과 같이 경고했다.

> 십자가를 전하는 교회는 스스로 십자가의 흔적을 지녀야 한다. 교회가 만일 복음을 배반하거나, 하나님에 대한 산 믿음이 없거나, 혹은 사람에 대한 진실한 사랑이 없거나, 사업 추진과 재정을 포함한 모든 일에 있어 철저한 정직성이 결여될 때, 교회는 오히려 전도의 걸림돌이 되어 버린다. 교회는 하나의 기관이라기보다 하나님 백성의 공동체다. 따라서 어떤 특정한 문화적, 사회적 또는 정치적 체제나 인간의 이데올로기와 동일시해서는 안 된다.[373](LC, 6)

마닐라 선언은 "온전한 복음이 온 세상에 알려지도록 온 교회에 위탁되어졌다"(MM)라고 선포하고 복음 전도에 방해가 되는 개교회주의를 다

---

372 https://lausanne.org/statement/lausanne-covenant.
373 같은 글.

음과 같이 비판하면서 교회들 간의 협력을 촉구한다. "우리는, 많은 교회들이 내부 지향적이어서 선교보다는 자체 유지를 위해 조직되어 있고 복음 전도를 희생시키면서까지 개교회 중심 활동에만 몰두하고 있던 것에 대해 깊이 회개한다…[374](MM, 8). 우리는, 서로 의심하고 대결하며, 비본질적인 것들에 대해 고집을 부리고, 권력 투쟁과 자기 왕국 건설에 힘씀으로 복음 전도 사역을 부패시키고 있음을 부끄럽게 여긴다. 우리는 복음 전도에 있어서 협력이 필수불가결한 것임을 확인한다. 첫째, 그것이 하나님의 뜻일 뿐 아니라 화해의 복음이 우리의 분열로 인해 불신을 받기 때문이며 세계 복음화 과제가 기필코 성취되려면 우리가 이 일에 함께 협력해야만 하기 때문이다[375](MM, 9)."라고 그 이유를 밝히고 있다.

'케이프타운 서약'도 복음 전도를 위한 교회의 사명과 효과적인 복음 전도를 위해 교회들이 하나 되어야 함을 강조한다. "분열된 교회가 분열된 세상에 줄 수 있는 메시지는 없다. 화해된 일치의 삶에 대한 우리의 실패는 선교의 진정성과 효율성을 방해하는 주요 장애물이다…. A) 우리는 교회와 단체들의 분열과 대립에 대해 깊이 탄식한다. 우리는 그리스도인들이 은혜의 성령을 구하며 '평안의 줄로 성령의 하나 되게 하시는 모든 일에 힘쓰라는' 바울의 권면에 순종하기를 간절히 열망한다."[376](CTC, Ⅱ부 F)

'서울 선언'도 "교회는 함께 그리스도를 선포하고 나타내도록 부름을 받았다"고 규정하고 "대위임령은 복음의 메시지를 믿는 사람들에게 세례를 주고 예수 그리스도에 대한 참된 순종을 가르침으로써 모든 민족을 제자 삼으라는 주님의 뜻에 동참하도록 모든 신자를 모든 곳으로 초대한다. 하나님은 말씀과 성령의 능력으로 우리를 거룩한 백성으로 세상에 보내

---

374 https://lausanne.org/statement/the-manila-manifesto.

375 같은 글.

376 https://lausanne.org/statement/ctcommitment.

214    | 로잔을 말하다 |

셔서 우리를 지켜보는 세상 앞에서 복음을 증거하게 하신다. 우리는 그리
스도로 충만한 임재(Christ-filled presence), 그리스도 중심의 선포(Christ-centred
proclamation) 그리고 그리스도를 닮은 실천(Christlike practice)을 통해 이를 수
행한다(마 28:18-20)"[377] (SS, III)라고 했다.

이렇듯 로잔운동은 교회를 하나님의 선교에 참여하는 하나님 나라
백성들의 공동체로 보고, 임박한 종말 앞에서 분열과 분쟁이 아니라 서로
더욱 협력할 것을 촉구하고 있다.

### 5. 복음 전도를 위한 협력

로잔운동은 세계 복음화를 위해 교회와 선교단체가 상호 협력할 것
을 강력하게 촉구하고 있다. 먼저 '로잔 언약' 7항은 '복음 전도를 위한 협
력'을 이렇게 선포한다.

> 교회가 진리 안에서 가시적으로 일치를 이루는 것이 하나님의 목적임을
> 우리는 확신한다. 복음 전도는 또한 우리를 하나가 되도록 부른다. 이는
> 우리의 불일치가 우리가 전하는 화해의 복음을 손상시키는 것같이, 우
> 리의 하나 됨은 우리의 증거를 더욱 힘 있게 만들기 때문이다…. 우리는
> 교회의 선교사역을 확정하기 위해, 전략적 계획을 위해, 서로 격려하기
> 위해 그리고 자원과 경험을 서로 나누기 위해 지역적이며 기능적인 협
> 력을 개발할 것을 촉구한다.[378] (LC, 7)

이와 같은 기조는 '마닐라 선언'에서도 그대로 유지되었다. 먼저 21개
항의 확언에서 "(14) 우리는, 성령의 은사가 남자든 여자든 하나님의 모든

---

377 https://lausanne.org/statement/the-seoul-statement.
378 https://lausanne.org/statement/lausanne-covenant.

백성에게 주어져 있으므로, 복음 전도에 있어 동반자적 협력을 통해 선을 이루어야 함을 확언한다…. (17) 우리는, 교회와 선교단체 그리고 그 외 여러 기독교 기관들이 복음 전도와 사회참여에 있어 경쟁과 중복을 피하면서 상호 협력하는 것이 절실히 필요함을 확언한다"[379](MM, 21항 14&17)라고 하고, '(9) 복음 전도의 동반자적 협력'에서 이것의 의미를 다시 다음과 같이 구체적으로 설명하고 있다.

> 신약성서에는 전도와 연합이 긴밀하게 연관되어 있다. 예수께서는 세상이 그를 믿도록(요17:20) 하기 위하여 자신이 성부와 하나 됨같이 하나님의 백성들이 하나 되기를 위하여 기도하셨다. 또 바울도 빌립보인들을 권면하여 '한뜻으로 복음의 신앙을 위하여 협력하라'(빌 1:27)고 했다. 이런 성서적 비전과는 달리, 우리가 서로 의심하고 대결하며, 비본질적인 것들에 대한 고집, 권력 투쟁과 자기 왕국 건설을 힘씀으로 복음 전도 사역을 부패시키고 있음을 부끄럽게 여긴다. 우리는 전도에 있어서 협력이 필수 불가결한 것임을 확인한다. 첫째, 그것이 하나님의 뜻일 뿐 아니라 화해의 복음이 우리의 분열로 인하여 불신을 받기 때문이며 세계 복음화 과제가 기필코 성취되려면 우리가 이 일에 함께 협력해야만 하기 때문이다. '협력'이란 다양성 가운데서 통일성을 찾는 것을 의미한다. 이 것은 여러 가지 다른 기질, 은사 그리고 문화, 지역 교회와 선교단체의 남녀노소를 불문하고 모두 함께 일하는 것을 의미한다.[380](MM, 9)

'로잔 언약'과 '마닐라 선언'에 기초한 '케이프타운 서약'도 같은 맥락에서 세계 선교를 위한 동역자들의 협력을 다음과 같이 강조하고 있다.

---

379 https://lausanne.org/statement/the-manila-manifesto.
380 같은 글.

선교에 있어서 동반자적 협력은 단순히 효율성에 관한 것이 아니다. 그 것은 우리와 함께하시는 주 예수 그리스도에 대한 순종에 관한 것으로 전략적이고 실제적인 일이다…. A) 우리는 세계 선교에 함께 공헌할 동 일한 기회를 갖고 서로를 인정하고 받아들이기 위해 부르심을 받은 교 회 지도자와 선교 지도자들로서 함께 협력한다. 하나님이 들어 쓰시는 사람들이 같은 대륙이나 같은 신학 집단이나 조직, 혹은 우리와 친밀한 집단에 속한 사람들이 아닐 때에라도 그리스도에 대한 순종 가운데 의 심과 경쟁심과 자만심을 버리고 그들에게 배우자.[381](CTC, II부 F1)

'서울 선언'은 1차 로잔대회 이후 세계 교회와 선교단체들이 적극적 으로 협력한 결과 세계 교회 역사상 유례없는 기독교의 성장을 이루었다 고 평가하고, 니케아 신조(the Nicene Creed)에 근거해서 보편적 교회로서의 하나 됨을 통한 협력을 다음과 같이 강조하고 있다.

전 세계와 역사를 통틀어 교회는 하나의 성령 세례를 통해 하나님의 한 백성, 그리스도의 한 몸, 성령의 한 성전이며 그리스도의 한 신부다. 시 간, 공간, 문화 그리고 언어를 초월하여 우리는 그리스도와 그분의 완성 된 사역으로 연합하고 성령으로 내주하며 하나님의 사랑으로 함께 연합 된 하나의 교회다(엡 4:4-6; 고후 11:2)…. 보편적 교회에서는 어떤 인간 문 화도 우월성을 주장할 수 없다. 모든 인간 문화는 모든 지혜를 소유하신 하나님 앞에 복종하고 머리를 숙여야 하며, 그렇게 함으로써 각각의 문 화는 성경을 이해하고 복음을 선포하는 데 공헌한다. 이런 식으로 하나 님은 우리를 하나로 연합하여 우리의 모든 다양성 속에서 그분의 영광 을 선포하고 나타내신다.[382](SS, III)

---

381 https://lausanne.org/statement/the-seoul-statement.

382 같은 글.

정리하면, 로잔운동은 확실하게 하나님의 백성들 간의, 지역 교회들 간의 그리고 지역 교회와 선교기관들 간의 상호협력을 지지하고 있다. 상생협력(相生協力)이야말로 온 교회가 온전한 복음을 온 세계에 전할 수 있는 가장 큰 힘이기 때문이다.

## 6. 복음 전도의 동력인 성령의 능력

로잔운동은 복음 전도의 동력을 성령의 능력에서 찾는다. 성령의 도움 없이 전도의 열매를 맺는 것은 불가능하기 때문이다. 먼저 '로잔 언약'은 복음 전도와 성령의 능력의 관계를 다음과 같이 선언한다.

> 우리는 성령의 능력을 믿는다. 아버지 하나님은 아들을 증거하라고 그의 영을 보내셨다. 그의 증거 없는 우리의 증거는 헛되다. 죄를 깨닫고, 그리스도를 믿고, 거듭나서 그리스도인으로 성장하는 이 모든 것이 성령의 역사다. 뿐만 아니라 성령은 선교의 영이다. 그러므로 전도는 성령 충만한 교회에서 자발적으로 일어나야 한다. 교회가 선교하는 교회가 되지 못할 때 그 교회는 자기모순에 빠져 있는 것이요, 성령을 소멸하고 있는 것이다. 온 세계 복음화는 오직 성령이 교회를 진리와 지혜, 믿음, 거룩함, 사랑과 능력으로 새롭게 할 때에만 실현 가능하게 될 것이다. 그러므로 우리는 모든 그리스도인들에게 요청한다. 주권적인 하나님의 성령이 우리를 찾아오셔서 성령의 모든 열매가 그의 모든 백성에게 나타나고, 그의 모든 은사가 그리스도의 몸을 풍성하게 하기를 기도하기 바란다. 그때에야 비로소 온 교회가 하나님의 손에 있는 합당한 도구가 될 것이요, 온 땅이 하나님의 음성을 듣게 될 것이다.[383] (LC, 14)

---

383 https://lausanne.org/statement/lausanne-covenant.

'마닐라 선언'도 복음 전도에 있어서 성령의 중요성을 다음과 같이 선언한다.

> 우리는, 전도에 있어서 그리스도에 대한 성령의 증거가 절대 필요하며, 따라서 성령의 초자연적인 역사가 없이는 중생이나 새로운 삶이 불가능하다는 것을 믿는다.[384] (MM, 10)

> 우리는 영적인 싸움을 위해서는 영적 무기가 필요하므로, 성령의 능력으로 말씀을 선포하며 정사(政事)와 악의 권세를 이기신 그리스도의 승리에 참여할 수 있도록 항상 기도하여야 한다는 것을 믿는다.[385] (MM, 11)

> 온 교회는 온전한 복음을 선포하여야 한다. 하나님의 모든 백성은 전도의 과제를 함께 나누도록 부름을 받았다. 그러나 그들의 노력이 하나님의 성령의 역사 없이는 결실을 얻지 못할 것이다.(MM)

> 모든 전도에는 악의 주관자와 세력에 대항하는 영적 싸움이 있다. 이 싸움에서는, 특히 기도와 더불어 말씀과 성령의 영적 무기로만 승리할 수 있다. 그러므로 우리는 모든 그리스도인들이 교회의 갱신과 세계 복음화를 위하여 열심히 기도할 것을 호소한다.[386] (MM, A5)

'케이프타운 서약'도 복음 전도를 위한 성령의 능력에 대해서 다음과 같이 선언한다.

---

384 https://lausanne.org/statement/the-manila-manifesto.
385 같은 글.
386 같은 글.

우리는 삼위일체의 하나 됨 가운데 성부 하나님과 그의 아들과 함께 성령 하나님을 사랑한다. 성령은 하나님의 선교적 교회에 생명과 능력을 불어넣는 선교적 하나님과 선교적 아들의 영이시다. 그리스도에 대한 성령의 증거가 없는 한 우리의 증거는 헛되기에 우리는 성령을 사랑하며 그분의 임재를 기도한다. 죄를 깨닫게 하는 성령의 사역 없이 우리의 설교는 헛되며, 성령의 능력이 없는 우리의 선교는 단지 인간적인 노력일 뿐이다. 성령의 열매 없는 우리의 무기력한 삶은 복음의 아름다움을 결코 반영하지 못한다.[387](CTC, I부 5)

성령은 우리로 하여금 복음을 선포하고 제시하며 진리를 분별하고 바르게 기도하고 어둠의 세력들을 물리칠 능력을 주신다. 성령은 그리스도를 증거할 때 박해를 받거나 시련을 당하는 제자들을 강하게 하시고 평안을 주신다…. 따라서 선교에 참여하는 우리는 성령의 임재와 능력 없이는 목적을 성취할 수 없고 어떤 열매도 맺지 못한다…. 성령의 인격과 사역 그리고 능력이 없다면 온전한 복음도 진정한 성경적 선교도 없다.[388](CTC, I부 5C)

마지막으로 '서울 선언'도 복음 전도와 성령의 능력에 대해서 다음과 같이 서술한다.

아버지께서는 만물과 모든 사람이 그리스도의 통치에 복종할 때까지 함께 통치하시기 위해 아들을 높이셨다. 그리고 회개와 믿음을 통해 하나님의 한 백성 안에서 모든 민족의 갱신과 화해에 참여한 모든 사람에게 성령을 보내셨다. 그들은 모든 민족 가운데 하나님의 구원의 좋은 소식

---

387 https://lausanne.org/statement/ctcommitment.
388 같은 글.

을 증거하기 위해 새 생명과 능력을 받았다.(SS)

오순절 날 성령의 부으심과 함께 예수 그리스도의 복음을 공개적으로 증거하기 시작했으며, 그 이후로 온 세상에 동일한 메시지를 선포해 왔다. 역사를 통틀어 모든 곳에서 교회는 그리스도의 열두 사도가 하나님의 백성에게 단번에 맡기고 대대로 전수한 가르침을 견고하게 붙잡음으로써 연속성을 유지하며 지탱하는 사도적 공동체.[389](SS,I)

이렇듯 로잔 공식 문서들은 일관되게 성령을 복음 전도의 동력으로 진술하고 있다. 오늘 우리는 교회의 시대에 살고 있다. 교회의 시대란 곧 성령의 시대다. 교회는 성령의 임재와 함께 시작되었고, 예수 재림 때까지 성령은 하나님의 백성들의 선교 공동체인 교회와 함께하시며 하나님의 나라(통치)를 이루어 가실 것이다. 따라서 온 교회가 온전한 복음을 온 세상에 전파하기 위해서는 반드시 성령의 임재와 능력이 담보되어야 한다.

### 7. 핍박에 의연하게 대처하는 복음 전도

로잔운동은 복음을 전할 때 당하는 핍박은 당연한 것이며 의연하게 대처할 것을 요청한다. 먼저, '로잔 언약'은 이렇게 선언한다.

우리는 또한 부당하게 투옥된 사람들, 특히 주 예수 그리스도를 증거한다는 이유로 고난받는 우리 형제들을 위해 깊은 우려를 표한다. 우리는 그들의 자유를 위해 기도하며 힘쓸 것을 약속한다. 동시에 우리는 그들의 생명을 담보로 한 협박을 거부한다. 하나님이 우리를 도와주시기 때문에, 우리는 어떤 대가를 치르더라도 불의에 대항하고 복음에 충성하

---

389 https://lausanne.org/statement/the-seoul-statement.

기를 힘쓸 것이다. 핍박이 없을 수 없다는 예수님의 경고를 우리는 잊지 않는다.[390](LC, 13)

'마닐라 선언'도 복음을 전할 때 직면하는 핍박에 대해서 다음과 같이 진술한다.

예수께서는 제자들에게 반대를 예상하라고 말씀하셨다. 예수는 '사람들이 나를 핍박하였은즉 너희도 핍박할 터이요'(요 15:20)라고 말씀하셨다. 예수께서는 제자들에게 핍박에 대해 기뻐하라고까지 말씀하시며(마 5:12) 열매를 많이 맺으려면 죽어야 한다는 사실(요 12:24)을 상기시켰다…. 그리스도인의 고난은 불가피한 것이며 고난은 열매를 낳을 것이라는 예언은 모든 시대의 진리였고, 우리 시대에서도 예외는 아니다. 그동안 수없이 많은 사람들이 순교했다. 오늘날의 상황도 이와 다를 바 없다."[391](MM, C12)

'케이프타운 서약'은 핍박 앞에서 의연하게 대처할 것을 촉구한다.

그리스도의 사도들과 구약의 예언자들에게 요구되었듯이 고난은 그리스도의 증인으로서 우리의 선교에 반드시 필요하다. 고난을 기꺼이 받는다는 것은 우리의 선교의 진정성을 명백하게 검증해 줄 수단이다. 하나님은 자신의 선교 진전을 위해 고통과 박해와 순교를 사용하기도 하신다. '순교는 무엇보다 그리스도께서 명예를 위해 약속하신 증거의 한 형태다.' 안락함과 번영을 누리고 있는 그리스도인들은 그리스도를 위해 기꺼이 고난받기 위해 그분의 부르심을 다시금 상기할 필요가 있다.

---

390 https://lausanne.org/statement/lausanne-covenant.
391 https://lausanne.org/statement/the-manila-manifesto.

많은 그리스도인들이 적대적인 종교문화 속에서 예수 그리스도를 전하기 위해 값비싼 고난을 당하고 있다. 그들 중 어떤 이들은 신실한 순종으로 자신들에게 해를 입히는 사람들을 끝까지 사랑하며, 사랑하는 사람들이 순교와 고문, 박해를 당하는 것을 목격하기도 했다.[392](CTC, II부 C2)

'서울 선언'은 더욱 확고하게 그 어떤 핍박과 고난도 복음 전도자의 믿음과 의지를 꺾을 수 없으며 순교자의 피 위에 서 있는 교회는 하나님의 능력으로 모든 시련을 이겨 내고 승리할 것임을 선포하고 있다.

교회는 항상 위기에 직면해 있었다. 주님께서 말씀하신 것처럼, 이 세상에는 많은 시련이 있을 것이다. 역사를 통해 알 수 있듯이, 하나님의 신실한 성도들은 사랑하는 주님을 위해 목숨을 걸고 박해와 심한 반대에 직면해 왔고 지금도 직면하고 있다. 교회는 순교자들의 피 위에 세워졌다. 그럼에도 불구하고 교회의 싸움은 혈과 육에 대한 것이 아니라 어둠의 권세에 대한 것이다. 악한 자는 그리스도의 교회를 대적하지만, 예수님이 약속하신 대로 그는 그의 교회를 계속 세워 나가시며 음부의 권세조차도 교회를 이길 수 없다.[393](SS, III)

## III. 나가는 말

지금까지 네 차례의 로잔대회를 통해 발표된 로잔문서—로잔 언약(1974), 마닐라 선언(1989), 케이프타운 서약(2010), 서울 선언(2024)—를 중심

---

392 https://lausanne.org/statement/ctcommitment.

393 https://lausanne.org/statement/the-seoul-statement.

으로 로잔운동이 추구하는 복음 전도의 특징을 7가지로 정리해 보았다. 그것은 1) 복음 전도의 긴박성 2) 복음 전도의 통전성 3) 복음 전도의 우선성 4) 복음 전도를 위한 협력 5) 복음 전도를 위한 선교 공동체로서의 교회 6) 복음 전도의 동력인 성령의 능력 7) 핍박에 의연하게 대처하는 복음 전도다. 로잔운동은 1974년 빌리 그레이엄(Billy Graham)과 존 스토트(John Stott)에 의해서 시작된 세계 복음화를 위한 복음주의 연합운동이다. 필자는 로잔문서를 통해 드러난 로잔운동의 선교 신학이 오늘 이 시대의 가장 건강하고 성경적인 복음주의 선교 신학이라고 확신한다. 그것은 철저하게 성경의 가르침에 기초하고, 변화하는 선교지의 상황과 필요에 응답하는 것으로서의 선교 신학이기 때문이다. 모든 선교 신학과 정책은 신학자의 책상에서가 아니라 선교지의 필요와 요청 그리고 성경의 가르침에 기초해서 세워져야 한다. 올해로 50주년, 희년을 맞은 로잔운동과 신학이 한국 교회뿐 아니라 전 세계 모든 선교지의 그리스도인들과 교회들에 새로운 비전과 활력을 불러일으키기를 소망한다.

# 11. 로잔운동과 세계 선교 — 김한성

## Ⅰ. 들어가는 말

로잔운동의 핵심은 세계 선교다. 세계 복음화를 열망하는 전 세계의 복음주의자들이 협력하고자 1974년 스위스 로잔에서 '세계복음화를 위한 국제대회'(The International Congress on World Evangelization)를 열었다. 지난 50년간 세계 복음화에 대한 관심과 노력을 유지해 온 로잔운동을 복음주의자들의 연합운동 정도로 이해하는 이들이 있지는 않은지 우려스럽다. 세계 복음화를 위한 로잔운동은 많은 선교 열매를 맺었다.

이 글은 로잔운동과 세계 선교의 관계를 살펴보는 것이 목적이다. 이 글은 여섯 가지 영역으로 구성되었다. 우선, 로잔운동의 배경이 무엇인지 간략히 살펴보았다. 둘째, 복음주의자들이 누구인지를 알아보았다. 셋째, 지난 50년 동안 개최된 네 차례의 로잔대회의 내용을 정리했다. 넷째, 네 번의 로잔대회들 사이에서 개최된 많은 로잔 협력회의와 모임을 조사하고 정리했다. 다섯째, 로잔운동 홈페이지에 게시된 다양한 로잔문서들을 분석했다. 마지막으로, 로잔운동이 세계 선교에 끼친 공헌들을 제시했다.


## Ⅱ. 세계 복음화를 위한 로잔운동의 배경

세계 복음화를 위한 국제 로잔운동의 배경에 대한 다양한 견해들이 있다. 한국 선교학자들은 세계교회협의회(WCC)가 전통적 선교관에서 벗어나 인간화를 추구한 것에 대한 대응을 그 배경으로 보았고, 존 스토트는 빌리 그레이엄을 제1차 로잔대회의 배경으로 보았다.

한국 선교학자들은 흔히 WCC의 변질된 선교 개념과 활동을 국제

로잔운동의 배경으로 꼽는다. 김승호는 WCC의 선교 개념이 변질되었고, WCC의 1968년 웁살라 대회와 WCC의 세계 선교와 전도위원회의 1973년 방콕 대회에서 이것이 여실히 드러난 것에 대해 빌리 그레이엄 등 복음주의자들이 대응하려는 것이었다고 보았다.[394] 김성욱도 WCC의 변질된 선교 개념과 활동에 대한 복음주의자들의 대응이라고 보았다.[395] 김성환의 생각도 앞의 두 사람의 견해와 유사하다.[396]

한편, 안희열은 다양한 요소들을 제1차 로잔대회의 태동 배경으로 꼽았다. 그는 빌리 그레이엄의 역할에 주목했다. "사실 로잔운동은 빌리 그레이엄(Billy Graham) 목사가 WCC의 급진적 선교관에 대항하기 위하여 복음주의 선교대회를 1974년 스위스 로잔에서 개최한 것에서 비롯된다."[397] 안희열은 WCC의 인본주의적 선교관, 사회주의권 선교의 어려움, 동남아시아의 민족주의 발흥 등을 그 배경으로 꼽았는데,[398] 이는 존 스토트가 언급한 배경과 그 궤를 같이한다.

세계 복음화를 위한 국제 로잔운동은 빌리 그레이엄의 비전과 지도력에서 비롯되었다. 존 스토트는 1974년에 로잔에서 열린 '세계 복음화를 위한 국제대회'의 배경을 다음과 같이 설명했다.[399] 첫째, 20세기 중반

---

394 김승호, "로잔운동의 선교사상의 발전", 한국로잔연구교수회 편, 《로잔운동과 선교》 (고양: 올리브나무, 2014), 18-19.

395 김성욱, "세계 복음화를 위한 로잔운동의 역사", 한국로잔연구교수회 편, 《로잔운동과 선교》 (고양: 올리브나무, 2014), 53-54.

396 김성환, "로잔운동과 한국 교회 선교", 한국로잔연구교수회 편, 《로잔운동과 선교》 (고양: 올리브나무, 2014), 108.

397 안희열, "로잔운동이 세계 선교에 끼친 공헌과 한국 교회가 나아가야 할 방향", 〈선교와 신학〉 27권 (2011), 110.

398 안희열, "로잔운동의 역사적 평가와 제4차 로잔대회의 과제", 〈복음과 선교〉 60권 (2022), 352-353. 349-383.

399 John Stott, *Making Christ Known: Historic Mission Documents from the Lausanne Movement, 1974-1989* (Grand Rapids: Wm. B. Eerdmans Piblishing Co., 1996), xii.

을 지나며 세계교회협의회에서 선교는 사회정치적인 의미로 해석되며 홀대받았다. 둘째, 세계가 격동하는 1960년대를 지나고 있었다.[400] 이러한 상황에 대한 대안으로 1966년 베를린에서 전도대회를 개최한 빌리 그레이엄은 1970년대에 이와 유사한 대회를 마음에 품었는데, 그것이 바로 '세계 복음화를 위한 로잔 국제대회'였다.

빌리 그레이엄이었기에 1974년 여름에 스위스 로잔에서 150개국 2,473명의 참석자와 1,300명의 참관인, 수백 명의 기자들이 모이는 국제대회를 상상하고 계획하고 준비하고 실행할 수 있었다. 그레이엄은 세계 복음화의 비전을 이미 오래전부터 품고 있었다. "전 세계를 복음화하겠다는 그레이엄의 포부는 특히 1960년대와 그 이후에 현저히 나타났"다.[401] 그는 대규모 국제대회를 개최할 수 있는 경험과 자원을 가지고 있었다. 그는 1946년에 이미 70개국 이상에서 전도 집회를 인도했다.[402] 빌리 그레이엄과 빌리 그레이엄 전도협회는 인적 자원과 재정 자원을 가지고 있었다.[403]

빌리 그레이엄은 제1차 로잔대회를 1971년 12월부터 구체적으로 준비하기 시작했다.[404] 물론 이와 같은 큰일은 결코 혼자 할 수 없고, 동역자들이 있었다. 그는 여러 나라의 복음주의 지도자들을 만나서 이 대회를 같이 준비할 것을 제안했다. 헤럴드 린셀은 세계 복음화에 대한 관심을 전 세계로 확산하고자 하는 목적으로 로잔 언약의 필요성을 역설했고, 레이튼 포드는 이 대회의 잠정적 일정을 제안했으며, 잭 데인 주교는 대회 준

---

400 존 스토트는 그 예로 존 F. 케네디 대통령 암살, 베를린 장벽 건설, 대학생과 노동자 데모, 중국의 문화혁명, 미국의 인권운동과 반전 시위, 아프리카의 독립운동, 해방신학과 은사 운동, 제2바티칸 회의 등을 들었다.
401 그랜트 왜커, 《빌리 그레이엄: 한 영혼을 위한 발걸음》 서동준 역 (서울: 선한청지기, 2021), 409.
402 그랜트 왜커, 407-408.
403 그랜트 왜커, 409.
404 Arthur Johnston, *The Battle for World Evangelism* (Wheaton: Tyndale House Publishers, 1978), 292.

비위원장을 맡았다.[405] 물론, 로잔 언약을 작성한 존 스토트도 빼놓을 수 없다.[406]

빌리 그레이엄은 제1차 로잔대회가 "온전히 복음주의적(thoroughly evangelical)"이기를 기대했다.[407] "이 대회는 복음주의에 대해 우리와 같은 견해를 가진 사람들의 모임이어야 합니다."[408] 이 대회의 조직위원회는 온전히 복음주의적인 인사들로 구성되었고, 참가자의 자격으로 복음주의적인 성경관, 전도관, 구원관, 회심관을 가지고 있는지를 꼽았다.[409]

로잔대회의 배경을 다음 세 가지로 요약할 수 있다. 로잔대회의 시대적 배경은 WCC의 변질된 선교 개념과 활동 그리고 1960년대를 지나며 세계 많은 지역에서 부정적으로 바뀐 선교 환경이다. 복음 전도의 열정을 가지고 있을 뿐 아니라 국제적으로 많은 전도 집회를 가진 빌리 그레이엄이 있었기에 로잔대회가 가능했다. 또한 WCC의 인간화로서의 선교에 동의하지 않으며 세계 복음화에 대해 관심을 가지고 적극 참여한 동역자들이 있었기에 가능했다.

## III. 복음주의자들은 누구인가?

1974년에 열린 제1차 로잔대회부터 지금까지 로잔운동에 참여해 온 사람들은 복음주의와 세계 복음화를 공유했다. 로잔운동은 개신교 복음

---

405 Arthur Johnston, 같은 책, 292-293.

406 그랜트 왜커, 같은 책, 413-414.

407 Arthur Johnston, 같은 책, 293.

408 Arthur Johnston, 같은 책, 293. "This must be a gathering of those totally committed to the evangelical position as we understand it."

409 Arthur Johnston, 같은 책, 293-294.

주의자들의 자발적 참여를 기반으로 한다. 이들 중에는 목회자, 선교사, 평신도 지도자, 신학교 교수, 선교단체 대표 등 다양한 사람들이 있다. 이들은 모두 세계 복음화에 대한 관심이 큰 사람들이다.

한편, 이들이 그 배경과 맥락에서 다양하다는 점도 기억해야 한다. 미국 복음주의 지도자들이 로잔운동을 주도한 것이 사실이나, 영국과 유럽의 복음주의자들도 참여했으며, 아시아와 아프리카, 남미의 복음주의자들도 참여했다. 이들은 복음주의 신앙과 신학이라는 공통점을 가지고 있는 한편, 다양한 교회 전통과 사회 상황에 처해 있다. 로잔운동에 참여하는 사람들은 정치, 경제, 사회, 종교적으로 다른 배경과 맥락을 가지고 있다.

미국의 복음주의는 조지 뮐러, 허드슨 테일러, D. L. 무디, A. B. 심슨, A. J. 고든 등의 영향을 많이 받았다.[410] 이들은 세계 복음화가 예수님의 재림을 재촉할 것이라고 믿었고, 구령의 열정이 많았던 사람들이다. 또한 이들은 북미의 성경학교(Bible Inistitute) 운동에 큰 영향을 끼쳤는데, 북미의 많은 복음주의 교회와 선교사들이 이 학교들에서 배출되었다. 휘튼대학으로 전학 가기 전에 얼라이언스 교단(Christian and Missionary Alliance)[411] 소속의 성경학교에서 공부한 빌리 그레이엄도 이 영향을 받은 사람 중 하나다.[412] 이에 반해 영국의 복음주의자들은 성공회 소속의 복음주의자들을 포함해 다양한 교회 전통을 가지고 있다. 비서구 세계의 경우, 초교파적인 민음선교 선교단체들을 통해 예수님의 재림과 전도를 강조하는 기독교인

---

410 George M. Marsden, *Understanding Fundermentalism and Evangelism* (Grand Rapids: Wm. B. Eerdmans Publishing Co., 1991), 64.

411 A. B. 심슨이 세운 복음주의 교단으로 사중복음을 강조하며, 우리나라 성결교회의 기원이 되는 동양선교회의 설립자들도 심슨에게 크게 영향을 받았다.

412 그랜트 왜커, 같은 책, 62-65.

들이 있는가 하면, 주류 교단에 속한 복음주의자들도 있다. 이들에게 경제적 불평등, 권위주의적 정부, 사회적 차별, 가난과 질병은 매우 중요한 현실적 과제들이다.

이와 같은 복음주의자들의 다양한 배경을 고려할 때 복음에서부터 선교에 이르기까지 다양한 관점이 존재하는 것은 일면 당연해 보인다. 그럼에도 불구하고, 이들이 모여서 함께 예배하고 기도하고 머리를 맞댈 수 있었던 이유는 선교였다. "선교와 복음 전파의 노력은 부흥주의적이고 복음주의자들의 드넓은 유착 관계를 형성해 주는 주요한 현실적 요인이었다."[413]

## IV. 네 차례의 로잔대회들 (Lausanne Congress)

제1차 로잔대회에 모인 150개국 2,700여 명의 참석자들은 두 가지의 선교 도전에 주목했다.[414] 첫째, 아직도 전 세계에 복음을 들어 보지 못한 미전도 종족이 27억 명이나 남아 있다.[415] 둘째, 선교사들은 효과적인 사역을 위해 이전과 달리 선교지 문화에 민감해야 하고 존중해야 한다.[416] 이 내용은 세계 선교에 참여하고 있는 복음주의자들에게 빠르게 전파되었고, 선교사뿐 아니라 선교 교육과 선교단체 등 세계 선교에 관심 있는 사람이라면 흔히 아는 것이 되었다.

필리핀 마닐라에서 열린 제2차 로잔대회는 미전도 종족 복음 선교

---

413 조지 마스든, 《근본주의와 미국 문화》 박용규 역 (서울: 생명의말씀사, 1997), 221.

414 John Stott, xi.

415 《로잔 언약》 9항 전도의 긴박성.

416 《로잔 언약》 10항 전도와 문화.

에 대해 보다 구체적으로 논의하는 자리가 되었다. 이 대회에는 170개국 4,300여 명이 참석했다.[417] 이 대회는 세계 인구를 잠재 선교 참여 지역, 명목상의 기독교인 지역, 비복음화 지역, 미전도 지역으로 구분하고, 2000년이 도래하기 전까지 더욱 세계 선교에 힘쓰자고 강조했다.[418] 또한 이 대회는 미전도 종족이 집중된 지역을 10/40창이라 명명했으며 이 개념은 선교 동원과 전략에 활용한 'AD 2000 운동'의 발판이 되었다.[419] 1995년 7월 서울에서 열린 세계선교대회(Global Consultation On World Evangelization)도 로잔운동과 AD 2000 운동과 밀접한 관련이 있다.[420]

미전도 종족에 대한 복음주의자들의 관심은 1974년 도널드 맥가브란과 랄프 윈터에 의해 처음 생겨난 것이 아니다. 복음을 듣지 못한 사람들에게 복음을 전하고자 하는 열망과 노력은 내지 선교를 시작한 허드슨 테일러에서도 발견된다. 중국내지선교회 이후 아시아와 아프리카의 여러 지역에서 해안가 너머 내륙 지역의 예수 그리스도를 모르는 사람들에게 복음을 전하고자 하는 수고가 있었다.

미전도 종족과 10/40창 개념은 이러한 세계 복음화의 관심에 날개를 달아 주었다. 여호수아 프로젝트는 교회가 미전도 종족을 입양하여 복음화 사역에 집중할 수 있도록 도왔다. 국제프론티어선교회나 우리나라의 HOPE선교회처럼 창의적 접근 지역을 위한 선교단체들도 설립되었다. 미전도 종족에게 복음을 전하려는 선교사들이 늘었고, 10/40창 지역에서 사역하는 선교사들도 늘었다.

남아프리카공화국 케이프타운에서 열린 제3차 로잔대회는 선교의

---

417  John Stott, xx.
418  《마닐라 선언》C. 온 세상 11항 주후 2000년도와 그 이후의 도전.
419  John Stott, xxiii.
420  John Stott, xxiii.

총체성을 강조했다.[421] 케이프타운 서약은 총체적 선교를 복음을 전하는 동시에 복음을 실천하는 것으로 설명하며, 이것들이 단순히 나란히 이루어져야 하는 것은 아님을 추가 설명했다.[422] 이것은 전도의 우선성을 언급한 로잔 언약과 마닐라 선언과 달라진 내용이다. "케이프타운 서약문 전반에 걸쳐서 전도의 우선성(Primacy of Evangelism)이라는 표현을 배제하였다."[423] 박보경도 케이프타운 서약에서 '전도'라는 단어 사용이 로잔 언약과 마닐라 선언에 비해 현저히 줄었음을 지적했다.[424] 복음 전도를 위해 관심 가져야 할 대상들이 케이프타운 서약 2부의 여러 곳에서 산만하게 소개되었다. 이주민에 대한 선교적 관심이 크게 늘어난 것이 제3차 로잔대회의 열매라고 평가할 수 있다.

우리나라 서울-인천에서 열린 제4차 로잔대회에는 200여 개국 5천여 명이 참석했다. 이는 네 차례의 로잔대회 중 가장 많은 사람이 모인 것이었다.[425] 이 대회의 서울 선언은 "모든 곳에서, 모든 사람에게 그리고 다음 세대를 위해 신실하게 증거하고자 노력"[426]하자고 원론적인 차원에서 복음 전도에 대해 언급한 것이 아쉬우나, 대회 기간 중에 제시된 25가지 토론 주제들 중에 복음 전도가 필요한 특정 인구 그룹이 포함된 것은 다행이다. 이중에는 노년층, 신중산층, 다음 세대, 무슬림, 세속주의자 등 새로

---

421 《케이프타운 서약》 1부 10항 우리는 하나님의 선교를 사랑한다. 안승오, "로잔신학의 흐름에 있어서 우선순위 문제", 한국로잔연구교수회 편, 《로잔운동의 선교동향》 (서울: 리체레, 2016).

422 《케이프타운 서약》 1부 10항 우리는 하나님의 선교를 사랑한다.

423 박보경, "로잔운동에 나타난 전도와 사회적 책임의 관계", 한국로잔연구교수회 편, 《로잔운동과 선교》 (고양: 올리브나무, 2014), 95.

424 박보경, 같은 책, 96.

425 김아영·조승현·손동준, "'2024 로잔대회 1신' 4차 로잔대회 개막 '다중심적 선교 시대, 한국서 세계 선교 이정표 제시'" (국민일보 2024년 9월 23일자); https://www.kmib.co.kr/article/view.asp?arcid=0020548604 (2024년 10월 16일 접근).

426 《서울 선언》 서문.

운 인구 그룹뿐 아니라 도시 거주민과 이주민이 포함되었다는 것이 주목할 만하다. 또한 제4차 로잔대회에 앞서 발표한 대위임령 현황 보고서에서 현시대의 특징 중 하나인 디지털에 주목하고 온라인 선교를 제안한 것도 주목할 만하다.[427]

제3차 로잔대회를 지나며 땅끝의 미전도 종족에 대한 관심이 줄어들었다는 인상을 준다. 아마도 그 원인은 서구 개신교 선교의 쇠퇴, 케이프타운 서약에서 전도의 우선성 미포함, 다양해진 선교 대상들, 새천년의 시작 등일 것이다. 한편, 미전도 종족이 이주민으로서 복음을 들을 기회가 있는 도시로 이동한다는 것과 인터넷의 발달로 미전도 종족과 선교사가 물리적 이동을 하지 않고도 온라인에서 만날 수 있다는 점을 고려하여, 제3차와 제4차 로잔대회에 모인 복음주의자들은 이주민 선교와 온라인 선교를 통해 미전도 종족에게 복음을 전하는 것에[428] 관심을 가졌다.


## V. 로잔 협력회의와 모임(Lausanne Consultations and Meetings)


로잔운동은 지난 50년 동안 꾸준히 협력회의들을 통해 세계 복음화에 대한 구체적인 관심을 보였다. 로잔 협력회의와 모임은 로잔대회에서 제시된 선교 주제들을 더욱 깊이 연구하고 협력을 추구하는 역할을 했다. 지역별, 국가별, 구성원별로 모이는 모임들이 있으며, 제3차 로잔대회 이후 급격히 증가했다.

제1차 로잔대회 이후 표1이 보여 주듯이 총 10번의 협력회의가 있었

---

427 《대위임령 현황 보고서》.

428 John Stott, xv.

다. 동일 집단 원리, 복음과 문화, 무슬림 복음화, 단순한 삶, 복음과 사회적 책임, 성령의 사역과 복음화, 회심과 세계 복음화 등 제1차 로잔대회의 주요 주제들을 더욱 깊이 고민했다. 또한 세계 복음화를 위한 국제 기도 집회와 젊은 지도자들의 회의 등도 있었다.

| 연도 | 장소 | 주제 |
|------|------|------|
| 1977 | 패서디나 | 동일 집단 원리에 대한 선언 |
| 1978 | 윌로우뱅크 | 복음과 문화 |
| 1978 | 콜로라도 스프링스 | 무슬림 복음화 |
| 1980 | 훗스돈 | 복음주의자들의 단순한 삶 |
| 1980 | 파타야 | 17가지 주제들 |
| 1982 | 그랜드래피즈 | 전도와 사회적 책임 |
| 1984 | 서울 | 세계 복음화를 위한 국제기도대회 |
| 1985 | 오슬로 | 성령의 사역과 복음화 |
| 1987 | 싱가포르 | 젊은 지도자를 위한 회의 |
| 1988 | 홍콩 | 회심과 세계 복음화 |

[표1] 로잔 협력회의와 모임, 1977-1988[429]

마닐라에서 열린 제2차 로잔대회 이후에도 여러 차례의 협력회의와

---

429 John Scott, v, 217.

모임들이 1992년부터 2009년까지 있었다. 표2가 보여 주듯이, 이 시기의 전반부에는 전도와 세계 복음화와 관련된 회의들이 있었고, 2010년에 열린 제3차 로잔대회를 앞두고는 대체로 다양한 지도자 모임들이 있었다.

| | | |
|---|---|---|
| 1992 | 보고르 | 전도에 대한 제3차 아시아로잔회의 |
| 1997 | 하슬레우 | 상황화를 재고한다 |
| 2000 | 나이로비 | '악으로부터 구하소서' 협력회의 |
| 2004 | 파타야 | 세계 복음화를 위한 포럼 |
| 2006 | 쿠알라룸푸르 | 젊은 세대 지도자 모임 |
| 2007 | 부다페스트 | 로잔 국제지도자 격년 모임 |
| 2008 | 아부자 | 서아프리카, 젊은 세대 지도자 모임 |
| 2009 | 서울 | 로잔운동 격년 모임 |
| 2009 | 마닐라, 서울 | 디아스포라 선교 협력회의 |

[표2] 로잔 협력회의와 모임, 1992-2009

케이프타운에서 개최된 제3차 로잔대회 이후 협력회의 수가 이전에 비해 급증했고, 그 주제도 다양해졌다. 2011년에는 로잔 지도자 격년 회의 하나뿐이었으나, 2012년에는 로잔 지도력 관련 회의 두 건과 함께 유대인 전도, 창조 세계 돌봄, 지구촌 신학 교육 등 5건의 협력회의가 있었다. 로잔운동의 회의와 모임이 2020년을 기점으로 온라인 중심으로 크게 변화하였다. 2020년에는 1회만 대면 모임이었고, 나머지 12건은 온라인 모임이었다. 2021년의 모든 회의와 모임은 온라인이었고, 2022년의 25건의 회의와 모임 중 21건이 온라인이었다. 2023년에는 전례 없이 많은 회의와 모임이 있었는데, 총 65건 중 3분의 2가 넘는 44건이 온라인에서 이루어졌다. 2024년 제4차 서울-인천 대회 이전에 열린 70건의 모임 중 6건만이 대면 모임이었을 뿐이다.

| 2011 | 1건 |
| --- | --- |
| 2012 | 5건 |
| 2013 | 8건 |
| 2014 | 9건 |
| 2015 | 16건 |
| 2016 | 3건 |
| 2017 | 6건 |
| 2018 | 15건 |
| 2019 | 23건 |
| 2020 | 13건 |
| 2021 | 23건 |
| 2022 | 25건 |
| 2023 | 65건 |

[표3] 로잔 협력회의와 모임, 2011-2023

## VI. 로잔 문서들

로잔운동은 지난 50년 동안 다양한 문서들을 통해 전 세계 복음주의자들에게 세계 복음화를 강조하고, 다양한 선교 주제들에 대하여 연구하고 정리하였다. 이 문서들은 선교 실천뿐 아니라 선교 연구에도 매우 큰 유익을 끼쳤다.

### 1. 로잔대회 선언문들

로잔대회 선언문들에 대한 연구는 어렵지 않게 찾아볼 수 있다. 안승오는 지난 50년간 지속적으로 토론의 주제가 되고 있는 복음 전도 우선순위의 이슈를 중심으로 로잔대회 선언문들을 연구했다.[430] 김성욱은 선교적 교회론의 관점에서 로잔대회 선언문들을 분석하였다.[431] 김은수는 로잔 선언문들을 비교 연구하였다.[432] 최형근과 정기묵은 케이프타운 서약을 분석하고, 이 서약을 선교적 교회론과 디지털 미디어 선교와 연결했다.[433] 김광성은 케이프타운 서약을 중심으로 복음주의의 타 종교에 대한 인식 변화를 연구했다.[434]

로잔대회는 매번 신앙고백서와 유사한 문서를 작성하고 발표했다.

---

430 안승오, "로잔신학의 흐름에 있어서 우선순위 문제", 〈선교신학〉 제40집 (2015), 143-170.

431 김성욱, "로잔선교운동에 나타난 선교적 교회론", 한국로잔연구교수회 편, 《로잔운동의 선교동향》 (서울: 리체레, 2016).

432 김은수, "케이프타운 서약과 로잔문서의 선교적 성찰", 로잔교수회 편, 《21세기 선교 상황과 로잔운동》 (서울: 케노시스, 2019).

433 최형근, "케이프타운 서약에 나타난 선교적 교회론", 한국로잔연구교수회 편, 《로잔운동과 선교 신학》 (서울: 케노시스, 2015); 정기묵, "케이프타운 서약과 디지털 미디어 선교", 한국로잔연구교수회 편, 《로잔운동과 선교신학》 (서울: 케노시스, 2015).

434 김광성, "복음주의 진영의 타 종교에 대한 선교 신학적 인식 변화 연구: 케이프타운 서약을 중심으로", 로잔교수회 편, 《21세기 선교 상황과 로잔운동》 (서울: 케노시스, 2019).

제1차 대회부터 제3차 대회까지의 선언문들은 서구 복음주의 신학교라면 흔히 가지고 있는 신앙고백서와 유사한 내용을 담고 있다. 성경관과 구원관을 포함하여 여러 요소를 포함하고 있다. 이 대회들의 선언문들 중에 눈에 띄는 변화가 있다면, 예수님의 재림에 대한 언급이다. 로잔 언약에서는 재림이 주요 항목 중 하나였으나, 마닐라 선언에서는 이것을 결론에서 간략히 언급했으며, 케이프타운 서약에서는 이것이 누락되었다. "복음주의 선교 신학은 그리스도의 재림을 늘 강조한다. 하지만 그 빈도나 강조는 점차 약해지고 있는 것도 사실이다."[435] 제4차 대회의 서울 선언의 구조는 이전의 세 문서와 다른데, 복음, 성경, 교회에 대한 신앙고백과 함께 인간과 기술에 대한 신학 서술이 포함된 것이 큰 특징이라고 할 수 있다.

이 선언문들은 세계 복음화를 논의하기 위해 모인 복음주의자들이 고백하는 신앙을 정리한 것이다. 이 선언문을 작성하기 위해 수천 명의 사람들이 로잔대회에 참석한 것이 아니다. 세계 복음화라는 공동의 목적과 목표를 위해 모인 복음주의자들이 일반적으로 동의할 수 있는 믿음의 내용들을 이 선언문들을 통해 정리했다.

### 2. 로잔특별연구보고서 (Lausanne Occasional Papers)

로잔특별연구보고서(이하 LOP)는 1975년에 처음 작성된 이후 지난 50년 동안 총 103편이 작성되어 세계 복음주의자들에게 소개되었다. "로잔특별연구보고서 시리즈는 로잔운동이 주관한 국제적 대회와 협력회의에서 도출된 통찰력 있는 사고, 학술적인 분석, 실천적인 통찰들의 저장고 역할을 한다."[436] LOP는 로잔운동의 홈페이지에서 접근이 가능하다.

---

435 김은수, "케이프타운 서약과 로잔문서의 선교적 성찰", 116.

436 "Lausanne Occasional Papers", https://lausanne.org/occasional-papers (2024년 10월 11일 접근).

1975년부터 2004년까지 작성된 LOP들에서 미전도 종족의 복음화를 위한 전략들을 많이 찾아볼 수 있다. 이 기간 동안 작성된 58편의 LOP들 중에서 3분의 2가 넘는 분량인 40편이 복음화와 직접적으로 또는 가깝게 연관된 주제들이다. 로잔운동의 신학적 성격에 대한 연구는 3편이었다. 6편은 선교에 참여하는 교회들에 대한 연구다. 나머지 9편은 복음주의자들의 협력, 다음 세대 지도력, 현대 사회 분석 등을 다루었다. 이 시기의 LOP 주제들은 세계 복음화를 위한 로잔운동의 취지에 부합하며 선교 현장에서 복음 전도를 하면서 직면하는 이슈들을 다루고 있다.

　　2007년부터 2010년까지 약 4년의 기간 동안 작성된 31편의 LOP들은 크게 세 가지 특징을 가지고 있다. 첫째, 2010년 케이프타운에서 열린 제3차 로잔대회를 준비하는 성격이 크다. 둘째, 제자도, 온전한 복음, 온전한 교회, 온전한 세상으로 정리되는 신학 주제의 LOP들이다. 셋째, 선교의 의미가 이전의 LOP들과 다르다.

　　예를 들어, 위험에 처한 어린이 선교(Mission with Children at Risk)를 다룬 LOP 66은 어린이에 대하여 다양한 진단을 하였다. 이 보고서의 서문에서 언급했듯이, "어린이에 대해 진지하게 학술적으로 접근하고", "전 세계 어린이의 총체적 필요를 충족시키기 위해 사람을 훈련하고 자원을 마련하고", "어린이에 대한 모든 학대를 폭로, 저항, 행동하는" 것이 그 내용이다.[437] 한편, 이 보고서에서 예수님을 모르는 어린이들에게 어떻게 복음을 증거할 것인지에 대한 논의는 찾아볼 수 없다. 가령, 2008년부터 4세부터 14세 사이의 복음화를 위해 소개된 4/14창 개념이 언급되지 않은 것은 총체적 선교 측면에서 불균형적으로 보인다.

---

437 Desiree Segura-April·Susan Hayes Greener· Dave Scott·Nicolas Panotto·Menchit Wong, *Lausanne Occasional Paper 66: Mission with Children at Risk*; https://lausanne.org/occasional-paper/mission-children-risk-lop-66 (2024년 10월 15일 접근).

2020년부터 2024년까지 12편의 LOP가 작성되었다. 2020년에는 유대인 전도를 깊이 다룬 LOP 67이 소개되었다. 이 글은 유대인 선교 전략에 대해 종합적으로 고민하며 제시하고 있다. LOP 68편부터 LOP 78편까지 총 11편의 LOP는 제4차 서울-인천 로잔대회를 준비하는 차원에서 작성되었다. 특별히 LOP 71, 72, 73은 세계 선교에 대한 종합적인 평가와 함께 향후 과제들에 대해 다루었다.

한 가지 흥미로운 점은 1974년 제1차 로잔대회에서 미전도 종족에 대한 복음 전도를 통해 세계 복음화를 이룰 수 있다는 선교 이해가 50년의 세월이 지나는 동안 다양해졌다는 것이다. 이것은 세계 복음화가 예수님의 재림과 직접적인 상관관계가 없다는 신학적 이해의 변화이기도 하다. 또한 지구촌적 이주 현상 속에서 1974년의 미전도 종족이 지리적으로 쉽게 구분되지도 않을 뿐 아니라 일본의 한부모 가정과 같이 복음이 필요한 사람들이 새롭게 출현했기 때문이다.[438] 이 시기에 작성된 LOP들은 제1차와 제2차 로잔대회 전후로 작성된 LOP들과 유사한 점이 많다.

3. 기타 문서들

로잔운동은 인터넷 홈페이지에서 다양한 문서와 동영상을 공유하며 선교 정보를 제공한다.[439] 이 운동은 계간지인 〈Lausanne Global Analysis〉(이하 LGA)를 발간하고 있다. 로잔운동은 LGA를 2012년 11월에 처음 온라인으로 출간했으며, 2013년부터 매년 4회 발간하고 있다. 매 호 4개의 선교 실천 주제가 소개되는데, 학술 논문이기보다는 현장 실천가들에게 정

---

438 Femi Adeleye 외 17명, *Lausanne Occasional Paper 73: Seven Challenges for Global Evangelical Outreach.* https://lausanne.org/occasional-paper/seven-challenges-for-the-global-evangelical-outreach (2024년 10월 15일 접근).

439 "Resources", https://lausanne.org/resources(2024년 10월 15일 접근).

보를 제공하고 통찰력을 주는 내용이 주를 이룬다. 로잔운동은 'Articles and Stories' 항목에서 지난 50년 동안의 로잔문서와 오디오 자료들을 제공하고 있다. 또한 2010년 제3차 케이프타운 로잔대회와 이후 협력회의 등 주요 모임들의 동영상도 제공한다. 로잔운동은 19가지 주제를 가르치는 동영상과 학습지침 등을 마련하여 제공한다.

특별히 로잔운동은 제4차 로잔대회를 앞두고 대위임령 현황 보고서를 준비하여 제공하였다. 이 보고서는 150명이 협동하여 작성한 것으로 한국어를 포함하여 7개 언어로 제공된다. 이 보고서는 10개의 질문을 중심으로 구성되었고, 전 세계를 12개 지역으로 세분하여 지역별로 선교 과제들을 제시하였다. 세계 복음화를 위한 로잔운동임을 고려할 때, 이 보고서의 내용이 보다 적극적으로 소개되고 활용될 필요가 있다.


## VII. 로잔운동의 공헌들

로잔운동이 세계 선교에 공헌한 점은 매우 많다. 그 공헌들을 열거하고 그 의미를 논하기에는 이 지면이 너무 적다. 여기서는 선교를 위한 연합운동, 공통 목표로서의 선교, 선교 연구와 정보 제공 등 세 가지에 주목하고자 한다.

### 1. 선교를 위한 연합운동
세계 복음화의 목표를 가진 전 세계 평신도와 선교사, 목회자, 학자, 선교단체 대표들이 로잔운동을 중심으로 모였다. 이들은 성경 전체를 하나님의 말씀으로 믿고 예수 그리스도를 유일한 구주로 믿는 사람들이지만, 하나의 교파에 속해서 하나의 신학을 가지고 있지는 않다. 이들은 다양한 교파와 교단에 속해 있고, 정치, 경제, 사회적으로 제각기 다른 삶의 정황 속에 있다. 따라서 이들 간에는 신앙과 신학의 공통점만큼이나 다른 점이 많다. 이들이 모여 대화를 하면 공통점을 발견하며 기뻐하는 만큼이나 차이점을 재확인하며 실망하게 될 것이다. 전 세계 복음주의자들을 한 자리로 불러모을 수 있었던 것은 세계 선교에 대한 관심 때문이었고, 세계 선교가 이들을 연합시켰다.

한편, 한국 교회와 선교계는 세계 선교보다 로잔 언약, 마닐라 선언, 케이프타운 서약, 서울 선언 등 신앙고백서의 내용에 더 큰 관심을 보이는 듯하다. 이 문서들은 참석자 모두가 온전히 동의하는 것으로 보기보다는 수용하는 것으로 이해하는 것이 옳다. 복음주의자들 중에 어떤 이는 로잔 언약이 너무 보수적이라고 평할 수도 있고, 어떤 이는 케이프타운 서약이 너무 개방적이라고 지적할 수도 있다. 사실 이 이슈는 1974년에 로잔 언약을 작성하는 과정에서 드러났고, 50년이 지난 오늘날에도 계속되고 있다. 이 문서들의 신학적 입장에 너무 매달려, 세계 선교가 2차적인 관심이 되어서는 안 될 것이다. 만약 그렇다면, 이는 손가락으로 달을 가리키는데, 달을 보지 못하고 손가락을 보는 것과 같은 어리석음이 될 것이다.

### 2. 공통 목표로서의 선교

각 대회들의 주제에서 선교가 로잔운동의 목표임을 쉽게 발견할 수 있다. 빌리 그레이엄은 1974년 로잔대회에 참석한 사람들에게 이렇게 말했다. "우리는 세상이 주님의 음성을 듣게 하기 위해 이곳에 모였습니다."[440] 그리고 이것이 제1차 로잔대회의 주제였다. 제2차 로잔대회의 주제

---

[440] Billy Graham, "Let the Earth Hear His Voice", https://lausanne.org/content/let-earth-hear-voice (2024년 10월 16일 접근).

는 '주님 오실 때까지 선포하자'와 '온 세상에 복음을 전하기 위해 모든 교회를 부르자'는 것이었다.[441] 이들 주제는 선교가 이 대회의 목표였음을 잘 보여 준다. 제4차 로잔대회의 주제는 '교회여! 함께 그리스도를 선포하고 나타내자'로 이 대회의 목적이 선교임을 보여 주었다.

로잔운동은 개신교인들과 선교사, 목회자들이 공유할 수 있는 구체적인 선교 목표를 제시하였다. 전거한 대로, 19세기 중반 이후 복음주의자들은 예수님의 재림을 고대하며 아직 복음이 전해지지 않은 지역에 예수님을 전하는 것에 많은 노력을 기울였다. 허드슨 테일러를 시작으로 많은 믿음선교 선교사와 선교단체들이 이 일을 감당했고, 성도들이 헌신적으로 이 사역을 지지하고 지원했다. 로잔운동은 이 선교사역을 명확하고 이해하기 쉬운 개념으로 제시하며 세계 복음화를 위한 노력을 더욱 경주하도록 전 세계 개신교인들에게 촉구했다. '미전도 종족', '10/40 창', '디아스포라 선교' 등은 복음주의자들이 열심을 내어 수고했던 공통의 선교 목표들이다. 이것을 통해 많은 선교사들이 복음을 듣지 못한 사람들에게 나아갔고, 10/40 창을 선교지로 선택했다. 만약 이 선교 개념들이 없었다면, 한국 선교사들의 선교지 편중은 더욱 심했을 것이다. 디아스포라 선교 개념은 급증하는 이주민 현상을 보다 진지하게 관찰하도록 도왔고, 보다 적극적으로 대응하도록 이끌었다.

제4차 로잔대회는 온라인에 주목했다. 정보통신 기술의 발달로 온라인 세계가 우리 삶에 깊숙이 들어왔다. 우리는 현실 세계에서 더욱 개인화되었을 뿐 아니라 사적 공간으로 들어갔다. 옆에 앉아 있는 사람보다 SNS에서 글을 주고받는 사람을 더 친밀하게 생각하는 사람들이 많아졌다. 적절한 방법을 사용하면 미전도 종족들도 온라인에서 만날 수 있게 되

---

441 *The Manila Manifesto*; https://lausanne.org/statement/the-manila-manifesto (2024년 10월 16일 접근).

었다. 이러한 시대 상황을 고려할 때, 온라인은 더 이상 가상 공간이 아니라 새로운 실재의 공간이 되었고, 예수 그리스도의 복음을 소통할 수 있는 세계가 되었다. 따라서 세계 복음주의자들은 제4차 로잔대회의 제안에 귀 기울일 필요가 있다.

### 3. 선교 연구와 정보제공

로잔운동은 로잔대회를 통해 전 세계 복음주의자들에게 명확한 선교 목표를 제시했을 뿐 아니라, 협력회의와 모임들, 로잔특별연구보고서와 기타 글들을 통해 선교 연구와 정보를 제공해 왔다. 뿐만 아니라 선교 이론가와 실천가들이 협력회의를 통해 다양한 선교 주제들에 대해 깊이 연구했을 뿐 아니라, 다양한 선교 대상들을 위한 선교 전략들을 세우고 세계 선교계에 소개했다. 디아스포라 선교, 유대인 선교, 어린이 전도, 무슬림 선교 등의 주제는 50년의 기간 동안 여러 차례 논의되었다.

이 운동은 복음주의자들이 복음 전도와 사회적 책임의 관계에 대해 어떻게 생각할지를 도왔다. 복음주의자들은 전도만 할 뿐 삶에 대해서는 아무런 관심도 없다는 근거 없는 비난을 안팎으로 들었다. 하지만 복음주의자들의 선교사역을 면밀히 관찰했다면, 이와 같은 비난은 정당하지 않다는 것을 안다. 복음주의자들의 관심이 세계 복음화와 함께 예수님의 재림에 있었기 때문에, 전도에 치중했고 현지인을 전도자로 훈련했다. 또한 복음주의자들이 가용한 자원 범위 내에서 병원을 세우고, 학교를 세우고, 복지 기관들을 세우고, 소외된 자들을 위한 사역들을 한 것도 사실이다. 이러한 사실들을 고려하더라도, 복음 전도와 사회적 책임의 중요성을 복음주의자들에게 제시한 것은 로잔운동의 공헌이다.

이 운동은 거의 모든 활동과 자료들을 인터넷에서 접근 가능하도록 하여 적극적으로 세계 선교 관련 정보들을 제공하고 있다. 이 자료들 중 많은 분량을 여러 나라 언어로 번역하여 영어 구사가 쉽지 않은 이들도 로잔이 작성한 선교 연구 보고서와 자료들을 접할 수 있도록 하고 있다. 이전에는 로잔운동의 연구 자료 접근이 제한적이었다. 그러나 요즘은 인터넷에서 로잔운동의 선교 자료를 보다 쉽게 접할 수 있게 됨으로써 전 세계 복음주의자들이 공통의 선교 목표와 전략을 이전보다 훨씬 더 용이하게 배우며 동참할 수 있게 되었다.

## VIII. 나가는 말

빌리 그레이엄의 주도로 영미권의 복음주의 지도자들이 협력하여 로잔운동이 시작되었다. 로잔운동의 배경에는 1960년대와 1970년대의 세속화되던 선교 개념, 적대적 선교 환경, 세계 복음화를 열망하는 복음주의자들을 꼽을 수 있다. 복음주의자들은 성경 전체를 하나님의 말씀으로 믿고 예수님의 구속 사역을 믿는 등 공통점도 많지만, 인종 정치 경제 사회의 배경과 소속 교파와 구체적인 교리 등에서 차이점도 많았다. 이들을 하나로 묶은 것은 세계 복음화의 열망이었다.

로잔운동은 네 차례의 로잔대회, 많은 로잔 협력회의와 모임들을 통해 세계 선교를 진작하는 것을 논의했다. 이 과정에서 작성한 많은 문서를 출판 또는 온라인으로 제공했다. 이 운동이 20세기 중반 이후 개신교의 세계 선교에 끼친 영향은 지대하다. 이 운동은 전 세계 복음주의자들이 선교를 중심으로 연합하도록 도왔고, 공통의 선교 목표를 가질 수 있도록 도왔으며, 중요한 선교 연구와 정보를 제공했다.

로잔운동의 정체성은 세계 선교다. 로잔운동은 세계 복음화를 중심으로 모일 때, 그 역할을 다할 수 있을 뿐 아니라 오랜 기간 지속하는 복음주의 운동이 될 것이다. 이 운동에서 세계 선교에 대한 관심이 식거나 세계 선교가 부차적인 요소가 된다면, 협력보다는 갈등이 심화될 것이고 그 미래는 길지 않을 것이다. 앞으로도 복음을 듣지 못한 사람들에 대한 관심이 로잔운동의 중심에 늘 머물기를 기원한다.

# 12. 로잔운동과 세계 기독교[442] — 박형진

442 이 장의 내용은 2018년 1월 로잔교수회 연구도서 5집에 출간된 필자의 논문인 "지구촌 기독교의 등장 과 로잔운동"을 수정 보완한 것이다. 박형진, "지구촌 기독교의 등장과 로잔운동", 로잔교수회 편, 《로 잔운동과 현대선교 전략》(서울: 한국로잔위원회, 2018), 347-376 참조.

## I.들어가는말

예수 그리스도께서 땅끝 모든 족속에게 가서 복음을 전파하라는 위임을 주신 지 2천 년의 시간이 지났다. 이 지상명령을 받은 제자 중 하나인 사도 요한은 비록 밧모 섬에 유배되었지만 궁극적으로 이루어질 이 역사에 대한 완성점을 먼저 계시를 통해 보았다. 그가 본 바 각 나라와 족속과 방언 가운데 구원받은 자들이 찬송하는 것은 실상은 예수 그리스도께서 이 땅에 오시기 2천 년 전 아브라함을 불러 하나님이 말씀하신 '땅의 모든 족속'이 받을 복이라는 표현 속에 이미 잠재되어 있었다.

> 내가 너로 큰 민족을 이루고 네게 복을 주어 네 이름을 창대하게 하리니 너는 복이 될지라 너를 축복하는 자에게는 내가 복을 내리고 너를 저주하는 자에게는 내가 저주하리니 땅의 모든 족속이 너로 말미암아 복을 얻을 것이라 (창세기 12:2-3).

지난 2천 년간의 기독교 역사는 이 궁극적인 완성점을 향해 나아가는 복음의 여정이었으며 그 결과 '세계 기독교'(World Christianity)[443]의 등장은 필연적 결과일 수밖에 없다고 말할 수 있다. 세계 기독교는 단지 지리적 편만성을 의미하는 것은 아니다. 이는 전파된 복음이 인종과 언어가 다른 각 지역의 문화권에서 어떻게 수용되고 그들의 예배와 신학과 삶 속에서 어떻게 구현되었는지를 보여 주는 의미도 동시에 지닌다.

전 세계 복음화를 그 궁극적 목표로 출발한 로잔운동은 미전도 종족 입양 선교운동, AD 2000 and Beyond 운동 등 복음 전파를 위한 목표를 향

---

443 World Christianity라는 용어를 필자는 '지구촌 기독교'라는 용어로도 부르지만 여기서는 세계 기독교라는 명칭으로 사용한다.

해 일로매진해 왔다. 동시에 로잔운동은 여러 선교적 이슈들과 전략을 위해 심사숙고하여 많은 문건을 창출해 놓았다.

이러한 문건들에서는 이렇게 부상한 세계 기독교의 실체와 그 안에 드러난 복음의 속성을 얼마나 반영하고 있는 것일까? 이 장은 바로 이 물음을 중심으로 전개하려고 한다. 이 장에선 그간 로잔운동에서 나타난 문건 가운데 이러한 면이 어떻게 반영되어 있는지를 살펴보기 위해 먼저는 세계 기독교의 등장과 개념화를 간단히 논하고, 그다음 로잔운동 주요 대회의 문건들[444]을 살펴보며, 특별히 정기적으로 발행되고 있는 〈Lausanne Global Analysis〉를 중심으로 이러한 동향의 예시를 제시해 보려고 한다.[445]

## II. 세계 기독교의 등장과 개념

### 1. 기독교의 지리적 확장 및 인구비적 전이

세계 기독교를 도식화할 수 있는 것으로 아래의 두 그림을 통해 먼저 설명하고자 한다. [그림1]은 기독교 무게중심의 이동을 표시한 것으로 예수 그리스도의 공생애 사역의 시작점인 AD 30년으로부터 2100년까지의 기독교 인구의 무게중심의 경로를 추적해 본 것이다. [그림2]는 서구와 비서구의 기독교인 증감에 대한 추이를 본 것이다.

---

**444** 여기서 이 문건들은 로잔 언약(1974), 마닐라 선언(1989), 케이프타운 서약(2010)으로 1차, 2차, 3차 대회의 주요 문건에 국한하였다.

**445** 〈Lausanne Global Analysis〉는 로잔운동의 홈페이지(https://www.lausanne.org/)에 수록되어 있으며 이 장에선 그 내용을 참고할 수 있도록 온라인 링크를 각주에 제시하였다.

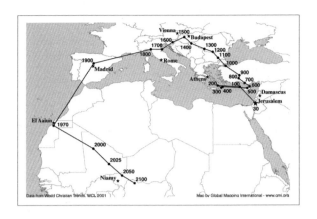

[그림 1] 기독교 무게중심의 이동[446]

[그림1]은 기독교인의 인구 증가비가 초기 500년 동안은 유대인들을 중심으로 시작되어 점차 소아시아와 인근 지중해를 중심으로 확장되어 갔음을 보여 준다. AD 500년 이후 기독교의 확장은 소아시아로부터 점차 서북 방향으로 진행되었으며, AD 1500년경 기독교 인구의 무게중심은 유럽 중앙부에서 그 정점을 찍는다. 이는 유럽의 기독교화 과정을 반영하는 것으로 종교개혁 당시 독일은 세계 기독교 인구의 집중 지역이라고 할 수 있겠다. 그러나 1500년 이후 기독교의 무게중심은 계속 남하하는 것을 볼 수 있다. 이는 이 시기에 이루어진 지리상의 발견으로 인해 아프리카 사하라 이남으로 기독교가 확장되고, 신대륙 발견으로 인해 남아메리카의 기독교화, 남태평양 군도로 선교, 오세아니아 지역으로 기독교인 이주 등을 반영하고 있다. 이러한 남하는 1970년에 그 방향을 바꾸어 동진하면서 계속 남하하고 있다. 이는 이 시기 이후 아시아 지역에 일어난 기독교의 폭발적 부흥운동과 교회 성장을 반영하고 있다. 바로 중국의 지하

446 Todd M. Johnson·Sun Young Chung, "Tracking Global Christianity's Statistical Centre of Gravity, AD 33-AD 2100", *International Review of Mission* 93, no. 369 (April 2004), 167.

교회 성장, 한국과 같은 교회의 폭발적 성장 등을 예로 들 수 있다. 현시점인 2024년을 기준으로 한다면 기독교인 무게중심의 위치는 서부 아프리카에 해당된다. 이는 전 세계 기독교인 가운데 서부 아프리카 지역에 기독교인이 가장 밀집되어 있다는 말이다. 인구비적으로 본다면 가장 기독교화된 대륙은 사실상 유럽이나 미주가 아닌 아프리카 대륙이라는 이야기가 된다.

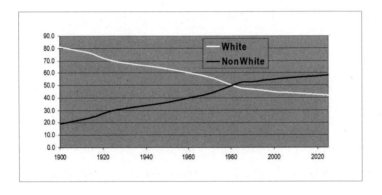

[그림 2] 서구와 비서구의 기독교인 증감[447]

[그림 2]는 서구와 비서구의 기독교인 증감을 보여 주는 그래프다. 1900년 지구상에서 기독교인의 80%가 백인계, 나머지 20%가 비백인계로 구성되었다면, 1980년에 역전되어 2020년경에는 백인계와 비백인계의 비율이 대략 40대 60이 될 것임을 보여 주고 있다. 이는 [그림 1]에 나타난 기독교인 무게중심의 이동을 반영한다. 이제는 서구보다는 비서구 지역에서 더 많은 기독교인을 찾아볼 수 있는 시대가 된 것이다.

---

447 Todd M. Johnson, "Global Ethnic Background of Christians 1900-2025", World Christian Database, www.worldchristiandatabase.org, Brill, 2007.

## 2. 세계 기독교의 개념화

### 1) 지역 기독교의 총합적인 기여

위의 두 그림이 보여 주는 바처럼, 세계 기독교의 모습은 이제 명백히 비서구가 서구를 기독교 인구의 대비에서 앞섰음을 알 수 있다. 그러나 이러한 세계 기독교의 현상을 단순히 인구비적인 모습에만 국한해서는 안 될 것이다. 이는 그 이상의 의미를 함유하기 때문이다. 즉 이제는 기독교의 예배, 예전, 신학의 양상도 더 이상 서구의 것이 아닌 비서구적인 요소들이 반영되어 있다는 것이다. 다시 말해, 복음과 문화의 상관관계 속에서 지금까지 서구 기독교가 발현해 온 자발적인 토착화의 과정을 비서구 교회도 밟고 있음을 보여 주는 것이다. 이러한 인구비적 전이와 그것이 지니는 신학적, 선교학적 함의는 이미 앤드루 월스(Andrew Walls)나 필립 젠킨스(Philip Jenkins)와 같은 학자들에 의해 논의되었다.[448]

이러한 논의들이 의미하는 바는 무엇인가? 세계 기독교는 신앙의 다양성, 신학의 균형성, 복음의 총체성, 궁극적으로는 하나님 나라의 풍요성을 보여 준다는 것이다. 모든 신학적 의제(agenda)들은 지역적이고 시대적인 특수성을 띠고 특정한 이슈를 갖고 있다. 그렇기에 세계 기독교는 어느 특정 지역이나 특정 시대의 신학을 우월하거나 대표적인 신학으로 볼수 없다. 한 예를 들어, 초기 로마제국 내 헬라 문화권에서 형성된 신앙의 표현(다분히 교리적)이 제국권 바깥의 시리아 문화권에서 형성된 신앙의 표현(다분히 윤리적)과 같을 수 없고 우월하다고 볼 수도 없다. 각각의 특수성이 오히려 복음의 이해에 상호보완적 역할을 할 수 있다. 또 한 예로, 서구

---

448 Andrew F. Walls, "From Christendom to World Christianity: Missions and the Demographic Transformation of the Church", *The Princeton Seminary Bulletin* 22, no. 3 (2001), 306-330; Philip Jenkins, *The Next Christendom: The Coming of Global Christianity* (Oxford: Oxford University Press, 2002).

는 계몽주의와 근대화 과정을 거치면서 그 신학에 있어 초자연적인 요소 등을 거부하거나 중요시하지 않는 경향이 있다. 이러한 성향의 신학이 세계 기독교를 대변할 수는 없다. 오히려 초자연적 요소를 중시하는 비서구 지역의 신앙과 신학이 서구 신학에 교정적이고 균형적인 시각을 제공하고 견제할 수 있어야 한다.

궁극적으로, 세계 기독교는 전 시대와 전 지역을 망라하는 총체적 시각에서 그리스도에 대한 원만한 이해와 복음의 진정한 속성을 보여 주는 시점을 제공한다고 할 수 있다. 어느 한 시대나 한 지역의 신학은 국지적이며 자기 한계를 드러낼 수밖에 없으며, 이는 상대방을 통해 스스로는 볼 수 없던 자신의 모습을 볼 수 있게 되는 특성을 가진다. 세계 기독교는 그리하여 각 시대와 각 지역의 신앙과 신학이 각각 총합적으로 기여하여 총체적인 복음과 그리스도의 풍성함을 이해하도록 돕는 순기능을 한다. 그리하여 "우리가 다 하나님의 아들을 믿는 것과 아는 일에 하나가 되어 온전한 사람을 이루어 그리스도의 장성한 분량이 충만한 데까지 이르리니"(엡 4:13)라고 한 바울의 권면과도 일맥상통한다고 볼 수 있다.

### 2) 세계 기독교의 특성들

세계 기독교에 대한 이러한 이해는 세계 기독교가 갖는 특성들을 드러내 준다. 먼저 다음의 특성들은 세계 기독교가 '아닌' 것으로 볼 수 있다. 이데올로기적(ideological), 영토적(territorial), 단중심적(monocentric)인 것은 세계 기독교의 특징들과 대치된다.[449] 기독교의 역사를 돌이켜 볼 때 교회(특히 서구 로마가톨릭)는 특정 언어(예, 라틴어)를 예전과 신학의 언어로 규정하고

---

449 이 부분에 대한 논의는 필자의 글을 참조하기 바람. 박형진, "지구촌 기독교(World Christianity)의 등장과 그 개념화 작업", 〈선교와 신학〉 31 (Spring 2013), 11-39.

이데올로기화하여 오히려 성경 번역을 저해하는 일을 한 적이 있다. 이는 오순절에 임한 성령이 언어의 차별 없이 복음을 듣게 하신 역사에 위배된다. 기독교 역사에서 우리는 영토적 확장을 통해 기독교의 확장을 가져온 예들을 볼 수 있다. 그 과정에서 강압을 통한 개종이나 소위 '크리스텐덤'(Christendom)을 구축한 유럽의 역사를 보았다. 그러나 영토적 개념의 기독교가 결코 진정한 기독교의 모습이 아님을 유럽의 역사가 보여 주었다. 또한 기독교의 확장 과정을 볼 때 어느 한 나라나 한 민족이나 한 지역이 항구적인 기독교의 중심이 된 적이 없다. 기독교의 무게중심이 끊임없이 이동하는 것처럼, 선교의 중심점도 시대를 따라 이동해 왔음을 본다.[450] 이제는 다중심적(polycentric) 기독교의 모습이 총체적인 기독교의 모습을 대변해 준다.

세계 기독교의 특성은 또한 다음과 같이 양면성을 두루 아우르는 짝 개념으로도 생각해 볼 수 있다. 복수성(plurality)과 보편성(catholicity), 특수성(particularity)과 일반성(universality), 문화상호간(intercultural)과 문화이행간(cross-cultural) 해석, 로컬(local)과 글로벌(global)의 공존 그리고 남반구(Southern)와 북반구(Northern) 기독교의 양상 등이다. 이러한 짝 개념은 상호모순적이라기보다 상호보완적 의미를 지닌다고 보아야 한다.[451]

---

450 이에 대한 논의는 Andrew F. Walls, "Christianity in the Non-Western World: A Study in the Serial Nature of Christian Expansion", in *The Cross-Cultural Process in Christian History* (Maryknoll: Orbis, 2002), 27-48 을 참조하라.

451 박형진, "지구촌 기독교(World Christianity)의 등장과 그 개념화 작업", 11-39.

# III. 국제 로잔대회 주요 문서들에서 나타나는 세계 기독교의 개념들

지금까지 대략 세계 기독교의 등장과 이에 따른 개념들을 정리해 보았다. 이제는 1, 2, 3차 국제로잔대회가 창출한 주요 문건인 로잔 언약과 마닐라 선언, 케이프타운 서약 속에서 이러한 개념들을 어떻게 인지하고 표출하고 있는지 살펴보기로 하겠다.[452] 여러 조항이 있겠지만 여기서는 위에서 언급한 내용과 맥락에 부합하는 조항들에 특별히 초점을 맞추어 보려고 한다.

## 1. 문화 속, 지역 속에서의 복음: 복음과 문화의 상관관계

로잔 언약은 각 문화 속에서 역사하시는 성령의 역사를 다음과 같이 논하고 있다.

> 성령은 오늘도 그 계시를 통해 말씀하신다. 성령은 어떤 문화 속에서나 모든 하나님 백성의 마음을 조명하여 그들의 눈으로 이 진리를 새롭게 보게 하시고, 하나님의 각종 지혜를 온 교회에 더욱더 풍성하게 나타내신다. (로잔 언약 2 '성경의 권위와 능력')

이는 성령의 역사가 문화를 도전하고 변혁시키는 역할도 하지만, 동시에 문화적 상황을 인식하고 그 안에서 복음을 이해시키는 지혜의 영임을 증거하고 있다. 따라서 교회도 지역성을 존중하고 독창성을 가져야 함을 아래와 같이 강조하고 있음을 본다.

---

452 여기서 인용된 문건의 내용은 조종남, 《세계 복음화를 위한 로잔운동의 역사와 신학》(서울: 선교횃불, 2013)을 참조하였다.

모든 민족과 문화권에서 교리, 제자도, 전도, 교육 및 봉사의 각 분야에 목회자, 평신도를 위한 효과적인 훈련 프로그램이 수립되어야 한다. 그러한 훈련 프로그램은 틀에 박힌 전형적인 방법에 의존할 것이 아니라 성경적 기준을 따라 지역적인 독창성을 바탕으로 개발되어야 한다. (로잔 언약 11 '교육과 지도력')

마닐라 선언에서도 지역의 특수성과 중요성에 대해 다음과 같이 강조하고 있다.

모든 기독교 회중은 그리스도의 몸을 나타내는 지역적인 표현이며 동일한 책임을 지고 있다…. 지역 교회의 일차적인 책임은 복음을 전하는 것이라고 믿는다…. 각 지역 교회는 그 처해 있는 지역을 복음화해야 하며 또한 그렇게 할 자원을 가지고 있다…. 우리는 선교에 대한 더 적절한 전략을 수립하기 위해 모든 회중이 개교회의 교인들이나 프로그램뿐만 아니라 지역사회의 모든 특성을 정기적으로 연구할 것을 권한다…. 그 교회가 속해 있는 지역을 소홀히 해서는 안 되며, 이웃을 복음화하는 교회가 세계 선교를 소홀히 해서는 안 된다. (마닐라 선언 A. 8 '지역 교회')

케이프타운 서약도 문화권 속에서 역사하시는 성령의 사역을 같은 맥락에서 다음과 같이 명시하고 있다.

그러나 우리는 또한 성령께서 하나님의 백성의 마음을 조명하여 모든 문화권의 사람들에게 성경이 새로운 방법으로 계속해서 하나님의 진리를 말씀하게 함을 (인정하고) 기뻐한다. (케이프타운 서약 제1부 6 '우리는 하나님의 말씀을 사랑한다')

케이프타운 서약은 문화에 대해 너무 긍정적으로도 너무 부정적으로도 보지 않고 분별력 있게 보아야 함을 또한 명시하고 있다.

역사적으로 기독교 선교는 파괴적인 실패로 인해 흠이 나긴 했어도, 토착문화와 언어를 보호하고 보전하는 데 중요한 역할을 했다. 그러나 모든 문화는 인간의 삶 속에서 하나님의 형상의 긍정적인 증거를 드러낼 뿐 아니라 사탄과 죄의 부정적인 흔적들까지도 보여 주기 때문에, 하나님의 사랑(Godly love)은 비판적인 분별을 포함한다. (케이프타운 서약 제1부 7 '우리는 하나님의 세상을 사랑한다')

케이프타운 서약에서 문화는 궁극적으로 그리스도에 의해 속량되어 그리스도를 영화롭게 증거해야 할 매체임을 다음과 같이 명시한다.

우리는 복음이 모든 문화 속에서 구체적으로 표현되고 스며들어, 모든 문화를 안으로부터 속량하므로 문화가 하나님의 영광과 그리스도의 광채를 충만하게 드러내는 것을 보길 바란다. 우리는 모든 문화의 풍성함과 영광과 웅장함이 하나님의 도성으로 들어와 모든 죄가 구속받고 제거되어 새로운 창조 세계를 풍요롭게 하기를 고대한다. (케이프타운 서약 제1부 7 '우리는 하나님의 세상을 사랑한다')

이상과 같이, 로잔대회의 문건들은 복음주의적 그리스도인이라면 문화에 대해 중립적인 입지를 견지하되, 문화에 대한 책임감을 갖고 변혁을 위해 애써야 할 청지기적 사명과 더불어 문화적 감수성과 예민함을 갖고 복음 전파의 사명을 감당해야 한다는 태도를 제시한다.

## 2. 기독교 안에서의 다양성에 대한 열린 마음:
### 비서구적 기독교의 특징에 대한 인지

케이프타운 서약에서는 그 머리말에서 개신교가 아닌 전통적이고 역사적인 기독교 공동체에 대한 입장을 또한 표명하고 있는데 그러한 전통 속에서도 그리스도를 따르는 자들이 있음을 인지하고 '그리스도의 몸의 하나 됨'이라는 인식을 갖고 겸허한 마음으로 함께할 것을 권장하고 있다.

> 우리는 로잔운동에서 복음주의 전통을 따라 말하고 집필하지만, 그리스도의 몸의 하나 됨을 확증하고, 다른 전통들 안에도 주 예수 그리스도를 따르는 이들이 많다는 것을 기쁘게 인정한다. (케이프타운 서약 머리말)

케이프타운 서약은 혼합주의의 위험도 경계하고 있지만, 동시에 타문화나 종교권에서 일어나고 있는 새로운 현상들(예, 내부자 운동)에 대해 성급하게 판단하고 단죄하는 일도 경계해야 함을 명시하고 있다.

> 소위 '내부자 운동'(insider movements)은… 예수님을 그들의 하나님과 구세주로 따르는 사람들의 집단이다…. 이는 복합적인 현상이며, 이에 대해 어떻게 반응하느냐에 있어서는 많은 의견 차가 있다…. 우리가 예상하지 못하거나 익숙하지 않은 방법으로 하나님이 일하시는 것을 목도할 때 (1) 성급하게 그것을 분류하고 하나의 새로운 선교 전략으로 추진하거나 (2) 민감하게 현지 상황을 이해하지 못한 채 성급하게 그것을 비난하려는 경향을 피해야 한다. (케이프타운 서약 제2부 IIC. 4 '사랑은 제자도의 다양성을 존중한다')

마닐라 선언에서는 서구 기독교의 일부에서 그다지 달가워하지 않을 능력 대결의 요소를 다음과 같이 인지하고 논하고 있다.

> 진정한 회심에는 언제나 능력의 대결이 있으며… 우리는 기사와 이적을
> 부정하는 회의주의나 또 그런 것들을 무분별하게 요구하는 무엄함도 모
> 두 배격한다. 그리고 성령의 충만함을 꺼리는 소극성과, 우리가 약할 때
> 그리스도의 능력이 온전케 되는 것을 반대하는 승리주의도 배격한다.
> (마닐라 선언 A. 5 '전도자 하나님')

보는 바와 같이 마닐라 선언은 능력 대결에 관해 긍정적인 선언을 하
고 있다. 이는 비서구 기독교의 공통적인 특성이라고도 할 수 있고, 심지
어 서구 기독교에도 초기와 중세에 걸쳐 지속적으로 나타났던 특성이기
도 하다. 그러나 이에 대한 지나친 몰입이나 방관도 모두 경계한다.

### 3. 지구촌 시대에 대한 인식: 새로운 선교 유형의 인지

케이프타운 서약에서는 이미 기독교 지형도에 지각변동이 온 것을
인지하며 머리말에서 비서구권의 비중에 대해 다음과 같이 언급하면서 3
차 로잔대회가 아프리카 대륙에서 열린다는 것에 큰 의미를 두었다.

> 제3차 로잔대회가 아프리카에서 개최되었다는 사실은 이것에 대한 증
> 거다. 전 세계 그리스도인들 중 3분의 2가 현재 지구의 남쪽과 동쪽 대륙
> 에 살고 있다. (케이프타운 서약 전문 '변화하는 실재들')

1910년에 있었던 에든버러 선교대회 이후 100년간의 변화에서 하나
님의 위대한 선교적 비전이 역사적으로 실현되어 감을 부인할 수 없음을
재확인한 것이다.

케이프타운 서약은 지구촌 시대의 한 특징인 디아스포라 현상에 대해 비상한 관심과 비중을 두며 다음과 같이 논하고 있다.

> 오늘날 전례 없는 대규모 인구 이동이 일어나고 있다. 이주는 우리 시대에서 세계적으로 크게 일고 있는 현실들 가운데 하나다. 2억 명 정도의 인구가 자발적 또는 비자발적으로 자신들의 출생지가 아닌 곳에서 살고 있는 것으로 추정되고 있다. 여기서 '디아스포라'라는 단어는 어떤 이유에서건 자신들의 출생지를 떠난 사람들을 의미하는 데 사용된다. (케이프타운 서약 제2부 IIC. 5 '사랑은 흩어져 있는 사람들과 접촉하려 한다')

케이프타운 서약은 전반부는 신앙고백, 후반부는 행동강령이다. 이 후반부의 논의에서 케이프타운 서약은 지구촌 시대의 여러 선교적 도전과 기회들에 대해 삶의 전 영역에서 폭넓게 논하고 있다.

이상에서 본 바와 같이 3차에 걸친 로잔대회의 주요 문건들에서 세계기독교를 이해할 수 있는 논의와 명시들이 있음을 확인하였다. 이는 상당히 고무적인 것이다. 이는 전 세계에서 일하시는 하나님의 사역에 복음주의 운동이 결코 눈멀어 있거나 무관심하지 않다는 말일 것이다.


## IV. Lausanne Global Analysis의 발행

로잔운동의 보고(寶庫)라 한다면 끊임없이 세계 복음화를 위한 신학적 논의, 선교학적 논의들이 진행될 때마다 창출되는 주요 문건들이라 하겠다. 위에서 언급된 3차에 걸친 국제대회의 문서들 외에도 로잔운동은 출범 이후 50여 년간 이러한 논의들을 'Lausanne Occasional Paper'(이하,

LOP)로 쏟아 내고 있다. 현재까지 70여 편의 문건들이 수록된 로잔 홈페이지는 그야말로 로잔운동의 보고라 할 수 있다. 여기서는 그러나 이 장의 주제를 다루기 위해 LOP보다는 최근에 발행되기 시작한 〈Lausanne Global Analysis〉(이하, LGA)에 초점을 맞추려고 한다. 어떤 면에서 두 문건은 공통점이 많다. 그 구성이나 내용을 보면 모두 로잔 언약, 마닐라 선언, 케이프타운 서약에서 제시된 내용들에 대한 구체적이고 심도 있는 관찰과 분석이어서 대문건을 보조하는 자료로서 그 기능을 감당하고 있다. 따라서 로잔운동의 지속적인 발전 양상은 로잔이 발행하는 이 자료들을 통해서도 가늠해 볼 수 있다. 여기서는 LGA를 통해 세계 기독교의 현황을 로잔운동이 어떻게 소개하고 있으며 이것이 시사하는 바가 무엇인지를 아래의 4가지 영역별로 나누어 예시로써 제시해 본다. 각 영역에 예시로 열거된 LGA 이슈들을 자세히 살펴보면 이러한 동향에 대해 적절한 참고가 되리라 본다.

1. 세계 동향[453]
2. 세계 교회의 동향[454]

---

453 Gina Bellofatto, "People and Their Religions on the Move", in LGA 1, no. 1 (2012.11), https://www.lausanne.org/content/lga/2012-11/people-and-their-religions-on-the-move-challenge-and-opportunities-of-international-migration (2017년 12월 8일 검색); David Taylor, "Where Next for the Arab Spring?", in LGA 1, no. 1 (2012.11), https://www.lausanne.org/content/lga/2012-11/where-next-for-the-arab-spring (2017년 12월 8일 검색); Sas Conradie, "Global Trends 2030", in LGA 2, no. 3 (2013.6), https://www.lausanne.org/content/lga/2013-06/global-trends-2030 (2017년 12월 8일 검색).

454 Peter Brierley, "A 21st Century Babel!", in LGA 1, no. 1 (2013.1), https://www.lausanne.org/content/lga/2013-01/in-focus-a-21st-century-babel (2017년 12월 8일 검색; Kirsteen Kim, "Unlocking Theological Resource Sharing Between North and South: The need for missional theological education that values the whole church", in LGA 6, no. 6 (2017. 11), https://www.lausanne.org/content/lga/2017-11/unlocking-theological-resource-sharing-north-south (2017년 12월 8일 검색).

3. 포스트모던, 포스트크리스천 동향[455]

4. 디아스포라 선교와 비서구 세계의 선교운동[456]


## V. 나가는 말


지금까지 세계 기독교의 등장과 개념을 다루면서 로잔 문건 가운데 이러한 현상과 개념에 상응하는 조항들을 살펴보고 로잔운동이 세계 기독교의 실체를 얼마나 반영하고 있는지에 대해 살펴보았다. 1974년 유럽 대륙의 로잔에서 시작된 로잔운동이 1989년 아시아 대륙의 마닐라와 2010년 아프리카 대륙의 케이프타운을 거치면서 보여 준 명시들은 놀랍게도 그 지리적 여정만큼이나 세계 기독교의 속성들과 수렴되고 상응하는 부분이 많았다고 판단된다. 2024년에 한국에서 개최된 4차 로잔대회

455 Thomas Harvey, "Mission Studies in a Postmodern World: A peculiar paradox", in LGA 3, no. 5 (2014. 9), https://www.lausanne.org/content/lga/2014-09/mission-studies-in-a-postmodern-world (2017년 12월 8일 검색); Hugh Kemp, "Western Buddhism: A new-ish frontier for Christian mission", in LGA 3, no. 5 (2014. 9), https://www.lausanne.org/content/lga/2014-09/western-buddhism (2017년 12월 8일 검색); Jeff Fountain, "Europe: A most strategic mission field" in LGA 3, no. 6 (2014. 11), https://www.lausanne.org/content/lga/2014-11/europe-strategic-mission-field (2017년 12월 8일 검색); Jim Memory, "Europe's Crisis: God's opportunity", in LGA 4, no. 2 (2015. 3). https://www.lausanne.org/content/lga/2015-03/europes-crisis (2017. 12. 8 검색); Sam George, "Is God Reviving Europe through Refugees?: Turning the Greatest Humanitarian Crisis of Our Times into One of the Greatest Mission Opportunities", in LGA 6, no. 3 (2017. 5), https://www.lausanne.org/content/lga/2017-05/god-reviving-europe-refugees (2017년 12월 8일 검색).

456 Sadiri Joy Tira, "Diasporas from Cape Town 2010 to Manila 2015 and Beyond: The Lausanne Movement and scattered peoples", in LGA 4, no. 2 (2015. 3), https://www.lausanne.org/content/lga/2015-03/diasporas-from-cape-town-2010-to-manila-2015-and-beyond (2017년 12월 8일 검색); David Ro, "The Rising Missions Movement in China (the World's New Number 1 Economy) and How to Support It", in LGA 4, no. 3 (2015. 5), https://www.lausanne.org/content/lga/2015-05/the-rising-missions-movement-in-china-the-worlds-new-number-1-economy-and-how-to-support-it (2017년 12월 8일 검색); Prabhu Singh, "Surfing the Third Wave of Missions in India: Contextual Challenges and Creative Responses", in LGA 6, no. 2 (2017. 3), https://www.lausanne.org/content/lga/2017-03/surfing-the-third-wave-of-missions-in-india (2017년 12월 8일 검색).

에서는 세계 기독교라는 표현을 '다중심적 기독교'(Polycentric Christianity)라는 표현을 선호하여 쓰는 것을 볼 수 있다.[457] 이는 세계 기독교를 서구와 비서구 혹은 북반구(Global North)와 남반구(Global South)와 같은 이분법적 구분으로 논의할 때 생겨날 수 있는 불필요한 오해를 피하고자 하는 의도가 아닌가 생각된다. 기독교의 다중심적 특징은 최근에 부상한 현상이 아니다. 기독교는 그 역사의 초기부터 다중심적인 모습을 보여 왔다. 세계 기독교의 모습과 속성은 복음의 본질 그리고 그 본질에서 나타난 기독교의 본래적 모습을 드러낸다. 로잔운동이 이러한 모습을 인지하고 그 문건들 속에 담아낸 것은 매우 고무적인 일이다.

---

457 이는 4차 로잔대회에서 발표된 〈대위임령 현황〉(*State of the Great Commission*) 보고서를 참조할 수 있다.

# 13. 로잔운동과 디아스포라 선교
## — 김광성

## Ⅰ. 들어가는 말

로잔운동 50주년을 맞이하는 2024년에 제4차 로잔대회가 전 세계 기독교 지도자들의 영향력과 아이디어를 연결하는 것을 모토로 하고, '교회여, 함께 그리스도를 선포하고 나타내자'(Let the Church Declare and Display Christ Together)를 주제로 대한민국 인천에서 개최되었다. 정식 명칭은 2024 서울-인천 제4차 로잔대회다.

전 세계 복음주의 진영의 대표적인 선교운동으로 평가받는 로잔대회(Lausanne Congress on World Evangelization)은 변화된 선교 환경에 적극적으로 반응하면서 세계 복음화 성취를 위한 방안 도출을 목표로 한다.[458]

1974년 '온 땅이 주님의 음성을 듣게 하라'(Let the Earth Hear His Voice)를 주제로 스위스 로잔에서 1차 로잔대회를 열었고, 그로부터 15년 후인 1989년 필리핀 마닐라에서 '그리스도께서 다시 오실 때까지 그를 선포하라: 온 교회가 온 세상에 온전한 복음을 전하라는 부름'(Proclaim Christ until He Come: Calling the Whole Church to Take the Whole Gospel to the Whole World)을 주제로 2차 마닐라 대회를 열고 다양한 선교 주제를 제시하였다. 이후 약 20년 만인 2010년에 남아프리카공화국에서 '세상과 자기를 화목케 하시는 그리스도 안의 하나님'(God, in Christ, Reconciling the World to Himself)을 주제로 3차 케이프타운 대회를 열었다.

세 차례 로잔국제대회에서 발표한 공식 문서인 로잔 언약(Lausanne Covenant), 마닐라 선언(Manila Manifesto), 케이프타운 서약(Cape Town Commitment)을 통해 복음주의 진영의 선교사상의 변천 과정을 살펴볼 수 있는데, 특히 디아스포라 선교는 1, 2차 대회에서는 거론되지 않았지만

---

458 김승호, "로잔운동과 선교사상의 발전",《로잔운동과 선교》, 한국로잔연구교수회 편 (2014), 21.

3차 대회에서는 비중 있게 다루어졌다.[459] 디아스포라 선교는 2010년 케이프타운 대회를 계기로 탄생한 세계 디아스포라 네트워크(Global Diaspora Network, GDN)가 주도하고 한인 디아스포라 네트워크(Korean Diaspora Network, KDN)가 적극 후원하여 2016년에 출간한 *Scattered and Gathered: A Global Compendium of Diaspora Missiology*[460] (한국어 번역본은 《디아스포라 선교학》)[461] 에서 그 지향하는 방향을 알 수 있다. *Scattered and Gathered*는 디아스포라 선교를 위해 여러 네트워크가 협업한 결과다.[462] 다만 2024년 대한민국 인천에서 개최된 4차 로잔대회 서울 선언(Seoul Statement)에는 디아스포라 선교와 직접적으로 관련된 내용이 포함되지 않았다.


## II. 국제이주와 디아스포라선교


세계화는 서구에서 비서구로 중심축이 이동하는 현상이며, 이는 기독교적 관점에서 볼 때 기독교가 글로벌 차원으로 확대되는 것을 의미한다. 특히 글로벌 이주 현상은 수많은 나라에서 디아스포라 공동체를 형성시키고 있으며 이는 선교에 중대한 기회를 부여하고 있다.[463] 세계 선교의 흐름은 국제사회의 동향과 밀접하게 연계되어 있다. 로잔운동은 국제이주 현상에 대해 적극적으로 반응한다. 케이프타운 서약에서 디아스포라

---

459 케이프타운 서약 IIC-5, 사랑은 흩어진 사람들(Diaspora)을 향해 나아간다.

460 Sadiri Joy Tira and Tetsunao Yamamori eds, *Scattered and Gathered: A Global Compendium of Diaspora Missiology* (Regnum Books International, 2016).

461 Sadiri Joy Tira and Tetsunao Yamamori 편저, Harry Kim, 문창선 역, 《디아스포라 선교학》 (더메이커, 2018).

462 김광성, "한인 디아스포라 네트워크를 통한 선교 자원 동원 활성화 연구: 한인디아스포라포럼(KDF)를 중심으로", 〈선교 신학〉 제35집(2014). 43-68; "로잔운동과 세계 디아스포라 네트워크 형성", 〈미션네트워크〉 제5집 (2014), 223-247.

463 최형근, "로잔운동과 디아스포라 선교", 〈ACTS 신학저널〉 34집 (2017), 467.

선교가 중요한 선교 주제로 등장한 것이 이를 입증한다.

1951년에 설립된 국제이주기구(International Organization for Migration, IOM)는 국제이주 분야에서 선도적인 정부 간 기구다.[464] IOM의 정의에 따르면 이주(移住, migration)는 "국경을 넘었거나 혹은 특정 국가 내에서 사람이나 집단이 이주하는 것으로, 그 기간과 구성, 원인에 상관없이 어떤 형태의 인구 이동도 포괄하는 개념이다. 여기에는 난민, 이재민, 경제적 이주자 그리고 가족 재결합 등의 목적을 위해 이동하는 사람들을 포함"한다.[465] 국제기구의 이러한 정의는 로잔운동이 디아스포라를 "어떤 이유에서건 자신들의 출생지를 떠난 사람들"[466]로 정의한 것과 일치한다.

UN 경제사회국(United Nations Department of Economic and Social Affairs, UN DESA)은 전 세계 국제이주자 통계를 담당한다. IOM 최근 자료인 *World Migration Report 2024*에 따르면 국제이주자 수는 지난 50년 동안 지속적으로 증가했다.[467] 2차 세계대전 이후 최악의 글로벌 위기였던 COVID-19 팬데믹에도 국제이주가 완전히 중단되지는 않았다.[468] COVID-19가 없었다면 2020년 국제이주자 수는 약 2억 8,300만 명으로 증가했을 것이다.[469]

국제이주자의 지속적인 증가는 국제사회의 중요한 쟁점이 되었다. 제3차 로잔대회는 급변하는 세계 정세와 환경으로 야기된 이슈에 대해

---

464 IOM 한국지부 홈페이지(http://iom.or.kr/index.php/iom/)와 IOM 국제본부 홈페이지(https://www.iom.int/)를 방문하면 이주민 문제에 관한 국제적인 흐름을 확인할 수 있다.

465 《이주용어사전》 제2판(Glossary on Migration, Second Edition), International Organization for Migration (2011), 66.

466 케이프타운 서약 IIC-5.

467 World Migration Report 2024, International Organization for Migration (2024), 22.

468 *Migration Outlook 2021: Seven things to look out for in 2021*, ICMPD(International Centre for Migration Policy Development)(2021. 2), https://www.icmpd.org/news/press-releases/icmpd-migration-outlook-2021-a-first-look-at-key-trends-and-post-covid-19-scenarios (2022년 1월 26일 검색).

469 *Migration Outlook 2021: Seven things to look out for in 2021*, ICMPD(International Centre for Migration Policy Development)(2021. 2).

교회는 어떻게 대처할 것인지를 적극 논의하였다. 로잔운동의 이러한 흐름은 국제이주에 대해 선교 실천적으로 민감하게 반응하는 계기를 제공하였다. 세계화, 빈곤, 분쟁 그리고 환경문제 등으로 인해 세계 주요 쟁점으로 등장한 이주(민) 문제는 전통적인 선교 방식을 뒤집는 미래 선교의 방향이자 도전[470]이며, 디아스포라 선교를 배태하여 로잔운동의 주요 논제가 되었다.

## 1. 국제이주에 대한 관심 영역의 변화

국제이주에 대한 관심 영역이 변화하고 있다. 2018년 12월 19일 이주 글로벌 컴팩트(The Global Compact for Migration, GCM)가 유엔 총회에서 정식 승인을 받았다. GCM은 유엔의 지원하에 세계 각국의 이주를 효과적으로 관리하고 이주자를 보호하기 위해 만든 국제사회의 첫 합의문이다. GCM은 모든 이주자의 인권을 보호할 것을 목표로 한다는 점에서 중요한 의의를 가지며, 정부뿐만 아니라 시민사회, 민간기업, 학계, 디아스포라와 이주자 단체를 포함한 모든 이해관계자의 참여가 뒷받침되었다.[471] 이를 통해 우리는 국제이주 문제가 공식적으로 UN의 주요 과제가 되었으며, 국제사회의 모든 조직이 GCM을 매개로 국제이주 문제에 관심을 기울이고 있음을 알 수 있다.

국제사회는 국제이주의 어떤 영역에 관심을 기울이는 것일까? GCM이 2017년 5월부터 유효하도록 이끈 뉴욕 선언(New York Declaration for Refugees and Migrants)에서 그 실마리를 찾을 수 있다. 2016년 9월 19일, 유엔

---

470 Samuel Escobar, "Migration: Avenue and Challenge to Mission", Missiology: An International Review, vol. XXXI, No.1, January 2003, Sage Publications (2003), 17-28.

471 IOM 한국대표 공식 홈페이지 자료(http://iom.or.kr/index.php/%ec%9d%b4%ec%a3%bc-%ea%b8%80%eb%a1%9c%eb%b2%8c-%ec%bb%b4%ed%8c%a9%ed%8a%b8-2/) (2022년 1월 26일 접속).

총회에서 이주(Migration)와 난민(Refugee) 이슈에 대응하기 위한 회의가 열렸다. 193개 유엔 회원국은 인간의 이동(Human Mobility)에 대한 국제적인 협력을 위해 뉴욕 선언을 채택하였는데, 뉴욕 선언은 GCM의 뿌리다.[472]

유엔이 국제이주 문제에 관심을 기울이게 된 역사적인 출발점은 언제일까? IOM의 공식 간행물인 *World Migration Report 2013(WMR 2013)*은 '이주의 삶의 질과 개발(Migrant Well-being and Development)'[473]이라는 제목의 글을 통해 이민자의 삶의 질(Well-being)을 세계 최초로 분석했다. 이주에 대한 국제사회의 관심 변화는 다음의 두 가지로 요약할 수 있다.

첫째, 이주자는 모두를 이롭게 한다는 신념을 가지게 되었다. 전통적으로 이주는 두뇌 유출이라는 부정적 인식이 있었다. 그러나 시간이 지나면서 이주의 경제적 효과가 드러났고, 이주를 보는 사회의 시선도 바뀌었다.

둘째, 이주자의 삶의 질에 대한 관심을 보이기 시작했다. 국제이주에 대한 기존 연구는 대부분 이주의 경제적 효과에 초점이 맞추어져 있지만, *WMR 2013*에서는 이주가 이주민의 삶의 질에 미치는 영향을 관찰함으로써 이주에 대한 총체적 접근이 가능하게 하였다.

## 2. 세계 선교와 디아스포라 선교운동

국제이주에 대한 국제사회의 노력은 하나님의 선교(Missio Dei) 개념을 수용하면서 국제사회와 협력 구조를 갖춘 기독교계의 세계 선교에도 영향을 주었다. 세계교회협의회(WCC)는 국제이주로 말미암아 발생한 정의 (Justice)를 논의 주제로 다루기 시작했다. 예를 들면 세계 에큐메니컬 이민 네트워크(The Global Ecumenical Network, 구 Global Ecumenical Network on Uprooted

---

[472] https://www.un.org/en/development/desa/population/migration/generalassembly/docs/globalcompact/A_RES_71_1.pdf (2022년 1월 27일 접속).

[473] World Migration Report 2013, IOM (2013), 86-103.

People)는 국제이주 문제를 인종차별주의, 인종 혐오, 교회론적 변화를 주도하는 현상과 연계하여 논의한다. 이처럼 WCC는 국제이주를 정의, 디아코니아, 피조물에 대한 책무 영역에서 다룬다.[474]

1974년 제1차 로잔대회 이후 로잔운동은 미전도 종족 선교 개념, 창의적 접근 지역인 10/40 선교를 위한 자비량 선교와 평신도 선교운동의 활성화, 맥가브란의 동일 집단 원리에서 발전한 회교 성장 전략 등 현대 선교 신학 이론 형성에 중요한 영향을 끼쳤다. 따라서 디아스포라 선교 개념 또한 향후 세계 선교의 중요한 선교 신학 주제로 자리매김할 것이라고 기대할 수 있다.

## III. 로잔운동과 디아스포라 선교 신학

국제이주 문제에 대한 국제사회의 높은 관심은 세계의 변화 추세에 민감한 로잔운동이 디아스포라에 대해 선교 실천적 관심을 가지도록 이끌었다. 로잔운동은 디아스포라 선교를 학문적으로 구조화하는 디아스포라 선교학의 플랫폼 역할을 하고 있다.[475] 3차 로잔대회를 계기로 설립된 GDN이 2016년에 발간한《디아스포라 선교학》(Scattered and Gathered: A Global Compendium of Diaspora Missiology)은 디아스포라 선교운동이 디아스포라 선교학으로 발전하는 데 선도적인 역할을 감당하고 있음을 말해 주는 결과물이다.

---

474 김광성, "로잔운동과 세계 디아스포라 네트워크 형성", 〈미션네트워크〉 (주안대학원대학교, 2014).
475 최형근, "로잔운동과 디아스포라 선교", 〈ACTS 신학저널〉 제34집 (2017), 471.

## 1. 2004년 파타야 로잔 포럼

로잔운동과 디아스포라 선교의 만남은 1976년 홍콩에서 시작된 Chinese Coordinating Committee on World Mission(華人世界福音運動, CCCOWM)으로 거슬러 올라간다.[476] 디아스포라 운동은 마닐라 대회 이후 당시 위원장이던 톰 휴스턴(Tomm Huston)이 조직하였고, 1998년 처음으로 캐나다의 에드먼턴에서 국제 디아스포라 지도자 대회를 열었다.[477]

디아스포라 선교학 발전에 기폭제 역할을 한 모임은 2004년 태국 파타야에서 열린 로잔 포럼이다. 로잔 파타야 포럼을 준비하기 위해 주제별로 31개의 이슈 그룹을 조직하여 각 그룹의 리더와 구성원들이 사전 토의를 진행하였다.[478] 디아스포라 이슈 그룹(Diaspora and International Students)이 구성됨에 따라 로잔운동에서 본격적으로 디아스포라 선교에 대한 논의를 시작하게 되었다. 논의 결과는 이듬해인 2005년에 *The New People Next Door*라는 제목으로 제출되었고, 로잔대회는 이를 로잔 공식 문서 No.55(Lausanne Occasional Paper No. 55)로 채택하였다.[479] 이 문서는 복음주의 선교의 새로운 방향을 제시했다.

## 2. 2008년 로잔 디아스포라 리더십팀 결성

2007년 국제로잔위원회 의장 더글러스 버드솔(Douglas Birdsall)과 국제 분과장 테츠나오 야마모리(Tetsunao Yamamori)는 디아스포라 선교학을 구축하는 데 중요한 역할을 하였다. 그들은 디아스포라 시니어 멤버로 사디리 조이 티라(Sadri Joy Tira)를 임명하였다. 조이 티라는 2008년 헝가리

---

476 김성훈, "로잔디아스포라 운동과선교", 선교한국파트너스위원회, *MISSION KOREA REVIEW* (2012), 32-33.
477 김성훈·문창선, "로잔 디아스포라 운동과 이주민 선교", 〈미션인사이트〉 제7집 (2016).
478 최형근, "로잔운동과 디아스포라 선교", 471.
479 최형근, "로잔운동과 디아스포라 선교", 472.

부다페스트에서 열린 로잔지도자대회에서 로잔 디아스포라 리더십팀(Lausanne Diaspora Leadership Team, LDLT)을 결성하기 시작해,[480] 2009년에 팀을 완성하였다.[481]

LDLT는 다양한 디아스포라 사역자, 신학자, 선교학자, 현장 사역자, 선교 전략가 등이 모여 디아스포라 신학의 기초를 놓는 동시에,[482] 필리핀 중국 한국 남미 등 민족별로 진행되는 디아스포라 선교운동의 협력을 촉구하여 글로벌 디아스포라 운동의 네트워크를 활성화하였다[483]. 로잔대회 지도부는 LDLT로 하여금 복음주의 디아스포라 신학과 전략을 2010년 케이프타운 대회에서 발표하도록 요청하였다.[484] 이는 로잔운동이 공식적으로 디아스포라 선교학 수립을 추진하기 시작했다는 것을 의미한다.

LDLT는 로잔대회 지도부의 요청에 따라 디아스포라 이주민 선교사역과 디아스포라 선교학의 성경적, 신학적 기초를 마련하기 위해 두 차례 협의회를 소집하였다.[485] 2009년 5월 그린힐 기독교 공동체(Greenhills Christian Fellowship)[486]가 주최하여 필리핀 마닐라에서 열린 로잔 디아스포라 전략협의회(Lausanne Diaspora Strategy Consultation: LDSC)와 2009년 11월 대한민국 서울에서 횃불트리니티신학대학원대학교가 주최한 로잔 디아스포라 교육자협의회(Lausanne Diaspora Educators Consultation: LDEC)가 그것이다.

---

480 김성훈·문창선, "로잔 디아스포라 운동과 이주민 선교", 134. 조이 티라의 증언에 따르면 로잔디아스포라 위원회.

481 Sadiri Joy Tira·Tetsunao Yamamori 편저, 《디아스포라 선교학》, Harry Kim·문창선 역 (더메이커, 2018), 143,

482 김성훈·문창선, "로잔 디아스포라 운동과 이주민 선교", 134.

483 최형근, "로잔운동과 디아스포라 선교", 472.

484 Sadiri Joy Tira·Tetsunao Yamamori 편저, 같은 책. 143.

485 최형근, "로잔운동과 디아스포라 선교", 472; Sadiri Joy Tira·Tetsunao Yamamori 편저, 같은 책, 143; https://lausanne.org/content/statement/the-seoul-declaration-on-diaspora-missiology (2022년 1월 27일 접속) 참조.

486 Sadiri Joy Tira·Tetsunao Yamamori 편저, 같은 책, 143.

LDSC에는 정부와 비정부기구, 신학교, 교회, 기독교 단체들이 참석하였고, 여기서 디아스포라 종족과 다양한 쟁점, 디아스포라 사역기관, 그룹, 개인에 대한 정의를 내렸다. 아울러 학자들을 중심으로 위원회를 구성하여 제3차 로잔대회 이후 제기될 디아스포라 선교학의 미래에 대답하기 위해 로잔 디이스포라 교육자협의회를 개최하기로 결의하였다.[487]

LDEC는 '디아스포라 선교학을 위한 서울 선언'(The Seoul Declaration on Diaspora Missiology, 이후 서울 선언으로 약칭)[488]을 채택하였다. '서울 선언'은 디아스포라 선교학을 "조국과 고향을 떠나 사는 사람들 사이에서 하나님의 구속적 사역을 이해하고 그 일에 참여하기 위한 하나의 선교학적 틀"[489]로 재정의하였다.[490] 이 선언은 "하나님 나라 디아스포라 사역에 동기를 부여하고 무장시키고 동원하기 위해 선교단체, 학회, 교회를 하나로 모았다".[491]

### 3. 2010년 케이프타운 3차 로잔대회와 디아스포라 선교

디아스포라 선교 이슈는 케이프타운 대회에서 중요한 의제로 제기되었다.[492] 제3차 로잔대회가 디아스포라 선교학 구축을 위한 가장 중요한 전기가 되었다.[493]

첫째, 대회 본회의에서 중요한 주제의 하나로 디아스포라와 선교가

---

487 Sadiri Joy Tira·Tetsunao Yamamori 편저, 같은 책, 143.
488 '서울 선언'에서 재정의한 디아스포라 선교 신학 이해에 대해서는 김미선, "디아스포라 선교 이해와 전략: 글로벌 디아스포라 네트워크(Global Diaspora Network: GDN)를 중심으로", 〈선교 신학〉 제39집 (2015), 54-57을 참조하라.
489 https://lausanne.org/content/statement/the-seoul-declaration-on-diaspora-missiology (2022년 1월 27일 접속) 참조.
490 Sadiri Joy Tira·Tetsunao Yamamori 편저, 같은 책, 144.
491 Sadiri Joy Tira·Tetsunao Yamamori 편저, 같은 책, 144.
492 최형근, "제3차 로잔대회 케이프타운 서약의 특징과 의의", 〈복음과 선교〉 제22집 (2011), 137.
493 최형근, "로잔운동과 디아스포라 선교", 473.

다루어졌고,[494] 24개 특강(multiplex) 가운데 디아스포라 선교는[495] 참가자들의 열화와 같은 요구에 의해 추가로 발제해야 할 정도로 주목을 받았다.[496]

둘째, 본 대회에서 LDLT는 '디아스포라와 하나님의 선교'(Diaspora and God's Mission)를 주제로 디아스포라 선교 신학에 대한 정책 지침서인《마지막 추수를 위한 흩어짐: 세계적인 흐름인 디아스포라의 이해와 적용》을 대회 참가자들에게 배포하였다. 이는 로잔대회 지도부가 2008년부터 LDLT를 결성하면서 디아스포라 신학과 전략을 제3차 로잔대회에서 발표하도록 요청한 이후 LDLT가 2009년에만 LDSC, LDEC 등 2차례 협의회를 개최하는 등[497] 2년간의 수고로 탄생한 자료다. 이 자료를 통해 3차 로잔대회 이후 디아스포라 선교가 새로운 선교의 패러다임과 방향으로 자리매김하고 있다는 인식이 확산되기 시작했다.

셋째, 본 대회의 선언문인 케이프타운 서약에 디아스포라 선교가 중요한 선교 실전척 주제로 수록되었다.[498] 즉 "디아스포라 선교에 관심을 집중하는 동시에 전 세계로 흩어져 살고 있는 디아스포라에게 복음을 나눌 것을 교회들에 촉구하고 결의한"[499] 것이다. 이른바 하나님의 모략(Divine Conspiracy)으로 지칭되는 디아스포라 선교는 오랜 기독교 역사 속에서 특별하게 의도된 하나님의 선교 전략임을 로잔운동이 적극적으로 수용한 것이다.[500]

---

494 Sadiri Joy Tira·Tetsunao Yamamori 편저,《디아스포라 선교학: A Global Compendium of Diaspora Missiology》, 145.

495 안희열, "로잔운동이 세계 선교에 끼친 공헌과 한국 교회가 나아가야 할 방향", 〈선교와 신학〉 제27집 (2011), 131, 김성훈·문창선, "로잔 디아스포라 운동과 이주민 선교", 135.

496 Sadiri Joy Tira·Tetsunao Yamamori 편저, 같은 책, 145.

497 각주 38 참조.

498 케이프타운 서약 IIC-5.

499 김미선, "디아스포라 선교 이해와 전략", 53.

500 김성훈·문창선, "로잔 디아스포라 운동과 이주민 선교", 135.

마지막으로 본 대회를 마무리하면서 지속적인 디아스포라 네트워크 확산과 디아스포라 의제 계획을 위해 글로벌 디아스포라 네트워크(Global Diaspora Network, GDN)가 구성되었다.[501] GDN은 3차 로잔대회를 준비하기 위해 특별히 구성되었으며[502] 디아스포라 운동을 주도해 온 LDLT를 공식적으로 대체하는 조직이다. 각국의 디아스포라 지도자들은 대회 기간 중 GDN을 조직하여 디아스포라 운동을 확산하기 위해 전 세계 주요 복음주의 운동 단체들과 연대하기로 결의하였다.[503]

## 4. 3차 로잔대회 이후 GDN의 방향성: 디아스포라 선교 신학 수립

### 1) 로잔운동 산하기구로서 GDN 출범과 사역

3차 로잔대회 이후 GDN의 역사적 과정과 방향은 다음과 같다. 그동안 로잔 디아스포라 운동을 주도해 온 에녹 완, 조이 티라, 테츠나오 야마모리 등이 2011년 2월 프랑스 파리에서 실행위원회 총회를 열고 GDN의 탄생을 공식화하였다. 본부와 사무국을 마닐라에 세웠으며, 필리핀 기업 등록관리위원회에 실질적 행정기구(GDN with the Philippine Security Exchange Commission)로 등록하여 법적 정체성을 확보하였다.[504]

2011년 8월에 필리핀 마닐라에서 하나님 나라 안에서 협력하는 네트워크를 구축하기 위해 세계 각 지역의 교육자들을 소집하여 극동아시아 교육자협의회(Far East Asia Diaspora Educators' Resolutions)를 개최하였다. 이 협의회에서 이루어진 가장 주목할 만한 성과는 GDN이 한인 디아스포라 네

---

501 Sadiri Joy Tira · Tetsunao Yamamori 편저, 같은 책, 145.

502 Sadiri Joy Tira · Tetsunao Yamamori 편저, 같은 책, 145.

503 김성훈 · 문창선, "로잔 디아스포라 운동과 이주민 선교", 135.

504 Sadiri Joy Tira · Tetsunao Yamamori 편저, 같은 책, 145.

트워크(Korean Diaspora Network, KDN)와 전략적 협력관계를 구축한 것이다.[505] KDN은 2004년에 볼티모어 포럼(Baltimore Forum)에서 출범한 한국의 대표적인 디아스포라 선교운동 단체다. GDN은 2012년 미국 시카고에서 북미 디아스포라 교육협의회(North America Diaspora Educators' Resolutions)를 개최하는 등 디아스포라 선교학 정립을 위한 광범위한 신학적 견해를 수렴하는 작업[506]을 지속적으로 수행하였다.

### 2) 디아스포라 선교학 구축을 위한 GDN의 여정과 《디아스포라 선교학》의 탄생

현시점에서 볼 때 2016년 《디아스포라 선교학》[507]이 출간된 것은 로잔운동 산하에서 GDN이 이룩한 가장 중요한 업적 중 하나다. 선교학은 복음의 세계화를 목적으로 다양한 사회문화 현상과 복음의 만남 과정에서 발생하는 현상들을 성경적, 역사적, 신학적으로 규명하는 학문이다.[508] 1974년 이래 로잔운동은 복음주의 진영의 선교학 정립을 위한 플랫폼 역할을 감당해 왔다. 따라서 로잔운동이 디아스포라 선교에 대한 선교 신학적 성찰을 시작한 것은 필연적인 과업이다.

2004년 파타야 포럼에서 디아스포라 이슈 그룹(Diaspora and International Students)이 논의한 것이 2005년 *The New People Next Door*라는 제목으로 제출되었고, 로잔대회는 이를 로잔 공식 문서 No.55로 채택하였다. 또한 2008년에 결성된 LDLT가 3차 로잔대회를 준비하면서 수차례 교육자협

---

505  최형근, "로잔운동과 디아스포라 선교", 각주 12, 475.

506  최형근, "로잔운동과 디아스포라 선교", 475.

507  Sadri Joy Tira·Tetsunao Yamamori eds., *Scattered and Gathered: A Global Compendium of Diaspora Missionlogy* (Oxford: Regnum Books International, 2016). 이 책은 위디선교회와 KDN의 협업으로 2018년 한국어판 《디아스포라 선교학》으로 출간되었다. 최형근, "로잔운동과 디아스포라 선교", 각주 13, 475.

508  최형근, "로잔운동과 디아스포라 선교", 475.

의회를 개최한 결과로 서울 선언(The Seoul Declaration on Diaspora Missiology)을 채택해 케이프타운 로잔대회에서《마지막 추수를 위한 흩어짐: 세계적인 흐름인 디아스포라의 이해와 적용》을 배포하였다.《마지막 추수를 위한 흩어짐: 세계적인 흐름인 디아스포라의 이해와 적용》은 디아스포라 선교 신학에 대한 정책 지침서다. 이후 LDLT의 발전적 해체와 GDN의 출범으로 이어지며 로잔운동은 디아스포라 선교학을 구축해 나갔다.

2012년 7월, GDN은 캐나다 토론토에서 실행이사회를 개최하였다. 주요 의제는 2015년 3월 필리핀 마닐라에서 개최하게 될 글로벌 디아스포라 포럼(Global Diaspora Forum)을 준비하기 위한 로드맵 마련이었다.[509] 뿐만 아니라 GDN은 다른 민족의 디아스포라 선교운동과 협업하기 위해 노력했다. 그 과정에서 그들이 주목한 것은 한인 디아스포라 그룹이었다. 2008년 말레이시아 쿠알라룸푸르에서 열린 한인 디아스포라 포럼에 조이 티라가 초대받은 것을 계기[510]로 로잔운동 디아스포라 그룹 지도자들과 한인 디아스포라 그룹이 범세계적인 네트워크를 구성하고 디아스포라 선교 신학을 구축하기 위해 동반자적 협력관계를 맺었다.

2015년 3월 필리핀 마닐라에서 GDN은 로잔위원회 공동으로 한인 디아스포라 네트워크(Korean Diaspora Network)와 협력하여 글로벌 디아스포라 포럼(Global Diaspora forum)[511]을 개최하였다.[512] 공식 보고서[513]에 따르면 포럼은 대성황을 이루었고, 100개가 넘는 교파와 선교단체, 신학 교육 단체 그리고 기독교 단체를 대표하는 300명이 참석했다. 포럼의 목적은 첫째,

---

509 김성훈·문창선, "로잔 디아스포라 운동과 이주민 선교", 137.

510 Sadiri Joy Tira·Tetsunao Yamamori 편저, 같은 책, 28.

511 https://lausanne.org/gatherings/issue-gathering/2015-global-diaspora-forum (2022년 1월 29일 검색).

512 최형근, "로잔운동과 디아스포라 선교", 475.

513 https://lausanne.org/about/blog/global-diaspora-forum-2015 (2022년 1월 29일 검색).

전 세계 신학교에 디아스포라 선교학 교육과정을 설립하고 교재로 사용할 디아스포라 선교 신학 백서(compendium)를 발간하는 것이다.[514] 둘째, 디아스포라 선교학을 적용하여 디아스포라 교회의 성장을 돕기 위한 실제적인 전략을 모색하는 것이다. 셋째, 디아스포라 선교를 위해 교회와 신학교가 효과적인 연계 사역을 구축하는 것이다.[515]

5일 동안 진행된 열띤 토론을 마무리하는 자리에서 디아스포라 선교 신학 백서 수석 편집위원인 테츠나오 야마모리는 세계 교회를 향해 디아스포라 선교학에 대한 폭넓고 분명한 의제를 제안했고, 향후 5년간 진행될 활동 계획을 보고했다. 선교학 교육 자료의 제목은 'Scattered and Gathered: A Compendium of Global Diaspora Missiology'로 글로벌 디아스포라 포럼에서 논의된 내용을 반영, 최종 출판하여 세계 교회와 선교 신학계, 교육기관에 배포하기로 결의했다.[516] 그 결과 2016년 디아스포라 선교 신학 백서인 *Scattered and Gathered: A Global Compendium of Diaspora Missiology*(《디아스포라 선교학》)가 출간되었으며,[517] 본서의 출판과 보급을 위한 기금은 KDN이 제공하였다.

디아스포라 선교 신학 수립과 보급을 위한 GDN의 활동은 로잔운동

---

514 2014년 3월, 대한민국 인천에 있는 뉴욕주립대 송도 캠퍼스에서 개최된 GDF 2015 in Manila 최종 준비 모임에 참석한 야마모리는 국내 매체와의 인터뷰에서 디아스포라 선교 신학 백서에 대해 "미전도 종족 선교와 교회에 선교를 알리는 데 큰 영향력을 미친 미션퍼스펙티브스보다 훨씬 더 역동적이고 강한 힘을 가질 것"이라면서 "선교사가 들어갈 수 없는 지역의 사람들이 전 세계로 이주하는 상황 가운데서 이미 일어나고 있는 글로벌 디아스포라 운동을 성경적 관점에서 바라보고, 선교 전략을 다루는 실질적인 책이 될 것"이라고 밝힌 바 있다. 출처: https://www.missionnews.co.kr/news/366755 (2022년 1월 29일 검색).

515 김광성, "로잔운동과 세계 디아스포라 네트워크 형성", 239.

516 https://lausanne.org/about/blog/global-diaspora-forum-2015.

517 Sadri Joy Tira·Tetsunao Yamamori eds., *Scattered and Gathered: A Global Compendium of Diaspora Missiology* (Oxford: Regnum Books International, 2016). 본서는 2018년 한국어로 번역되어 《디아스포라 선교학》이라는 제목으로 출간되었다. 한국어판 출판과 관련한 정보는 다음의 기사를 참고하라. https://missionnews.co.kr/news/581321 (2022년 1월 30일 검색).

의 일환으로 계속 진행 중이다. COVID-19 팬데믹 상황에서도 2020년 9월 26, 27일(한국 시간) 양일간 유튜브, 페이스북, 줌(Zoom)을 이용해 로 잔 디아스포라 온라인 모임(Lausanne Diaspora Virtual Summit 2020)을 진행했 다.[518] 이밖에도 GDN은 2021년 8월 25일 '전염병, 이주와 선교'(Pandemic, Migration and Mission)를 주제로 로잔국제디아스포라회의(Lausanne Global Diaspora Summit 2021)[519]를 개최하였고, 2021년에도 8월 17일부터 21일까지 '아프리카인 디아스포라와 아프리카에 거주하는 디아스포라'를 주제로 케이프타운 디아스포라 회의(Cape Town Diaspora Consultation 2021)[520]를 진행했 다. 이렇듯 로잔운동은 디아스포라 선교학이 선교학의 한 영역으로 자리 잡는 과정에서 중요한 역할을 담당했다.

## IV. 한인 디아스포라 선교운동과 로잔운동

한인 디아스포라 선교운동의 특징[521]은 "첫째, 협력을 위한 네트워크 를 구성하는 데 의미를 두고, 둘째, 현지 선교 동원을 위해 한인교회 지도 자를 중심으로 한인교회와 선교단체가 적극 협력하며, 셋째, 미주에서 시 작된 디아스포라 선교운동이 유럽, 중남미, 아시아, 아프리카 등 전 세계 한인 디아스포라 거주 지역뿐만 아니라 한국 교회의 새로운 선교운동으

---

518 https://www.withee.org/entry/EKCNews%EC%9C%A0%ED%81%AC-%EB%A1%9C%EC%9E%94- %EB%94%94%EC%95%84%EC%8A%A4%ED%8F%AC%EB%9D%BC-%EC%98%A8%EB%9D%BC %EC%9D%B8-%ED%9A%8C%EC%9D%98-2020 (2022년 1월 30일 검색).

519 https://www.global-diaspora.com/events/virtual-summit-2021/ (2022년 1월 30일 접속).

520 https://www.global-diaspora.com/events/capetowndiaspora/ (2022년 1월 30일 접속).

521 김광성, "한인 디아스포라 네트워크를 통한 선교 자원 동원 활성화 연구", 〈선교 신학〉 제35집 (2014), 43-68.

로 확산되고 있다는 데서 그 의미를 찾을 수 있다".

1974년에 시작된 로잔운동은 2004년 파타야 포럼을 계기로 디아스포라 선교에 관심을 갖게 되었다. 파타야 포럼에서 국제로잔위원회 의장으로 임명된 더글러스 버드솔(Douglas Birdsall)과 국제분과장 테츠나오 야마모리(Tetsunao Yamamori)는 로잔운동이 디아스포라 선교 신학을 구축하는 과정에서 중요한 역할을 감당했다. 2006년 버드솔과 야마모리는 필리핀 디아스포라 선교운동 지도자 중의 한 사람인 조이 티라를 만났고, 2007년 6월 18일 헝가리 부다페스트에서 개최된 로잔 디아스포라 리더십 회의에서 조이 티라를 로잔국제위원회 디아스포라 책임자(Senior Associate for Diaspora)로 임명했다.[522] 회의 현장에서 조이 티라는 한국 디아스포라 선교운동에 참여하고 있던 위클리프 성경 번역 선교회 소속 선교사 김성훈을 만나면서 한국 디아스포라 선교운동을 주도하고 있던 볼티모어 포럼(현 한인 디아스포라 네트워크, KDN)과 연결하게 되었다. 이후 조이 티라는 2008년 말레이시아 쿠알라룸푸르에서 열린 제4회 볼티모어 포럼(현 한인 디아스포라 포럼)에 초청받았는데, 이로써 로잔운동 산하 디아스포라 선교운동과 KDN이 전략적으로 협력하는 계기를 마련하였다.[523]

KDN은 이를 계기로 로잔운동 디아스포라 리더십팀과의 협력을 강화하기 시작했다. 조이 티라는 로잔국제위원회 디아스포라 책임자로서 2009년 로잔 디아스포라 리더십팀(LDLT)을 구성하게 되었고, LDLT는 3차 로잔대회에 보고하기 위한 디아스포라 선교 신학을 구축하고 민족 간 디아스포라 선교 네트워크 협력을 강화하는 데 힘을 쏟았다.[524] 마침 2010년 대한민국에서 열린 한인 디아스포라 포럼을 타 민족 디아스포라 선교운

522  Sadiri Joy Tira·Tetsunao Yamamori 편저, 같은 책 서문, 28.
523  최형근, "로잔운동과 디아스포라 선교", 472.
524  각주 36, 37 참조.

동 조직과 연대하기 위해[525] 일시적으로 세계대회로 확대하고, LDLT 대표인 조이 티라를 초청하였다. 이 포럼에서 KDF 실행위원회는 LDLT와 회담을 갖고 상호간의 협력 방안을 논의했으며, 2011년 미국 LA 한인 디아스포라 포럼 북미주 지역 모임에서 협력 양해각서(MOU)를 교환하기로 합의했다. 동시에 효과적인 협력을 위해 KDF는 조직을 개편하여 한인 디아스포라 네트워크(Korean Diaspora Network, KDN)를 발족했다.

2011년 미국 LA에서 열린 한인 디아스포라 포럼 북미주 지역 모임을 통해 KDN과 GDN은 공식적인 협력 관계로 출발했다. 이때 KDN과 GDN은 MOU를 체결하고, 2015년 마닐라에서 열리는 글로벌 디아스포라 포럼(Global Diaspora Forum, GDF)을 위해 공동 주최는 물론 GDN이 추진하는 디아스포라 선교 신학 백서 출판에 재정을 포함한 다양한 협력관계를 갖기로 결의하였다.[526]

2015년 3월 24-27일 필리핀 마닐라에서 열린 글로벌 디아스포라 포럼은 KDN과 GDN이 디아스포라 선교운동과 선교 신학을 구축하는 데 동반자적인 협력을 한 대표적인 사례다.[527] GDN은 KDN과 공동으로 GDF를 개최하면서 KDN의 실행위원 전원을 포럼에 초청하였다. 포럼 기간 중에 KDN 실행위원들은 디아스포라 선교 신학 백서의 완성도를 높이기 위한 토론에 적극 참여하였으며, 특별히 백서 출판과 보급을 위한 기금을 전달함으로써 디아스포라 선교 신학 구축에 결정적인 역할을 하게 되었다.[528]

---

525 Soon Ken Lee, "Founding and Development of The Korean Diaspora Forum", S. Hun Kim and Wonsuk Ma, *Korean Diaspora and Christian Mission* (Regnum Books International, 2011), 205.

526 이순근, "한디포의 발자취를 돌아보며", 2014년 제7회 한인 디아스포라 포럼 in Toronto 자료집 (2014). 출처: http://handifo.com/bbs/board.php?bo_table=normal&wr_id=97, KDN 공식 홈페이지 (2022년 1월 31일 접속).

527 최형근, "로잔운동과 디아스포라 선교", 475.

528 https://www.global-diaspora.com/about/ (2022년 1월 31일 접속).

## V. 나가는 말

20세기 이후 국제이주는 전 세계적인 현상이 되었다. 세계 선교의 흐름은 국제사회의 동향과 밀접하게 연계되어 있다. 로잔운동은 복잡다단하게 변화하는 세계에 불변하는 복음의 핵심 가치를 전하는 복음주의 진영의 선교운동이다. 이러한 특성으로 인해 로잔운동은 국제이주 현상에 대해 적극적으로 반응한다.

글로벌 디아스포라 운동의 전기가 된 것은 제3차 로잔대회(케이프타운, 2010)다. 이 대회에서 '디아스포라와 하나님의 선교'(Diaspora and God's Mission)를 주제로 한 디아스포라 선교 신학 정책 지침서인《마지막 추수를 위한 흩어짐: 세계적인 흐름인 디아스포라의 이해와 적용》이 참가자들에게 배포되었다. 디아스포라 선교가 핵심 이슈로 떠오르면서 본회의에서 중요한 주제로 다루어졌으며, 케이프타운 서약에서 디아스포라 선교가 중요한 실천적 주제로 수록되었다. 또한 지속적인 디아스포라 네트워크 확산과 디아스포라 의제 계획을 위해 글로벌 디아스포라 네트워크(Global Diaspora Network, GDN)가 구성되었다.

GDN은 전 세계 주요 복음주의 운동 단체들과 연대하여 복음주의 디아스포라 선교 신학을 구축하고 디아스포라 선교 신학 백서를 만들어 전 세계 신학 교육기관의 커리큘럼으로 활용되는 것을 목적으로 한다. 2011년 필리핀 마닐라에 본부를 두고 정식 출범한 GDN은 2011년 KDN과 MOU를 체결하고 디아스포라 선교 신학 백서 *Scattered and Gathered: A Compendium of Global Diaspora Missiology*를 최종 출판하여 세계 교회와 선교 신학계, 교육기관에 배포하였다.

세계의 변화에 민감한 로잔운동은 국제사회가 국제이주에 높은 관심을 갖자 디아스포라 선교를 선교의 실천적 과제로 이끌어 냈다. 디아스포라 선교 신학(Diaspora Missiology)은 세계적인 국제이주 현상으로 생성된 디아스포라 선교가 하나님의 구속적 사역에 참여하는 의미를 이해하는 선교학적 틀을 제공한다.《디아스포라 선교학》의 출간은 로잔운동의 역사를 통해 지속적으로 이어 온 세계 복음화를 위한 복음주의 진영의 국제적 협업의 결과물이며, 로잔 선교 신학의 또 하나의 영역 확장이다. 이를 계기로 전 세계 신학 교육계에 디아스포라 선교 신학이 실천적으로 자리 잡게 되기를 기대한다.

# 14. 로잔운동과 한국 교회의 갱신
## — 김현진

## I. 들어가는 말

최근에 제4차 로잔대회가 한국의 인천에서 열리면서 로잔운동에 대한 관심과 사역이 고조되고 있다. 본고는 로잔운동이 무엇이며 한국 교회의 갱신과 선교에 미치는 의미와 영향이 무엇인지 고찰해 볼 것이다. 이를 위하여 로잔운동의 정체성과 그 사역 내용을 살펴보고, 한국 교회 갱신을 위한 로잔운동의 영향을 구체적으로 연구해 보고자 한다.

## II. 로잔운동의 태동과 사역

로잔운동(Lausanne Movement)의 태동 배경은 다음과 같다. 1963년 멕시코 WCC(세계교회협의회)의 세계 선교와 전도위원회(CWME) 대회는 선교의 세속화(secularization)를 선언하였고, 1968년 스웨덴 웁살라에서 열린 WCC 총회에서는 선교의 정의를 인권 회복과 사회정의 구현을 통하여 인간이 살 만한 세상을 만드는 '인간화'(humanization)로 규정하였다.[529]

빌리 그레이엄(Billy Graham)은 이러한 선교 방향에 반대하여, 예수 그리스도의 구속 사역을 통한 '복음화'(evangelization)에 중점을 둔 선교운동을 재정립할 필요성을 통감하였다. 그리하여 그는 영국의 복음주의 신학자 존 스토트(John Stott)와 함께 150개국 2,400명의 선교 지도자를 결집시켜 1974년 7월 스위스 로잔(Lausanne)에서 '국제적 복음주의 선교운동'을 일으켰다. 그것이 세계 복음화를 위한 '1차 로잔대회'였다.[530] 로잔운동은 복

---

529 조동진, 《세계 선교 트렌드 1900-2000 하: 20세기 기독교 선교에 관한 선언문 해설》(서울: 아시아선교연구소, 2007), 191.
530 조동진, 같은 책, 190-91.

음주의권의 국제적인 선교운동이다.

로잔운동은 1차 로잔대회에 이어서 2차 로잔대회를 1989년 필리핀 마닐라에서, 3차 로잔대회를 2010년 남아공 케이프타운에서, 4차 로잔대회를 2024년 한국 인천에서 개최하면서 각각 로잔 언약(Lausanne Covenant), 마닐라 선언문(Manila Manifesto), 케이프타운 서약(Capetown Commitment), 서울 선언문(Seoul Statement)을 발표하여 세계 복음주의권의 선교 헌장을 제정하였다. 또한 로잔운동은 미전도 종족 선교, 10/40 창 개념, 총체적 선교, 신실한 삶을 통한 선교, 일터 선교, 디지털 선교 등의 개념을 제시함으로써 가장 성경적인 선교의 세계적 플랫폼이 되었고 복음주의 세계 선교에 막중한 기여를 하였다.


## III. 로잔운동과 한국 교회 갱신

이 장에서는 한국 교회의 실태를 파악하고 한국 교회 갱신을 위한 로잔운동의 방향성을 구체적으로 살펴보도록 하자.

### 1. 한국 교회의 실태
#### 1) 한국 교회의 부흥과 성장
그동안 한국 교회는 평양 대부흥 운동을 통한 교세의 확장, 애국 운동의 중추적 역할과 사회를 선도하는 지도자적 위치, 1970-1980년대의 괄목할 만한 교회 성장, 아시아에서 가장 성공적인 기독교, 미국에 이은 세계 선교사 파송 제2위 국가 등으로 표현되는 유례를 찾아볼 수 없는 성장과 발전을 이루었다. 이를 통하여 국내 선교는 물론 아시아 선교와 세계 선교에 소중한 결실을 거두었다. 그러나 1990년대 후반부터 교회 성장이 정체되고 둔화되어 한국 교회는 침체기에 접어들었다.[531]

## 2) 현재의 한국 교회

목회데이터연구소는 '한국인의 종교생활과 신앙 의식'이라는 주제로 2023년 현장 예배 참석률과 개신교 인구 변동을 조사하였다. 조사 결과 성인 기준 개신교 인구는 15%까지 떨어졌고, 개신교인 중 교회에 나가지 않는 '가나안 성도'는 29%까지 급증한 것으로 나타났다고 보고하였다. 전체적으로 개신교인은 2012년 22%에서 2022년 15%까지 크게 감소했다. 주요 3대 종교인 개신교, 불교, 천주교 모두 하락세를 보였는데, 개신교의 경우 불교에 비해서는 감소 폭이 적고, 천주교에 비해서는 큰 감소 폭을 보였다.[532]

'2023 한국 교회의 사회적 신뢰도 여론조사'에서 한국 교회 신뢰도는 여전히 낮은 것으로 나타났다. 한국 교회를 '신뢰한다'는 응답이 21.0%에 그친 반면 '신뢰하지 않는다'는 응답은 70.4%로 조사되어 국민의 5명 중 1명만 한국 교회를 신뢰하고 있는 것으로 드러났다.[533]

이는 지난 2020년과 비교했을 때 10.8%가 더 낮아진 결과다. 지난 2020년 조사가 코로나 사태가 본격적으로 시작되기 전인 2020년 1월임을 감안할 때 코로나 사태를 경험한 3년 사이에 한국 교회 신뢰도는 더 하락한 것이다. 무엇보다도 개신교를 제외한 모든 종교인 전체 응답자의

---

531 4차 로잔대회의 '한국 교회의 12개 기둥'이라는 행사에서 로잔한국위원회는 한국 교회의 성장이 정체되고 위축되고 있음을 공표했다.

532 "데이터로 보는 한국 교회 현실(2)", 〈목회데이터연구소〉 (2023년 7월 9일), https://www.kscoramdeo. com/news/articleView.html?idxno=25030 (2024년 10월 14일 접속).

533 "불교는 '친근' 개신교는 '거리감'", https://m.pckworld.com/article.php?aid=9689115749 (2024년 10월 14일 접속).

54.7%가 '한국 교회를 신뢰하지 않는다'고 답했으며, 무종교인의 교회에 대한 신뢰도는 10.6%에 불과했다. 한국 교회의 사회기여도에 대한 인식도 낮았다. 한국 교회가 우리 사회에 기여하고 있는지에 대한 질문에 '기여하고 있지 않다'는 응답이 70.8%로 다수였으며 무종교인은 80.4%가 부정적으로 답했다.[534] 정일웅은 한국 교회에 대한 낮은 신뢰도의 원인을 다음과 같이 분석한다.

> 한국 교회의 지나친 경쟁, 교회의 대형화를 위한 양적 성장 추구, 물량주의에 젖은 모습, 많은 교파의 수, 목회자의 이기심, 도덕적인 물의, 지나친 개교회 중심적인 문제 등이 지적되고 있으며, 결국 한국 교회가 너무 세속화되어 영성을 잃어버렸으며, 도덕적인 모범을 보이지 못한 것이 그 원인이다.[535]

이처럼 그리스도인들과 교회에 대한 부정적 인식, 교인 수의 하락, 가나안 성도의 증가, 교회의 신뢰도 약화와 미미한 대사회적 영향력은 한국 교회의 실상을 보여 주고 있다.

### 2. 한국 교회의 세속화

#### 1) 세속화의 정의

한국 교회가 국민들에게 신뢰와 인정을 받지 못하고 있다는 것은 세상과 별반 다르지 않은 한국 교회의 세속성을 반영한다. '세속화'(世俗化, secularization)는 종교적인 사고, 실천 그리고 기관들이 사회적 영향력을 잃

---

534 같은 글.

535 정일웅, "한국 개신교의 선교와 교회성장" 16, http://kcm.co.kr/mission/2000/2000-06.htm (2024년 10월 13일 접속).

는 과정이다. 그것은 전통적으로 기독교적 확신을 전제로 하는 신념과 활동 그리고 기관들이 불가지론적이거나 혹은 무신론적인 신념, 활동 그리고 기관으로 바뀌는 것을 의미한다.[536]

즉 세속화란 교회와 그리스도들인이 세상을 닮아 가는 것을 말한다. 성경은 "너희는 이 세대를 본받지 말고… 변화를 받아 하나님의 선하시고 온전하신 뜻이 무엇인지 분별하라", "이 세상이나 세상에 있는 것들을 사랑하지 말라"(롬 12:2; 요일 2:15)고 경고한다.

### 2) 세속화에 대한 로잔운동의 평가와 지침

로잔특별보고서(Lausanne Occasional Paper) 8번에는 성경적 가치와 상충하는 세속적 가치들이 제시되었다. 이는 서구 교회에 큰 영향을 끼친 세속적 가치의 예들이다. 각각의 세속적 가치들을 그와 상반되는 성경적 가치들과 함께 나열해 볼 때, 세속적 가치관이 성경적인 가치관과 얼마나 동떨어진 것인지를 분명히 알 수 있다.[537]

    a. 성경에서는 종 된 교회를 언급하는 데 반해서 세속주의 가치는 성공 지향적이다.

    b. 성경에서는 자기희생을 강조하는 데 반해서 세속주의는 자기 몰입적이다.

    c. 성경에서는 모든 지체들의 기여를 강조하는 데 반해서 세속주의의 영향은 교인들을 수동적 관람객으로 전락시킨다.

    d. 기독교는 공동체성을 강조하는 데 반해서 세속주의의 영향은 엘리트

---

536 Lausanne Occasional Paper, 8, "Christian Witness to Secularized People", 3, in http://www.lausanne.org/content/lop/lop-8; 장남혁, "로잔운동에서 바라본 한국사회와 한국 교회의 세속화", 《로잔운동의 신학과 실천》, 한국로잔위원회 (2017)에서 재인용.

537 Lausanne Occasional Paper, 8, "Christian Witness to Secularized People", 13-14.

주의로 나타난다.

e. 성경의 예언적 종교는 세속주의의 영향으로 시민 종교로 전락하게 된다.

f. 성경의 하나 됨의 요구와 반대로 세속주의의 영향은 분열을 조장한다.

g. 성경에서는 자신을 내어주는 사랑의 힘을 강조하는 데 반해서 세속주의의 영향은 권력 지향적 가치가 교회 안에 자리 잡게 만든다.

h. 성경적 협동(Co-operation) 대신에 세속적 경쟁이 자리 잡을 수 있다.

i. 인간 존엄에 대한 존중보다는 사람들을 조작하는 것이 자리 잡을 수 있다.

j. 성경에서 말하는 과격한 헌신 대신에 거짓된 안정감이 자리 잡을 수 있다.

k. 사회 속에 적극적으로 개입하는 것 대신에 사회로부터 분리하려는 경향이 자리 잡을 수 있다.

l. 전체 몸의 지체들이 기여하는 것보다는 간편한 관리 시스템이 도입될 수 있다.

m. 성경적 청지기직 대신에 풍요와 탐욕이 목표로 자리 잡을 수 있다.

n. 그리스도 안에서 하나 됨을 이루어야 하는데 반대로 인종차별주의, 카스트제도, 부족주의가 자리 잡을 수 있다.

o. 수단을 성경적 목적에 일치하도록 사용하여야 하는데 반대로 목적이 수단을 정당화하는 가치가 교회 속에 들어올 수 있다.

위의 대조 목록을 보면 성경적인 가르침과 분명히 대조되는 세속주의적인 가치들이 교회 속으로 들어와 있다는 것을 알 수 있다. 한국 교회 안에 성공지상주의, 이기주의, 분리주의, 권력 추구, 경쟁, 무사안일주의, 편의주의, 물질만능주의, 성과주의, 실용주의 등이 스며든 것을 부인하기 어려운 현실이다. 우리 사회는 물질적 성공, 부의 추구, 부의 축적 등이 궁극적인 가치로 작동하고 있다. 한국 교회도 그러한 점에서 큰 차이를 보이지 못하고 있다.

또한 교회 밖을 향한 선교적 사명보다 교회 자체의 성장에만 에너지를 쏟아부은 탓에 대사회적 책임을 소홀히 한 점을 반성하지 않을 수 없다. 그 결과 대사회적 공신력이 떨어지고, 교회 성장의 동력마저 상실한 상황에 놓이게 되었다.[538]

케이프타운 서약은 다음과 같이 그리스도인의 세속화를 고백하며 하나님의 사랑으로 세상을 갱신해 나갈 것을 확언하고 있다.

> 우리가 사랑하지 않는 세상, 하나님의 선한 창조 세계는 하나님께 대적하는 인간의 세상과 사탄의 세상이 되었다. 우리는 세상의 죄악 된 욕망과 탐욕과 인간적인 교만을 사랑하지 말도록 명령받았다. 이러한 세속적 표지들이 너무 자주 우리 그리스도인의 일그러진 모습이 되었고 우리의 복음 증거를 스스로 부인하는 결과가 되었음을 부끄러운 마음으로 고백한다. 우리는 타락한 세상과 덧없는 열정을 즐기지 아니하며 하나님이 세상을 사랑하신 것처럼 온 세상을 사랑하기로 새롭게 헌신한다. 따라서 우리는 그리스도 안에서 모든 문화가 구속되고 갱신되기를, 땅끝까지 모든 나라로부터 하나님의 백성이 모여들기를, 모든 파괴와 가난과 증오가 사라지기를 바라는 거룩한 열망을 품고 이 세상을 사랑한다.[539]

이처럼 로잔운동은 서구 교회의 세속화 선례를 통하여 한국 교회의 세속화 문제를 진단하고, 하나님의 사랑과 말씀을 통한 회개와 교회 갱신의 방향성을 강조하고 있다.

---

538 장남혁, "로잔운동에서 바라본 한국사회와 한국 교회의 세속화".
539 로잔운동, 《케이프타운 서약: 하나님의 선교를 위한 복음주의 헌장》, 최형근 역 (서울: IVP, 2014), 49.

## 3. 지도자의 자질

### 1) 한국 교회 지도자의 자질

국민일보가 2017년 한국 교회의 개혁 과제를 묻는 설문조사에서 목회자의 자질 문제에 대한 지적이 있었다. 설문에 응한 교인 중 55%는 목회자들의 도덕 수준이 '기대보다 낮다'고 답했다. 목회자들이 가장 먼저 개선해야 할 부분에 대하여 교인들은 물질적 욕심(30.3%), 인격·윤리 부족(20.4%), 언행일치의 부족(17.3%) 순으로 답했다.[540]

한국기독교목회자협의회는 "교회의 거룩성을 유지하려면 하나님의 말씀에 근거한 권징과 치리가 제대로 이뤄져야 한다"면서 "이를 위해서는 말씀을 전하는 목회자들의 도덕성과 영성, 인격 함양이 선행돼야 한다"고 제안했다.[541] 이 보고서에 따르면, 한국 교회의 세속화와 쇠퇴의 중심에는 교회 지도자가 있음을 알 수 있다. 지도자의 문제는 결국 목회자의 자질이다.

### 2) 로잔의 정신

로잔운동은 예수님의 '대위임령' 과제를 완수하기 위해서는 교회와 교회 지도자들에게 요구되는 것이 그리스도의 발자취를 따라가는 삶의 방식인 '겸손, 정직, 검소함'(humility, integrity, simplicity)이라고 선언한다. 교만과 성공과 탐욕에 대응하는 겸손과 정직과 검소함이 로잔의 정신이다. 케이프타운 서약은 지도자들의 겸손에 대하여 다음과 같이 언급한다.

우리의 타락과 죄로 인해 권력은 종종 다른 사람들을 학대하고 착취하는

---

540 "한국 교회 가장 큰 문제점은 세속화 물질주의", 〈국민일보〉 (2019년 3월 13일자), https://www.kmib.co.kr/article/view.asp?arcid=0923710815 (2024년 10월 13일 접속).

541 같은 글.

데 사용된다. 우리는 성, 인종, 혹은 사회적 지위의 우월함을 주장하면서 우리 자신을 높인다. 바울은 교만과 권력이라는 우상의 모든 표지들에 대항하며, 하나님의 영으로 충만한 사람들은 그리스도를 위해 서로에게 복종해야 한다고 요구한다. 이러한 상호 복종과 서로를 향한 사랑은 결혼과 가족 관계에서 그리고 사회 경제적 관계에서 표현되어야 한다.[542]

케이프타운 서약은 지도자들의 정직함에 대하여 다음과 같이 말한다.

우리는 부정직함이라는 기초 위에 진리의 하나님 나라를 세울 수 없다. '성공'과 '성과'에 대한 우리의 갈망은 우리를 거짓으로 점철되어 왜곡되고 과장된 주장을 하게 만들며, 온전함을 포기하도록 만든다. 그러나 빛 가운데 걸어가는 것은 '의로움과 진실함에 있다'. 우리는 모든 교회 지도자들과 선교 지도자들이 우리의 사역을 드러낼 전적인 신실함 이외의 것들의 유혹에 저항할 것을 요청한다. 거짓된 통계로 보고서를 과장하거나 무언가를 얻기 위해 진리를 왜곡할 때 우리는 부정직하게 된다. 우리는 정직함으로 정결케 되고 왜곡과 조작 그리고 과장을 버리기를 기도한다…. 전적으로 정직하고 투명한 문화를 만들기 위해 분투하자.[543]

또한 케이프타운 서약은 지도자들의 검소한 삶에 대해서 "우리는 자신의 이익과 탐욕 추구를 부추기는 가르침을, 자기희생과 관대한 베풂을 그리스도의 참된 제자의 표지로 제시하는 성경적 가르침으로 대체해야 한다. 우리는 검소한 삶의 방식을 추구하라는 로잔의 역사적 요청을 확인한다"고 하였다.[544]

---

542 로잔운동, 《케이프타운 서약》, 116.
543 같은 책, 117-18.
544 같은 책, 120.

### 3) 지도자의 성품

3차 로잔대회 신학위원장이었던 크리스토퍼 라이트(Christopher Wright)는 지도자에게 특별히 요구되는 것이 '온전함'(integrity)과 '책임성'(accountability)이라고 하였다. 그는 온전한 지도자의 전형으로 사무엘의 사역을 들면서 "온전함이란 자신의 권력과 위치를 이용해 어떤 것도 부당하게 취하지 않는 것, 공직 자체가 부패하지 않도록 하는 것, 하나님과 백성 양자가 자신의 공적 책임성(public accountability)의 증인이 되도록 하는 것"이라고 하였다(삼상 12:1-5).[545]

라이트는 "책임성이란 하나님과 사람들 앞에서 자신의 책임을 다하는 것"이라고 하였다. 다니엘은 게으르지도 부패하지도 않았다(단 6:4). 이것이 책임성의 모본이다.[546] 그는 "지도자가 온전함과 책임성을 가질 수 있는 길은 위대한 감찰자이시며, 모든 것의 기록을 가지고 계시며, 어떤 것도 그 앞에 숨길 수 없으며, 모든 것을 지켜보시는 하나님을 제대로 아는 것"이라고 충고하였다(삼상 2:3).[547]

로잔운동은 현재와 미래의 교회에 필요한 것은 그리스도의 권위 아래 겸손, 정직, 검소함과 온전함과 책임성을 보여 주는 지도자들이라고 언급한다. 그럴 때만이 제자 삼는 사역이 진정성 있고 신뢰할 수 있는 사역이 될 수 있으며, 여러 세대에 걸쳐 열매 맺을 수 있다고 강조한다. 이러한 로잔의 정신은 한국 교회 지도자들에게 요구되는 내적 자질이라고 할 수 있다.

---

545 크리스토퍼 라이트, "감찰하시는 하나님: 선교에서의 책임과 온전성", 〈하나님의 동역자들: 하나님의 관점에서 바라본 선교〉, 온누리교회 포스트 로잔 선교 세미나 자료집 (2024년 9월 30일).

546 같은 자료집, 37-39.

547 같은 자료집, 33.

## 4. 교회 분열

### 1) 한국 교회의 분열상

현재 한국 교회의 분열은 세계에서 그 유래를 찾아볼 수 없는 난맥상을 보이고 있다. 문화체육관광부가 발간한 2018년 한국의 종교 현황 통계에 따르면 한국 교회는 총 126개의 교파와 교단으로 갈라져 있다.[548]

주요 교파로는 감리교(2교단), 구세군, 그리스도의 교회, 루터교회, 복음교회, 기독교대한복음교회, 성결교회(3교단), 성공회, 오순절교회(2교단), 대한예수교복음교회, 장로교(25교단), 침례교(3교단) 등이다. 이중 장로교, 감리교, 성결교, 침례교, 오순절교회 등 주요 교파들은 모두 자체적으로 분열되었고, 특히 장로교는 공식적으로는 25개 교단, 비공식적으로는 100여 개 교단으로 갈라져 있다.

이중 장로교 합동 측의 분열은 이전과는 달리 명분 없는 분열의 경우가 많았고, 각 파벌 리더들의 이권 개입으로 인해 비공식적으로 100여 개 군소 장로교단으로 분열되었다. 결국 교파제도, 신사참배, 신학적 갈등, 반공 이념과 같이 여건상 다소 불가피한 문제를 제외하고 한국 교회 교단 분열의 가장 큰 원인은 주도권 싸움과 사사로운 이권 획득의 문제였다.

이러한 교회 분열은 세계 교회사에서 유례가 없는 경우로, 한국 교회의 분열적 특성을 잘 보여 주고 있다. 한국 교회의 분열은 그리스도의 몸을 찢는 일이며, 사랑으로 하나 되어 복음을 전하라고 하신 예수님의 말씀(요 13:34-35, 17:21)에 정면으로 위배되는 것이다.

---

548 "2018년 한국의 종교 현황", https://www.mcst.go.kr/kor/s_policy/dept/deptView.jsp?pCurrentPage=1&pType=03&pTab=01&pSeq=1731&pDataCD=0406000000&pSearchType=01&pSearchWord= (2024년 10월 15일 접속).

## 2) 로잔운동의 공동체성

한국 교회의 분열상과는 대조적으로 로잔운동은 하나 됨을 강조하는 교회론에 입각하여 공동체성을 매우 강조한다.[549] 그 내용은 다음과 같다.

a. 사랑의 공동체를 통한 복음 증거 | 예수님은 제자들이 서로 사랑하라는 새 계명에 순종함으로써 그들의 선교가 가시화되며 신뢰할 수 있게 된다고 말씀하셨다. 로잔운동은 그리스도인이 서로 사랑하는 것은, 성육신하신 아들을 통해 자신을 계시하신 하나님이 자신을 세상에 드러내는 방식이며[550] 그 사랑을 실천할 공동체의 구성원은 하나님과 그리스도의 지체들과 타인과 원수를 포함한 이웃이라고 말한다.[551]

특히 로잔은 "보이지 않는 하나님은 우리가 서로 사랑하는 것을 통해 오늘 우리에게 자신을 나타내시며(요일 4:12)[552] '서로 사랑하는 것'이 세계 선교의 강력한 동력"이라고 하면서[553] 사랑의 공동체를 통한 복음 증거의 의미를 강조한다.[554]

b. 전도를 위한 협력 | 로잔의 공동체성은 전도를 위한 협력을 포함한다. 로잔 언약은 다음과 같이 말한다.

---

549 로잔의 교회론에 대해서는 The Lausanne Theology Working Group, "The Whole Church' Statement", *Evangelical Review of Theology (ERT)* Vol. 34:1(2010)를 보라.

550 로잔운동, 《케이프타운 서약》, 21-22.

551 같은 책, 22-23.

552 같은 책, 250.

553 같은 책, 55.

554 공동체를 통한 선교에 대해서는 김현진, "로잔의 교회론과 공동체 선교 연구", 《로잔운동의 현재와 미래 선교》, 로잔연구도서 10집 (2023), 283-310을 보라.

교회가 진리 안에서 눈에 보이게 일치단결하는 것이 하나님의 목적임을 우리는 확신한다. 전도는 또한 우리를 하나가 되도록 부른다. 이는 우리의 불일치가 우리가 전하는 화해의 복음을 손상시키는 것같이, 우리의 하나 됨은 우리의 증거를 더욱 힘 있게 만들기 때문이다.[555]

마닐라 선언 역시 교회와 선교단체 그리고 그 외 여러 기독교 기관들이 전도와 사회참여에 있어 경쟁과 중복을 피하면서 상호 협력하는 것이 절실히 필요하다고 언급하면서,[556] 복음 전도의 동반적 협력을 통한 공동체성을 강조하였다.[557]

로잔운동은 이외에도 인종, 계층, 성, 연령의 장벽을 초월한 일치, 고통당하는 이웃을 섬기기, 박해받는 자들과 연대하기 등을 통하여 공동체성을 강화하고 있다. 이러한 로잔의 공동체성은 수많은 교파와 교단으로 분열된 한국 교회에 그리스도의 한 몸의 실제적 의미와 연합의 가능성을 제시하고 있다.

### 5. 이원론

#### 1) 한국 교회의 이원론

한국 교회의 문제 중 하나로 이원론(二元論, dualism)을 들 수 있다. 초기 한국 교회는 경건하고 헌신된 선교사들을 통해 건전한 신학과 경건한 신앙을 이어받았다. 이들을 통해 신학교가 세워지고 목회자가 배출되면서 한국 교회는 일제의 핍박과 6·25 전쟁의 아픔을 이겨 냈다. 1980년대 들어 고속 경제성장으로 교회는 물질적 풍요를 누리게 되었다. 그러나 교회

---

555 로잔운동, 《케이프타운 서약》, 221.
556 같은 책, 233.
557 같은 책, 252.

안에서는 하나님 나라가 임하지만 교회 밖은 하나님 나라와 상관없는 곳으로 인식함으로써 그리스도인들이 세상 사람들에게 삶의 모범을 보여주지 못하는 경향이 있었다.[558]

한국 교회 지도자들은 대개 일반 신자들의 실천을 교회 내 활동에만 국한시키고, 그들이 일터와 가정에서 그리스도의 제자로서 빛과 소금의 역할을 수행하도록 구비시키는 데 실패하였다. 이러한 상황에서 교인들은 교회생활은 거룩한 영역에 해당하는 것으로, 일상생활은 세속의 영역에 해당되는 것으로 구분하는 이원론적 삶의 행태를 드러내게 되었다. 이러한 삶의 모습은 불신자들의 눈에 위선으로 비쳐졌고 결국 전도의 문을 막는 결과를 초래하였다.[559]

### 2) 로잔운동의 사회적 책임과 일터 사역

로잔운동은 복음 전파와 함께 사회적 책임도 강조한다. 이에 대하여 로잔 언약은 다음과 같이 선언한다.

> 우리는 복음 전도와 사회 정치적 참여는 우리 그리스도인의 의무의 두 부분임을 확언한다…. 구원의 메시지는 모든 소외와 억압과 차별에 대한 심판의 메시지를 내포한다. 그러므로 우리는 악과 불의가 있는 곳 어디에서든지 이것을 고발하는 일을 두려워해서는 안 된다…. 그리스도인들은 불의한 세상 속에서 그 나라의 의를 나타낼 뿐만 아니라 그 나라의 의를 전파하기에 힘써야 한다. 우리가 선포하는 구원은 우리로 하여금 개인적 책임과 사회적 책임을 총체적으로 수행하도록 우리를 변화시켜야 한다.[560]

---

558 안명준, "한국 교회의 신학적 문제점", http://www.thetruthlighthouse.org//한국 교회의-신학적-문제점/ (2024년 10월 14일 접속).

559 장남혁, "로잔운동에서 바라본 한국사회와 한국 교회의 세속화".

560 로잔운동, 《케이프타운 서약》, 218-19.

마닐라 선언문 역시 그리스도인들의 삶의 자리인 가정과 일터를 언급한다. 특히 목회자와 성도에게 주어진 은사와 그 은사의 사용에 있어 일터 사역의 중요성을 다음과 같이 말한다.

> 목회자들은 사역을 독점할 것이 아니라 오히려 다른 사람들로 하여금 그들이 받은 은사를 사용하도록 격려하고, 제자 삼는 일을 할 수 있도록 훈련함으로써, 사역을 증폭시켜야 한다…. '믿는 자 모두의 제사장직'을 주장해 온 우리는 이제 또 믿는 자 모두가 사역자임을 주장한다….[561] 남녀 평신도에 의한 증거는 지역 교회를 통해서뿐만 아니라 가정이나 일터에서의 친교를 통해서도 이루어진다. 가정이 없는 자나 직업이 없는 자도 모두 증인이 되라는 명령을 함께 받은 것이다.[562]

로잔운동은 왜곡된 이원론을 극복하고, 성직주의가 발생시킨 교회 내 평신도의 열등한 지위를 회복하고 만인제사장설을 실천하려고 노력한다. 그리스도인은 교회의 울타리를 넘어 사회 속에 스며들어 가야 하는 것이다. 로잔운동은 복음 전도와 사회적 책임이 분리되지 않고 하나님 나라 확장을 위해서 모든 사회의 영역에 총체적으로 적용된다고 함으로써 한국 교회의 이원론 문제에 해법을 제시한다.

케이프타운 서약은 그리스도인들의 일터가 교회의 사역과 같이 동등하게 거룩한 사역지임을 다음과 같이 천명한다.

> 성경은 우리가 각기 다른 소명 가운데 하나님을 섬기고 있으며 우리의

---

561 같은 책, 244.
562 같은 책, 245.

노동하는 삶 전체가 사역의 영역에 속하는 것으로 여긴다….[563] 우리는 이러한 성·속의 분리를 하나님의 선교에 모든 하나님의 백성을 동원하는 데 방해가 되는 주요 장애물로 명명하며… 모든 신자에게, 하나님이 일하도록 부르신 곳이면 어디든 그곳이 바로 일상의 사역과 선교를 수행하는 장소임을 받아들이며 확신하라고 권면한다.[564]

로잔운동은 성·속의 이원론이 하나님의 선교에 모든 하나님의 백성을 동원하는 데 방해가 되는 장애물로 규정하며, 목회자는 성도들이 일터에서 선교사역을 수행하도록 훈련하고 구비해야 한다고 언급한다. 일터(직장)는 가장 많은 사람들이 가장 많은 시간을 보내는 곳이다. 그리스도인들의 약 90%가 직장에서 일하는 사람들이다. 모든 신자가 일하는 일터가 선교지이며 그들은 일터 선교사(직장 선교사)들이다.

선교사에는 3가지 종류의 선교사가 있다. 첫째, 그리스도인의 신실한 생활로 복음을 증거하는 생활 선교사(life as mission), 둘째, 직장에서 성실한 삶으로 복음을 전하는 일터 선교사, 셋째, 말과 음식과 문화가 다른 곳에서 복음을 전하는 타 문화권 선교사다. 그러므로 모든 그리스도인이 다 선교사이고 복음을 모르는 곳이 다 선교 현장이다.[565]

이처럼 로잔운동은 한국 교회의 이원론 문제를 성경적으로 정리하여 해결해 줌으로써 교회와 그리스도인의 일상생활과 일터와 타 문화권에서 선교사역을 통하여 하나님 나라를 통합적으로 확장할 수 있도록 기여하고 있다.

---

563 같은 책, 70.

564 같은 책, 71.

565 크리스토퍼 라이트, 《하나님 백성의 선교》, 한화룡 역 (서울: IVP, 2012). 24.

## IV. 나가는 말

지금까지 로잔운동의 태동 배경과 사역 그리고 로잔운동이 주는 교회 갱신적 의미를 고찰해 보았다. 로잔운동은 세계 복음주의권의 선교운동으로서 네 번의 로잔대회를 통하여 복음주의적 선교 헌장을 제정하였다. 이로써 가장 성경적인 선교의 세계적 플랫폼이 되었으며 복음주의적 세계 선교에 막중한 기여를 하였다.

로잔운동은 선교운동이지만 동시에 한국 교회 갱신의 방향에 대해서도 소중한 교훈을 던져 주고 있다. 한국 교회는 눈부신 교회 성장으로 세계 선교에 크게 기여하였지만 현재는 그리스도인과 교회에 대한 부정적 인식, 교인 수의 지속적 하락, 교회의 신뢰도 약화와 대사회적 영향력 감소 등으로 인해 위기 상황에 놓여 있다.

이러한 한국 교회의 첫 번째 문제는 세속화다. 세속화는 세상과 달라야 할 교회와 그리스도인들이 세상을 닮아 가는 것이다. 교인들의 개인주의와 이기주의, 개교회주의, 낮은 사회 기여도 등이 세속화의 면모다. 로잔운동은 한국 교회의 세속화 문제를 진단하고 하나님의 사랑과 말씀을 통한 회개와 교회 갱신을 촉구하고 있다.

한국 교회의 두 번째 문제는 지도자의 자질이다. 목회자들의 자질 문제로서 낮은 도덕성, 불투명한 재정 사용, 윤리성의 부족, 언행의 불일치 등 주로 목회자들의 인격이 지적된다. 로잔운동은 기독교 지도자들의 교만과 부정직, 탐욕 등 지도자들의 인격에 대해서 경고하면서 겸손과 정직과 검소한 삶이라는 로잔 정신을 추구하라고 주문한다. 나아가서 지도자들이 갖춰야 할 성품으로서 온전성과 책임성을 제시한다.

한국 교회의 세 번째 문제는 교회 분열이다. 한국 교회는 총 126개의 교파와 교단으로 분열되어 있다. 로잔운동은 사랑으로 하나 된 그리스도인의 몸을 통한 복음 증거, 전도를 위한 협력, 인종·계층·성·연령의 장벽을 초월한 일치, 고통당하는 이웃과 박해받는 자들과의 연대를 통하여 공동체성을 강조한다. 이러한 로잔의 공동체성은 수많은 교파와 교단과 개교회주의로 분열된 한국 교회에 그리스도의 한 몸의 실제적 의미와 회복의 가능성을 제시하고 있다.

한국 교회의 네 번째 문제는 이원론이다. 그동안 한국 교회는 교회생활은 거룩한 영역으로, 일상생활은 세속의 영역으로 구분하는 이원론적 삶의 형태를 추구하였고, 이는 사회 속에서 하나님 나라를 확장하는 데 걸림돌이 되었다. 로잔운동은 복음 전파와 함께 사회적 책임과 평신도의 일터 선교를 강조함으로써 한국 교회의 이원론 문제를 성경적으로 정리하고, 교회와 일터와 타 문화권에서 펼치는 통합적인 선교사역을 통하여 하나님 나라가 오늘 여기에서 더욱 확장되도록 독려하고 있다.

이처럼 본 연구를 통하여 로잔운동이 세계 선교운동일 뿐 아니라 교회 갱신 운동의 역할도 감당하고 있음을 확인하였다. 로잔문서는 선교와 교회 갱신에 대한 귀중한 복음주의의 지침서다. 교회와 선교는 별개의 영역이 아니다. 교회가 갱신되고 그 본질이 회복될 때 선교는 더욱 활성화될 수 있다. 로잔운동은 세계 선교와 함께 한국 교회의 갱신과 본질 회복에 적실한 방향성과 방안을 제시하고 있다고 할 수 있다.

# 15. 제4차 로잔 총회와 로잔운동의 미래
## — 장성배

# Ⅰ. 들어가는 말

2024년 9월 22일부터 28일까지 대한민국 인천에서 개최된 제4차 로잔 총회(이하 로잔 4)에는 거의 모든 국가에서 온 5천 명 이상의 기독교 지도자들이 모여 세계 선교와 복음화의 시급한 문제를 다루었다. 이 대회는 다음 세대를 준비하고, 교회의 비전을 확장하며, 선교 활동을 위한 새로운 기술을 사용하는 것과 같은 주제에 집중했다.

로잔 4의 중요한 성과는 서울 선언문이라고 할 수 있다. 이 선언문은 신학적 성찰과 세계 선교 전략의 격차를 해소하기 위해 작성되었으며, 로잔 언약(1974), 마닐라 선언(1989), 케이프타운 서약(2010)과 같은 이전 로잔 문서를 보완하는 기능을 할 것이다.

무엇보다 로잔 4는 세계 기독교 공동체의 연합이 중요하다는 것을 강조하는 회의였다. 또한 로잔 4에서는 선교 현장에서 일어나는 다양한 도전과 이슈들에 관한 토론도 이뤄졌다. 그리고 신앙을 위협하는 거짓 가르침과 사이비 기독교적 생활 방식을 해결해야 한다는 것도 강조되었다.

전체적으로 로잔 4는 세계 선교 활동을 촉진하고, 교회가 함께 그리스도를 선포하고 보여 줄 것을 촉구하는 회의였다. 또한 2050년을 바라보면서 세계 복음화를 향한 교회의 비전을 세우는 데 집중했다. 이 글은 로잔 4의 의미를 검토하고, 로잔운동을 SWOT 분석하여, 로잔운동이 미래로 나아가는 데 필요한 사항들을 생각해 보고자 한다.

## II. 로잔 4에 대한 검토

### 1. 로잔 4의 초점

로잔 4는 로잔 중앙위원회가 수년 동안 세심하게 준비하고, 세계 수많은 교회가 기도로 함께한 복음주의 운동의 중요한 행사였다. 로잔 4는 로잔 3까지의 로잔운동을 돌아보고, 앞으로 2050년까지의 복음주의 운동을 준비하는 대회였다. 이를 위해 참여한 모든 단위체가 진지하게 기도로 이 대회를 준비했다. 로잔 4가 이루려고 한 핵심적인 초점은 아래와 같다.

1) 글로벌한 의견 수집과 협의 | 로잔 4를 준비하면서 위원회는 광범위한 청취 과정에 집중했다. 이 과정에서 위원회는 다양한 글로벌 지역과 이슈 네트워크 및 세대로부터 의견을 수집했다. 목표는 가장 시급한 선교적 격차들(mission gaps)과, 이를 좁히기 위한 혁신의 기회 및 협력이 필요한 영역들을 파악하는 것이었다. 이러한 통찰은 '대위임령의 상태 보고서'(State of the Great Commission Report)로 정리되었고, 총회 기간에 논의 자료로 사용되었다.

2) 협력적 행동 | 로잔 4는 단순한 논의를 넘어 실행 가능한 단계로 나가는 길을 추구했다. 그래서 참가자들은 대회 중과 대회 이후에 출범하는 유기적이고 지속적인 팀들을 통해 세계 선교에서 확인된 격차들(gaps)을 메우게 되기를 기대했다. 이러한 바람을 담은 '로잔 실천 허브'(Lausanne Action Hub)는 대회의 결과물들이 세계 선교 현장에서 열매를 맺도록 하는 중요한 네트워크다.

3) 세대 간 대화와 문화 간 협력 | 로잔 4는 세계 선교에 모든 세대를 참여시키는 것이 중요하다는 것을 인식하고, 세대 간 대화와 협력을 촉진하는 '세대 간 대화'(Generations Conversation)의 장을 마련했다. 이것은 2050년을 바라보는 세계 교회의 미래를 준비하는 중요한 장이었다. 또한 지구촌 선교에서 서로 다른 문화 간의 협력도 너무나 중요한 과제이기에, 이에 대한 방법을 모색하는 일이 필수적이었다.

4) 영적 준비와 기도 | 광범위한 기도 모임을 통한 영적 준비도 로잔 4의 중요한 초점이었다. 로잔운동은 대회를 인도하는 데 있어 기도의 중요성을 강조했으며 총회에 이르기까지 글로벌 기도 행사를 조직했다. 또한 총회 기간에도 중보기도팀이 계속 기도로 지원하는 일을 쉬지 않았다. 이러한 기도는 앞으로 현장에서 이뤄질 선교를 위해서도 계속되어야 할 것이다.

이러한 노력은 하나님의 선교에 효과적으로 참여할 연합된 세계 교회를 형성하려는 로잔운동의 비전과 헌신을 반영했다.

## 2. 이전 총회와의 연속성

로잔 4는 새롭고 창의적인 시도도 많았지만, 이전 세 차례의 로잔대회들과 여러 핵심 가치와 원칙을 공유하며, 세계 복음화를 위한 일관된 비전과 사명을 유지하고 있다. 이러한 연속성을 보여 주는 몇 가지 핵심 요소들은 다음과 같다.

1) 로잔언약에 대한 헌신 | 1974년 제1차 로잔대회에서 공식화한 로잔 언

약은 성경의 권위, 전도의 중심성, 사회적 책임의 중요성을 강조하며 이 운동의 기초 문서로 남아 있다. 로잔 4는 이전 대회와 마찬가지로 이러한 헌신을 재확인하여 모든 토론과 전략이 성경적 진리와 기독교 신앙의 핵심 교리에 기반을 두고 있음을 강조했다.

2) 세계복음화에 집중 | 모든 로잔대회의 핵심 목표는 세계 복음화의 과업을 위해 세계 교회를 동원하는 것이었다. 여기에는 미전도 종족을 파악하고, 선교를 위해 교회를 정비하며, 복음 전파의 장벽을 해결하는 것이 포함된다. 로잔 4는 이러한 대위임령에 대한 헌신의 중요성을 강조함으로써 로잔 정신을 계승했다.

3) 협력정신 | 로잔운동은 언제나 교단, 조직, 지역 간 협력의 중요성을 강조해 왔다. 그러므로 각 대회는 세계 교회의 다양한 목소리를 하나로 모아 공동의 사명을 향해 힘을 합하고자 노력했다. 로잔 4는 서로 다른 문화적, 신학적 배경을 가진 리더들 간의 연결을 촉진하고, 파트너십을 장려하며, 연합 의식을 육성함으로써 이러한 가치를 고수했다.

4) 시대적 도전과제 해결 | 로잔운동은 시대의 도전에 응답하려는 일관된 노력을 보여 왔다. 그래서 각 대회는 그 당시의 시급한 문제들을 해결하기 위해 특정 주제를 탄생시켰다. 1차 로잔대회는 전도의 신학적, 실천적 측면에 기초를 놓았고, 마닐라에서 열린 2차 대회는 복음의 사회적 차원에 초점을 맞추었으며, 케이프타운에서 열린 3차 대회는 기독교와 선교 사업의 세계적 변화에 초점을 맞추었다. 로잔 4는 이러한 흐름 위에서 디지털 변환, 트랜스휴머니즘과 같은 새로운 이슈

들에 대한 교회의 역할을 강조하면서 로잔운동의 지경을 확장했다.

5) 전략 문서 개발 | 각 대회는 그 시대에 맞는 세계 교회의 선교에 대한 이해와 실천을 안내하는 중요한 문서들을 발표했다. 로잔 언약(1974), 마닐라 선언문(1989), 케이프타운 서약(2010)은 이러한 역할을 하는 핵심 문서들이다. 로잔 4는 이러한 전통을 따라 서울 선언(2024)을 발표하여, 이전 대회의 토대 위에 미래를 향한 신학적, 선교적 과제를 추가했다.

6) 총체적 선교에 대한 강조 | 로잔운동은 항상 복음 전파와 사회적 책임을 통합한 총체적 선교를 강조해 왔다. 복음을 선포하는 것과 사랑과 정의의 행위를 통해 복음의 힘을 보여 주는 것은 분리할 수 없다. 로잔 4는 이 총체적 선교의 입장을 계승하여 교회가 다양한 문화적, 사회적 맥락에서 효과적으로 복음을 전하는 것에 충실하면서도 복음을 이 땅에 실현하는 일에 대해서도 진지하게 논의했다.

7) 세계 교회를 준비시키기 | 역사적으로 로잔운동의 일관된 목표는 총체적 선교를 위해 교회들을 준비시키는 것이었다. 여기에는 기도와 신뢰 형성이라는 측면도 있지만, 신학적 자료와 실무 교육 및 전략적 지침을 제공하는 것도 포함된다. 로잔 4는 같은 맥락에서 기도와 신뢰를 형성하는 것뿐만 아니라, 새로운 도전에 대응할 수 있도록 교회와 선교단체를 준비시키기 위한 다양한 워크숍과 자료들 그리고 협력 네트워크를 제공함으로써 로잔운동의 맥을 이었다.

8) 세대간참여 | 로잔운동은 하나님의 선교에 다양한 세대를 참여시키는 데 중점을 두었으며, 선교의 사명을 다음 세대로 전달하는 것이 중요함을 강조했다. 로잔 4 또한 다양한 세대가 하나님의 선교에 동참하는 길을 제공했고, 젊은 리더들에게 권한을 부여함으로써 세계 복음화의 비전이 다음 세대로 계승되도록 노력했다.

요약하면, 로잔 4는 로잔운동의 근거가 되었던 핵심 가치와 전략적 우선순위를 유지하면서도 새로운 시대에 맞춰 기존의 선교를 혁신하고 확장하여, 급변하는 지구촌에 효과적으로 대응하는 길을 모색했다. 그렇다면 로잔 4가 제시한 혁신과 확장의 측면은 어떤 것이 있을까?

### 3. 이전 총회와의 차이점

로잔 4는 여러 가지 면에서 이전 세 번의 총회에 새로운 요소들을 추가했다. 이것은 로잔 4가 급변하는 새로운 세상에 응답하는 새로운 길을 모색했다는 것을 반증한다. 그 몇 가지는 다음과 같다.

1) 더광범위한글로벌대표성 | 로잔 4는 '글로벌 사우스'(Global South)와 신흥 선교 현장에서 더 광범위한 목소리를 낼 수 있도록 설계되었다. 로잔 4는 이전 대회들보다 아프리카, 아시아, 라틴아메리카의 목소리와 관점을 부각시키는 것을 목표로 했으며, 이로써 글로벌 대표성을 갖고자 했다.

2) 기술의혁신적사용 | 로잔 4는 최고의 디지털 기술을 사용해 가상 참여와 글로벌 협업이 용이하도록 했다. 온라인 플랫폼을 이용해 수천 명

의 참가자가 라이브 스트리밍과 가상 토론을 통해 원격으로 참여할 수 있었다. 이 같은 로잔 4의 '하이브리드 모델'(hybrid model)은 물리적 모임에 더 의존했던 이전 대회보다 디지털 시대에 맞게 발전한 모습을 보여 준 것이었다.

3)주제범위의확대 | 로잔 4는 'AI와 트랜스휴머니즘', '디지털 시대의 교회 형태', '디지털 시대의 전도'와 같은 새로운 이슈들을 도입하여 이전 대회에서 다루지 않던 현대적 도전과 새로운 복음 전도의 기회를 반영했다. 이러한 주제는 교회와 선교 사업에 영향을 미치는 현재의 세계적 추세와 기술 발전에 복음주의 운동이 적극적으로 참여하려는 노력을 보여 준다.

4)청소년및세대간참여 | 로잔 4는 젊은 세대와 미래 리더를 참여시키는 데 더 많은 중점을 두었다. 이는 젊은 목소리를 의도적으로 포함하고, 차세대가 글로벌 선교에서 리더십을 발휘할 수 있도록 힘을 실어 주며, 인적 자원을 준비하는 것을 목표로 하는 주도적 행동으로 평가된다.

5)실용적인실행계획 | 이전 대회와 달리 로잔 4는 선교 활동을 위한 실행 가능한 전략과 협력적 이니셔티브를 만드는 것의 중요성을 강조했다. 여기에는 교회와 선교 기관이 세계 선교에서 확인된 격차와 기회를 효과적으로 해결할 수 있도록 돕기 위한 자세한 계획이 포함되었다.

6) 거짓 가르침과 문화적 도전에 대처 | 로잔4는 또한 거짓 가르침의 확산과 세속적 이념이 가져오는 문제들을 다루었다. 이 현상들이 세계 기독교 공동체의 연합과 선교 활동에 중대한 위협으로 여겨졌기 때문이다. 이러한 주제는 이전 대회에 비해 새로운 것이었으며, 21세기의 진화하는 영적 상황을 반영한 것이었다.

7) 다양한 리더십 | 로잔 4의 조직 및 리더십팀에는 비서구적 맥락에서 온 더욱 다양한 리더들이 포함되었다. 이러한 변화는 세계 기독교의 변화하는 인구 통계를 반영하고, 리더십과 의사 결정 과정에서 세계 교회 전체를 포용하기 위한 것이었다.

요약하자면, 로잔 4는 글로벌 포용성에 대한 강조, 디지털 기술의 혁신적인 활용, 확장된 주제들, 글로벌 선교운동을 위한 실질적이고 전략적인 모색이라는 면에서 시대적 요구에 응답했다고 본다. 이러한 변화는 로잔운동의 미래 선교에 중요한 요소로 작용할 것이다.


## III. 로잔 4에 대한 SWOT 분석

어느 운동이든 대회든 완벽할 수는 없다. 그러므로 모든 운동과 대회는 각각 강점(strengths)과 약점(weaknesses), 기회(opportunities)와 위협(threats) 앞에 놓인다. 여기서는 로잔 4에 대한 SWOT 분석을 해보려고 한다.

## 1. 강점

1) 글로벌 대표성 | 로잔 4는 200개국 이상의 참가자들이 성공적으로 모임으로써 가장 크고 다양한 기독교 글로벌 모임 중 하나가 되었다. 이러한 규모와 다양성은 선교와 신학에 대한 다양한 관점을 제공하고 토론을 풍부하게 했다.

2) 포괄적인 의제 | 25개의 주제는 디지털 전도에서 박해에 이르기까지 광범위한 현대 선교 과제를 해결할 수 있는 플랫폼을 제공하여 집중적이고 관련성 있는 토론을 가능하게 했다.

3) 디지털 및 하이브리드 참여 | 대회 가상 경험(VX)을 통해 더 광범위한 청중이 참여할 수 있었고, 이는 지리적 재정적 장벽을 허물고 대회를 더 포괄적으로 만들었다.

4) 강력한 신학적 토대 | 서울 선언문의 발표는 기술, 인간 정체성, 교회의 본질과 같은 현대적 문제를 다루는 데 있어 글로벌 교회를 안내할 강력한 신학적 틀을 제공했다.

5) 강화된 글로벌 네트워킹 | 로잔 4는 선교 지도자들 간의 새로운 파트너십과 협력을 촉진하여 미래의 글로벌 선교 활동을 위한 연합과 협력의 정신을 육성했다.

6) 젊은 지도자에 맞춰진 초점 | 이 대회는 차세대 기독교 지도자들을 참여시키고 미래를 준비하는 것의 중요성을 강조함으로써 세대 간 협력

을 장려했다.

7) 선교에 대한 총체적 접근 | 로잔 4는 복음주의와 사회정의를 통합하는 로잔의 유산을 이어받아 교회 선교의 총체적 본질을 강조했다.

8) 새로운 이슈에 대한 심층적 토론 | 로잔 4에서는 AI, 트랜스휴머니즘, 디지털 제자도와 같은 주제가 다루어졌다. 이는 교회의 미래와 관련된 최첨단 이슈에 참여하려는 로잔운동의 의지를 보여 주는 것이었다.

9) 중보기도 지원 | 로잔 4를 준비하는 과정은 물론 진행에 이르기까지 세계적인 중보기도가 있었다. 이는 선교에 있어서 중보기도의 중요성을 강조하는 로잔운동의 의지를 보여 준다.

10) 전략적 후속 조치 메커니즘 | 허브는 로잔 4에서 이뤄진 토론과 선교 의지가 지속적인 협력으로 이어지도록 하는 중요한 도구가 될 것이다.

## 2. 약점

1) 새로운 제안의 부족 | 일부 비판자들은 로잔 4가 이전 회의에 비해 획기적인 아이디어를 제시하지 않아서 참가자들에게 실망감을 주었다고 지적했다.

2) 복잡한 신학적 내용 | 서울 선언문은 신학적으로는 풍부했지만, 그 복잡성 때문에 공식적인 신학 교육을 받지 않은 사람들에게는 이해하기 어려웠다는 평이 있다.

3)협업세션의압도적인수 | 25개의 주제 수가 너무 많아서 참가자가 각 주제에 깊이 관여하기 어려웠고, 깊이 있는 토론이 쉽지 않았다는 의견이 있다.

4)타이밍및준비문제 | 사전 협의 없이 로잔 4 대회 중에 서울 선언문이 발표되면서, 발표의 대표성과 프로세스에 대한 비판이 제기되었다.

5)기술적및물류적과제 | 로잔 4의 하이브리드 참여 형식은 일부 기술적 문제에 직면했고, 일부 참석자의 참여 및 참여의 질에 영향을 미쳤다는 평이 있다.

6)다양한신학적관점의조정 | 특히 논란이 되는 주제에 대한 다양한 신학적 관점 간의 균형을 맞추는 것이 쉽지 않았다. 그렇다 보니 일부 사람들은 자신들의 견해가 제대로 반영되지 않는다고 느꼈다.

7)재정적우려 | 로잔 4와 같이 대규모 행사는 주최하는 데 많은 비용이 든다. 디지털 참여자들에 대한 참가비 요구는 경제적 부담이 쉽지 않은 사람들의 참여에 어려움을 주었다.

8)디지털참여자의제한적상호작용 | 디지털 참여를 촉진하려는 노력에도 불구하고 온라인에서의 상호작용은 대면 회의와 비교할 때 부족함이 느껴졌다.

9) 예배와 표현의 문화적 차이 | 예배 스타일과 문화적 표현의 차이로 인해 때때로 모든 참가자에게 일관된 예배 경험을 제공하는 것이 어려웠다.

10) 정치적 성명에 대한 비판 | 중동 갈등과 같이 대회 중 논란이 되는 이슈에 대한 성명은 오해를 불러일으켰다. 이는 글로벌 포럼 중에 민감한 문제를 다루는 과정에서 발생하는 어려움을 보여 준다.

3. 기회

1) 디지털 플랫폼을 통한 글로벌 참여 확대 | 하이브리드 형식의 회의는 향후 있을 회의에도 긍정적인 영향을 준다. 디지털 환경이 확대될수록 이러한 시도는 더 다양하게 일어날 것이다.

2) 글로벌 협업 강화 | 허브를 통해 장기적 파트너십과 협업 네트워크를 구축하고, 글로벌 선교의 전략적 실천을 강화할 수 있다.

3) 차세대 역량 강화 | 글로벌 선교에 젊은 리더들을 참여시키면 로잔운동의 지속 가능성을 보장할 수 있다.

4) 새로운 문제 해결 | 로잔 4가 AI와 디지털 제자 양성과 같은 주제에 참여하면서 교회의 선교 방향을 제안할 수 있다. 즉 교회가 이러한 선교에 참여할 때 필요한 윤리적, 신학적 지침을 제공할 수 있다.

5) 글로벌 중보기도 운동 동원 | 로잔 4에 대한 글로벌 중보기도는 지속적인 중보기도 활동으로 이어지고, 지구촌 선교를 위한 통합된 영적 운동

으로 확대될 수 있다.

6)협력문화육성 | 대회는 교단, 조직, 문화의 경계를 넘나드는 협력의 필요성을 강조하여 더욱 통합된 글로벌 교회 네트워크를 형성할 기회를 제공했다.

7)교육 및 훈련을 위한 하이브리드 형식 활용 | 하이브리드 대회의 성공은 전세계 선교 지도자를 위한 지속적인 디지털 훈련 및 교육 프로그램을 개발하는 데 활용될 수 있다.

8)리소스 공유 강화 | 디지털 플랫폼과 트랙을 사용하여 선교 조직 간에 자료와 전략을 공유함으로써 글로벌 선교 활동을 강화할 수 있다.

9)신학 교육 및 대화 강화 | 로잔 4의 다양한 신학적 관점은 지속적인 대화와 교육의 기회를 제공하며 상호 이해와 성장을 촉진한다.

10)복음이 전해지지 않은 사람들에 대한 글로벌한 관점 | 비신자들에게 복음을 전하려는 열정과 헌신은 교회와 조직이 이를 향한 혁신적인 전략과 파트너십을 개발하도록 격려할 수 있다.

4. 위협
1)신학적 및 문화적 갈등 | 특히 민감한 문제에 대한 다양한 신학적, 문화적 관점은 교회 간의 분열을 초래하고 효과적인 협업을 방해할 수 있다.

2) 기술에 대한 과도한 의존 | 글로벌 참여를 위한 디지털 플랫폼에 대한 의존은 기술적 실패 가능성, 사이버 보안의 위협, 일부 참여자의 디지털 기술 격차와 같은 부작용을 초래한다.

3) 정치적 민감성 | 글로벌 맥락에서 정치적 사회적 문제를 다루는 것은 오해와 반발을 초래할 수 있으며, 잠재적으로 글로벌 교회 내의 특정 그룹을 소외시킬 수 있다.

4) 협력을 유지하기 위한 과제 | 허브를 통해 로잔 4에서 생성된 동력과 헌신을 유지하는 것은 일관된 후속 조치와 지원 없이는 어려울 수 있다.

5) 세속화와 박해 | 일부 지역에서 세속화가 증가하고 다른 지역에서는 박해가 증가하고 있으므로 지구촌 선교 활동이 생각보다 쉽지 않을 수 있다.

6) 자금과 자원 배분 | 제한된 재정과 자원을 교회와 조직 간에 배분하는 것은 쉽지 않다. 이 배분 과정에서 로잔운동의 선교 활동이 방해받을 수 있다.

7) 메시지의 희석 | 로잔운동의 광범위하고 포괄적인 특성으로 인해 핵심 메시지가 희석되어서 정작 중요한 문제에 대한 통일된 목소리를 유지하기가 어려워질 수 있다.

8) 변화에 대한 저항 | 세계 교회의 일부는 로잔 4에서 도입된 새로운 전략

과 관점에 저항하여 선교와 전도에 대한 전통적인 접근 방식을 유지하는 것을 선호할 수 있다.

9) 내부 분열 | 로잔운동 내부 또는 파트너 간의 의견 불일치는 세계 선교 활동을 효과적으로 이끌 수 있는 영향력과 능력을 약화시킬 수 있다.

10) 세계적 불안정 | 다양한 지역의 정치적, 경제적 불안정은 선교를 수행하고 세계 교회를 효과적으로 지원하는 능력에 영향을 미쳐 로잔 4에서 시작된 선교적 영향력을 제한할 수 있다.

이 SWOT 분석은 로잔 4와 관련된 강점, 약점, 기회, 위협에 대한 포괄적인 관점을 제공하며, 세계 선교 활동을 발전시키려는 노력에서 로잔 4가 직면한 과제와 업적을 보다 넓은 시각에서 평가할 수 있도록 돕는다.

## IV. 로잔운동이 사명을 완수하기 위해 준비해야 할 10가지

로잔운동이 2050년과 그 이후까지 세계 선교에서 효과적으로 역할하려면 예상되는 세계 변화에 적응하기 위해 준비해야 할 것이 있다. 로잔운동이 고려해야 할 중요한 준비 사항 10가지를 다음과 같이 정리해 보았다.

### 1. 변화에 적응하고 통찰하는 리더십 개발

로잔운동은 급변하는 지구촌 전체에서 하나님의 선교를 이끌어 갈 미래 지향적 리더십을 배출하기 위해 노력해야 한다. 정치, 경제, 사회적 환경의 변화를 포함하여 빠르게 변화하는 세계적 맥락을 예상하고 대응할 수 있는 리더를 양성해야 하는 것이다. 여기에는 변화에의 적응력, 문화 지능, 전략적 통찰력, 디지털 선교 능력 강화 등이 포함된다.

### 2. 기술 발전 수용

로잔운동은 앞으로 더 심화되고 확장될 AI 및 디지털 플랫폼을 적극적으로 활용해야 한다. 기술이 계속 발전함에 따라 전도, 제자 양성, 글로벌 협업을 강화하기 위해 AI, 가상 현실, 디지털 커뮤니케이션의 진화된 기술을 활용해야 한다. 여기에는 디지털 제자 양성 도구 개발과 가상 교회 커뮤니티를 위한 플랫폼 구축이 포함된다.

### 3. 글로벌 협업 강화

로잔운동은 지금까지 그랬지만, 더욱더 네트워크와 파트너십 강화를 위해 노력해야 한다. 이를 위해서 교단, 조직 및 지역 간에 강력한 네트워크를 구축하고 유지하는 것이 중요하다. 로잔운동은 계속해서 연합의 촉매 역할을 해야 하며, 글로벌 교회의 다양한 그룹들을 연결해서 미래 지구촌의 복잡한 문제를 협력적으로 해결해 나가야 한다.

### 4. 사회적, 윤리적 문제 해결

미래의 지구촌은 수많은 문제 앞에 있다. 그러므로 로잔운동은 글로벌 과제에 함께 대응해 가야 한다. 여기에는 기후 변화, 사회정의, 생명 윤리와 같은 문제에 대한 신학적이고 실제적인 대응이 포함된다. 로잔운동은 글로벌 교회가 성경적 원칙에 근거한 사회적 행동에 참여할 수 있도록 이끌어야 한다.

### 5. 세대간 리더십 육성

차세대 지도자들을 위한 투자는 로잔운동이 지구촌에서 지속적인 영향을 갖는 데 필수적이다. 이 일에는 젊은 리더들이 운동 내에서 중요한 역할을 수행하도록 준비되고, 격려되고, 참여할 수 있는 멘토링 프로그램과 플랫폼을 만드는 것이 포함된다.

### 6. 총체적 선교 촉진

로잔운동이 지향하는 선교의 가장 큰 특징은 총체적 선교다. 즉 전도와 사회변혁 운동이 통합된 형태로 나타나는 것을 추구한다. 그러므로 앞으로도 로잔운동은 전도와 사회적 행동을 결합하여 영적, 신체적 필요를 모두 해결하는 총체적 선교 접근 방식을 강조해야 한다. 여기에는 교회가 지역사회에서 변혁의 주체가 될 수 있도록 자원과 훈련을 동원하는 것이 포함된다.

### 7. 종교적, 문화적 변화에 대응

로잔운동은 종교적 다원주의 상황을 회피하지 말고 이 상황에 적극적으로 참여해야 한다. 세상이 종교적, 문화적 다양성을 더해 감에 따라 로잔운동은 변화하는 상황에 따라 다른 신앙과 세속적 이념과 대화하고 적극 협력하며 복음에 충실한 메시지를 삶으로 증거해야 한다.

### 8. 교육 및 훈련 혁신

로잔운동은 다음 세대 지도자 양성을 위해서 글로벌 신학 교육 시스템을 개발하는 데 노력해야 한다. 전 세계, 특히 자원이 부족한 지역의 리더들에게 접근 가능하고 상황에 맞는 신학 교육 및 훈련을 제공하는 것이다. 여기에는 온라인 과정, 모듈식 훈련 프로그램, 지역 신학 기관과의 파트너십 형성이 포함될 수 있다.

### 9. 중보기도 운동 강화

선교는 중보기도에서 시작된다. 하나님이 먼저 움직이시고, 교회는 그 뒤를 따라가기 때문이다. 그러므로 교회는 기도를 통해 하나님의 뜻을 이해하고, 하나님의 역사가 이 땅에 이뤄지기를 힘써야 한다. 그러므로 로잔운동은 선교를 뒷받침하는 글로벌 중보기도 운동을 계속 일으켜야 한다. 여기에는 중보자 네트워크를 만들고 특정 선교 과제와 기회에 초점을 맞춘 정기적인 중보기도 행사를 이어 가는 것이 포함된다.

### 10. 강력한 커뮤니케이션 채널 구축

지구촌의 모든 교회가 하나님의 선교에 동참하기 위해서는 효과적인 커뮤니케이션 전략을 개발하는 것이 중요하다. 그러므로 로잔운동은 운동의 비전, 목표, 새로운 정보를 글로벌 청중에게 효과적으로 전달하는 커뮤니케이션 전략을 개발해야 한다. 여기에는 디지털 미디어, 스토리텔링, AI 번역 서비스를 활용해 다양한 언어와 문화의 청중에게 다가가는 것이 포함된다. 이러한 준비는 로잔운동이 지구촌 선교를 위해 세계 교회를 준비시키고 동원하는 데 중요한 전제가 된다. 그렇게 될 때 2050년은 물론 그 이후로도 로잔운동의 확산이 가능하게 될 것이다.

## V. 나가는 말

지금까지 우리는 많은 감격을 남기고 끝난 로잔 4에 대한 점검과 앞으로 진행될 로잔운동의 방향에 대해 살펴보았다. 또한 이러한 로잔운동이 맞게 될 미래에 대한 SWOT 분석도 시도해 보았다. 끝으로 로잔운동이 사명을 감당하기 위해 준비해야 할 10가지 사항도 생각해 보았다. 이제부터 중요한 것은, 하나님의 인도하심과 여기에 응답하는 사람들의 신실하고도 헌신적인 노력이다. 로잔운동은 더욱 겸손하게, 그러나 최선을 다해서 하나님의 선교를 위해 기도하고, 연결하며, 협력함으로써 함께 사명을 감당해 나가야 할 것이다.